祁连山国家公园
青海片区人文资源概述

陈晓良　王恩光　韩　强　侯光良　秦　冲　著

西北大学出版社
·西安·

图书在版编目（CIP）数据

祁连山国家公园青海片区人文资源概述 / 陈晓良等著 . —— 西安：西北大学出版社，2022.10

ISBN 978-7-5604-5000-1

Ⅰ . ①祁… Ⅱ . ①陈… Ⅲ . ①祁连山—国家公园—地方文化—介绍—青海 Ⅳ . ① K2974.4

中国版本图书馆 CIP 数据核字（2022）第 168443 号

祁连山国家公园青海片区人文资源概述

著　　者　陈晓良　王恩光　韩　强　侯光良　秦　冲

出版发行　西北大学出版社

地　　址　西安市太白北路 229 号

邮　　编　710069

电　　话　029-88302590

网　　址　http://nwupress.nwu.edu.cn

E - mail　xdpress@nwu.edu.cn

经　　销　全国新华书店

印　　装　陕西龙山海天艺术印务有限公司

开　　本　720 毫米 × 1020 毫米　1/16

印　　张　15.5

字　　数　232 千字

版　　次　2022 年 10 月第 1 版　2022 年 10 月第 1 次印刷

书　　号　ISBN 978-7-5604-5000-1

定　　价　138.00 元

前　言

　　祁连山国家公园青海片区地处青藏、蒙新、黄土三大高原交汇地带，跨越甘肃和青海两省，是我国第一、二阶梯分界线。境内地势总体呈西高东低的特征，大部分区域海拔在 3000~3500 米以上。独特的地理环境造就了片区内生态系统独特，自然景观多样，分布有冰川、森林、草原、荒漠、湿地等景观，是我国重要的生态安全屏障和水源涵养地，也是我国重点生态功能区和生物多样性优先保护区，具有较高的研究价值和保护价值。

　　同时，该区域是欧亚大陆东西方文化交流的重要区域，是河西走廊和青藏高原东北部的重要交界地带，也是丝绸之路的重要组成部分。历史上，这片神圣的土地是匈奴、小月氏、党项、吐谷浑、吐蕃、蒙古、哈萨克等民族族群定居和迁徙之地。在长期的历史发展长河中各民族及其文化间此兴彼替、此长彼消、相互渗透、相互借鉴、取长补短，最终形成了以汉族、藏族、蒙古族、回族、土族、撒拉族六大民族和儒家文化、道家文化、佛教文化、伊斯兰文化、草原萨满文化五大文化系统融合而成的一个多元统一、和谐共存的青海特色民族文化格局。总体来说，祁连山地区有多元的文化和多民族特性，通过几千年的融合发展，具备了丰富的精神内容和深厚的文化底蕴，有着旺盛的生命力，是祁连山精神文化的"母体"。

　　就社会经济发展而言，2021 年 3 月习近平总书记在十三届全国人大四次会议中，对青海提出建立以国家公园为主体的自然保护地体系、打造国际生态旅游目的地等要求，为青海生态文明建设及旅游发展提供导向。党的十八大以来，青海省委、省政府以习近平生态文明思想为指引，以打造生态保护、生态科研、生态文化三大高地为目标，立足祁连山国家公园实际，积极推进生态文明制度改革。

而深入挖掘祁连山国家公园青海片区人文资源就是践行"生态文化高地"的重要举措之一。具体而言，挖掘祁连山国家公园青海片区人文资源，有助于推进当地社会和谐发展和培育各族人民自强不息和开放精神；通过弘扬各民族民间文化，展示地区丰富的精神文化内容，可提升园区地域文化的内涵和品位，促进园区在管理、保护和开发利用等方面的全面协调发展；最终推动区域社会、经济、环境效益全面提升，为人与自然和谐共生、构建人类命运共同体做出贡献。

本书主要以祁连山国家公园青海片区内的人文资源为主要脉络展开。首先，介绍了该区域的地理环境概况和人文资源的概念、特点及分类；其次，系统梳理了片区内物质文化、非物质文化、红色文化和公共文化设施等人文资源的调查方法、数量特征、空间分布及保护现状；最后，通过综合指标对片区内的人文资源进行了科学评价，并提出了一些保护与开发建议，以期实现人文资源的可持续发展，为祁连山国家公园青海片区的建设提供文化支撑。

本书可供地理学、旅游学、民俗学等学科研究人员和研究生参考，也可供相关专业大学生作为课外参考书学习，对祁连山人文资源感兴趣的读者可参考阅读。

2022 年 10 月

目　　录

第一章

祁连山国家公园青海片区的区域概况

　　祁连山是我国西部重要的生态安全屏障和水源涵养地，也是我国的重点生态功能区和生物多样性优先保护区。2017 年 9 月，政府批准建设祁连山国家公园青海片区和甘肃片区，作为我国十大国家公园体制试点之一，其建设宗旨在于保护生物的多样性和自然系统的完整性。祁连山国家公园地处青藏、蒙新、黄土三大高原交汇地带，跨越甘肃、青海两省，是我国第一、二阶梯分界线。地理坐标介于 94°50′~103°00′E，36°45′~39°48′N 之间，东北部与甘肃省的酒泉、张掖、武威等地区接壤，西部与青海省海西蒙古族藏族自治州的乌兰县相邻（图 1-1）。祁连山国家公园的总面积为 5.02 万 km²，其中，青海片区面积为 1.58 万 km²，占总面积的 31.5%。行政区划范围包括海北藏族自治州的门源回族自治县（简称门源县）、祁连县、刚察县，海西蒙古族藏族自治州的天峻县、德令哈市，共有 20 个乡镇 119 个村，约 11.5 万人口。同时祁连山国家公园青海片区是汉族、藏族、回族、土族、蒙古族、撒拉族等多民族聚集之地，具有鲜明的民族特色，该区域也是"一带一路"经济圈的重要组成部分，有着丰富的自然资源和独特的人文资源。

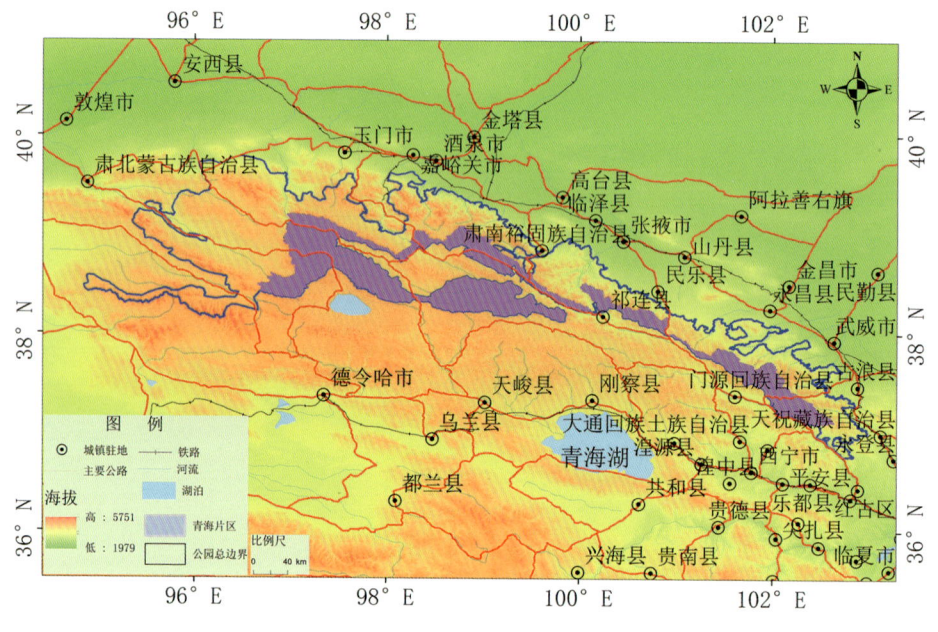

图 1-1　祁连山国家公园青海片区概况

第一节　自然概况

祁连山国家公园青海片区内常见的地貌类型有冰渍、高山流石滩、褶皱地形、夷平原、现代冰川等，反映出了青海片区的地貌发育史、侵蚀和剥蚀等地质作用及青藏高原的气候演变过程，可以称之为地质历史事件的"百科全书"，为认识青藏高原东北缘构造变化和隆升特征提供大量的证据和信息，对研究青海片区何时进入"冰冻圈"具有重要的意义。

一、地质

（一）祁连山国家公园青海片区地质发展史

青藏高原主体经历了青藏运动、昆仑—黄河运动（崔之久等，1998）和共和运动三个不同的隆升阶段，直至现今的海拔高度。

祁连山国家公园青海片区经历了三个大地构造阶段的发展，即地槽阶段、地台阶段和地洼阶段的发展（表1-1），形成了青海省地区的祁连山，即祁连地穹系。

祁连造山系由北祁连造山带、祁连陆块和柴达木北缘造山带构成，该造山系北、东、南、西分别以阿拉善陆块、华北克拉通、柴达木陆块和塔里木克拉通为界。同时祁连山国家公园青海片区经历了四次不同的造山作用，即早元古代末湟源运动的动热挤压造山作用、元古代末托莱运动的陆块挤压造山作用、加里东晚期祁连山运动的陆间碰撞挤压造山作用和中、新生代的块段推覆造山作用。前三者可归属于地槽型造山作用，共同特点是区域变质作用强烈；后者可归属于地洼型造山作用，其发育断裂变质作用(黄瑞华，1996)。祁连山国家公园青海片区各个时代岩石的形成(图1-2)。

表1-1　祁连山地区大地构造阶段发展

阶段	时期		
地槽阶段	早元古代陆块奠基时期	中、晚元古代陆块成长和扩展时期	古生代洋壳化和俯冲，以及陆壳碰撞构造活动时期
地台阶段	石炭纪时期	二叠纪和三叠纪时期	
地洼阶段	晚三叠世末	侏罗纪时期	

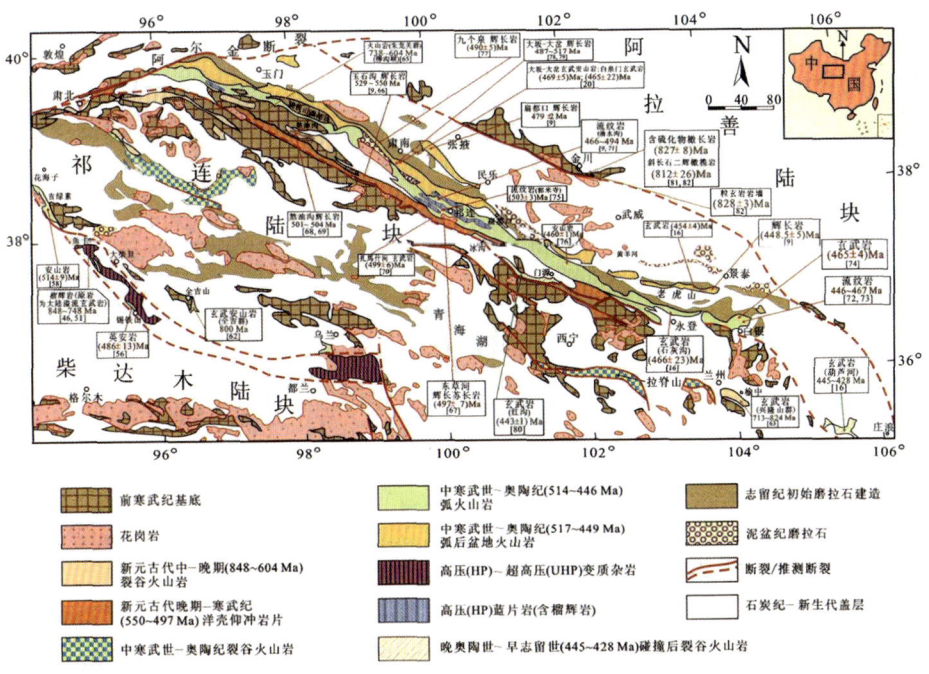

图1-2　祁连山地质略图（兼示主要火山岩带位置及年龄）（夏林圻等，2016）

（二）新生代祁连山国家公园青海片区地层划分

根据青藏高原东北部盆地沉积充填序列特征，可划为酒泉—张掖地层分区，柴达木地层分区和西宁—兰州地层分区（张克信等，2010）。其中青海片区地层分区有柴达木地层分区和西宁—兰州地层分区。

柴达木地层分区，新生代的沉积盆地有柴达木盆地、索尔库里盆地和阿牙克库木湖盆地，新生代地层可分为狮子沟组、油砂山组、干柴沟组、路乐河组（表1-2）。

表1-2　柴达木地层分区新生代岩石地层单位

岩石地层单位	岩性特征	时代/Ma	参考文献
狮子沟组	粗碎屑沉积为主	8.2~2.5	宋春晖，2006
油砂山组	杂色的细碎屑沉积	22~8.2	宋春晖，2006
干柴沟组	厚度较大的细碎屑沉积	22~42.9	宋春晖，2006
路乐河组	紫红色砾岩与砂岩互层夹粉砂岩和泥岩的粗碎屑沉积	53.47~43.8	宋春晖，2006

西宁—兰州地层分区，本地层分区主要的新生代沉积盆地为兰州盆地、定西盆地、西宁盆地、天水—西和盆地、临夏盆地、循化盆地、同仁盆地、乌兰盆地、茶卡盆地、贵德盆地、共和盆地、合作—临潭盆地和兴海—泽库盆地。新生代地层分为西柳沟组、野狐城组、咸水河组、临夏组、积石组（表1-3）。

表1-3　西宁-兰州地层分区新生代岩石地层单位

岩石地层单位	岩性特征	时代/Ma	参考文献
西柳沟组	冲洪积扇为主，盆地中部为三角洲—湖相沉积	58~51	岳乐平等，2003
野狐城组	湖相沉积为主	51~31.5	岳乐平等，2003
咸水河组	咸水滨浅湖相沉积为主	31.5~15	岳乐平等，2003
临夏组	灰色中粗粒砂岩与棕黄色砂质泥岩	9.6~5	张克信等，2010
积石组	洪积扇—河流相沉积为主		张克信等，2010

（三）祁连山国家公园青海片区地质构造

祁连山主要是由前寒武和早古生代的变质岩系与火山岩系构成，研究表明（Fang et al., 2005），祁连山的隆升起始于中新世，随后开始急剧地快速隆升，并经多次快速隆升，最终抬升至现今的高度，在其山麓地带形成了多级河流阶地。白垩纪以来，祁连山一直以 NWW-SEE 向断裂运动占主导，在其区域内形成了以狭窄地垒式山岭和宽广地堑式谷地相间的地形特征（施雅风等，2006）。同时，部分 NNE-SSW 走向的构造活动较为活跃，由此出现了格子状的构造网，导致许多山间盆地呈菱形（王宗太等，1981）。祁连山地区的断裂系统主要由走滑断裂和逆冲断裂两大类构成（胡小飞，2010）。其中主要的断裂带有阿尔金断裂带、祁连山北缘断裂带、柴达木北缘断裂带，这三个断裂带把祁连山与柴达木、河西走廊隔开。此外在祁连山内部有日月山断裂带、昌马—俄博断裂带、鄂拉山断裂带和海原—祁连山断裂带，这四个断裂带对于该地区的地貌演化有着同样重要的作用（图 1-3）

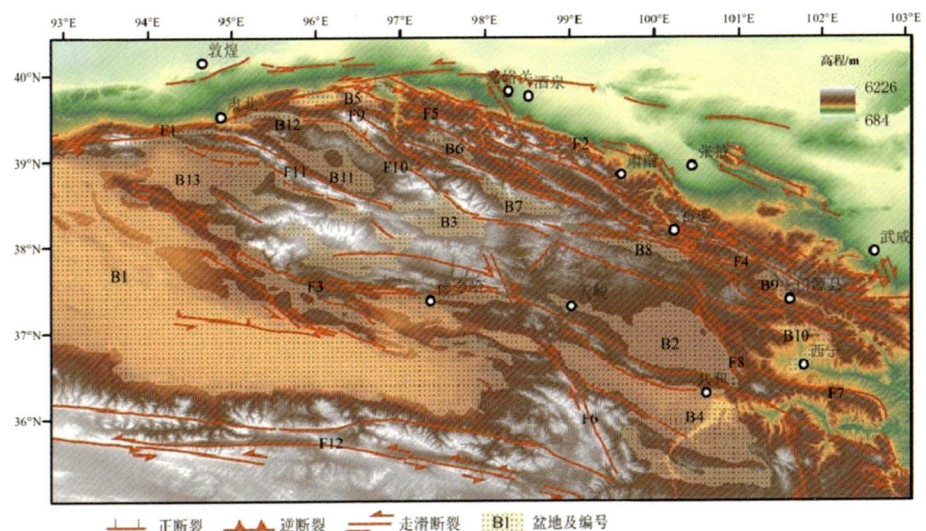

图 1-3　祁连山 DEM 及断裂分布（褚永彬，2015）

F1：阿尔金断裂带；F2：祁连山北缘断裂带；F3：柴达木北缘断裂带；F4：海原—祁连山断裂带；F5：昌马—俄博断裂带；F6：鄂拉山断裂带；F7：拉脊山断裂带；F8：日月山断裂带；F9：大雪山北缘断裂带；F10：疏勒南山断裂带；F11：党河南山断裂带；F12：东昆仑断裂带；B1：柴达木盆地；B2：青海湖盆地；B3：哈拉湖盆地；B4：共和盆地；B5：昌马盆地；B6：托来河盆地；B7：疏勒河盆地；B8：大通河盆地；B9：门源盆地；B10：西宁盆地；B11：党河盆地；B12：野马河盆地；B13：花海子盆地。

祁连山国家公园青海片区地处青藏高原东北部边缘，地质构造属于昆仑秦岭地槽褶皱系，是一个典型的加里东地槽，由西北至东南走向的高山、沟谷和山间盆地所组成。青海片区（图1-4）以当金山口为西端，位于阿尔金山脉的东端；到香山一带为东端，位于贺兰山与六盘山之间，靠近河西走廊一带为北端；柴达木盆地边沿为南端。祁连山国家公园青海片区由一系列NWW走向的平行山脉和谷地相间组成，由西向东主要山系有大雪山、党河南山、疏勒南山、托来山、走廊南山、大通山、达坂山和冷龙岭，盆地主要有青海湖盆地、共和盆地、西宁盆地等。山势西高东低，多数山峰海拔在5 000 m以上，整个山系最高的山峰是疏勒南山的团结峰，海拔5 826.8 m（李芳菲，2010）。

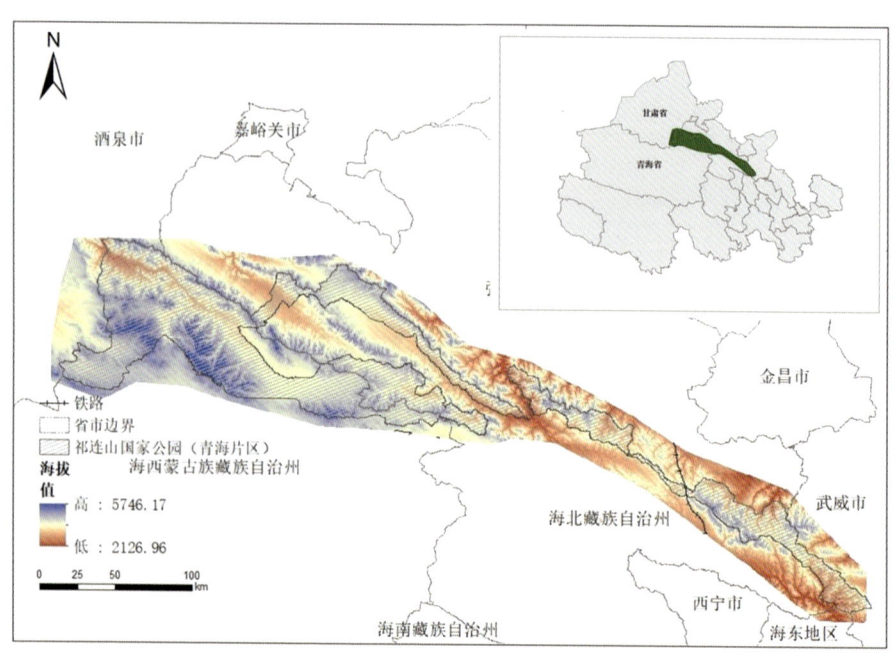

图1-4 祁连山国家公园青海片区位置图（李芳菲，2010）

二、地形地貌形成演化及特征

（一）祁连山国家公园青海片区夷平面构造地貌演化过程

层状地貌（如夷平原）不仅可以很好地记录区域构造地貌演化历史，

而且还能够反映气候变化过程,因此是长周期地貌演化研究的重要内容(潘保田,2004)。

夷平原的面积可达数平方千米甚至更大,分布较广,地形高差小,相对平坦。目前祁连山地区夷平面主要在南祁连地块西部的哈拉湖彭迪附近和东部的夏日哈凹陷保存较好,形成大面积夷平原(图1-5)(戚帮申,2014)。

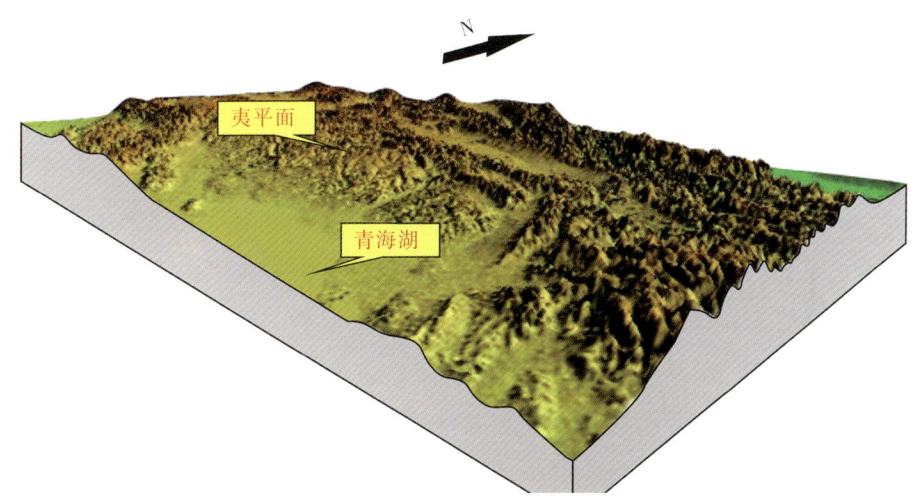

图1-5　祁连山夷平原(戚帮申,2014)

祁连山国家公园青海片区中的夷平原经历了六个地质时期,才达到如今的高度,分别是:第一阶段,早白垩世开始地壳隆升;第二阶段,晚白垩世—始新世处于稳定的夷平原阶段;第三阶段,始新世—渐新世早期,祁连山南部由于地壳隆升有限,导致早期的主夷平原解体;第四阶段,渐新世—中新世早期又再次夷平;第五阶段,中新世中晚期,祁连山南部地壳运动发生翻天覆地的变化,构造运动方式由早期近南北向挤压转化成地壳向东挤压,使整体抬升;第六阶段,上新世,经过多次整体隆升后,最终保持现今的高度和样貌。

(二)祁连山国家公园青海片区地形地貌演化

祁连山国家公园青海片区整体上属于高山峡谷地貌,该片区地形起伏较大,位于南北两端和东部,平均海拔在4 000 m以上,疏勒南山团结峰为研究区内最高的山峰，海拔高达 5 826.8 m；区域内的盆地和宽谷的平均海拔均不低于 3 000 m，山间两侧洪泛、冲积平原及台地发育良好，其海拔均在 1 400 m 以上；区域内的常年冻土地带的海拔在 3 500~3 700 m 之间，其中相当大程度的山地和河流的上游呈现冰缘的地形地貌。东西两侧的地貌呈现出显著差异，前者地貌主要形成要素为流水侵蚀，而后者则表现出明显的风蚀痕迹。冰川是祁连山区特有的宝贵自然资源，现代冰川发育区主要分布在研究区内海拔 4 500 m 以上的地貌，区域内丰富多样的地貌类型，其成因主要是现代冰川和古冰川的冷冻风化及高强度侵蚀作用。

祁连山国家公园青海片区具体地貌区可分为：

1. 祁连山中西部高山谷地地貌区

祁连山中西部高山谷地地貌区分布于阿尔金山以东，赛什藤山—柴达木山—宗务隆山—青海南山以北，北邻河西走廊，地貌区内高山林立、峡谷纵横，大小湖泊星罗棋布，河流或环绕于湖泊或穿越高山峡谷消失在内陆干旱盆地或汇入黄河水系。

2. 青藏高原北缘柴达木—共和盆地地貌区

柴达木盆地、共和盆地位于青藏高原北缘，盆地发育受青藏高原隆升扩张，盆地从大的地貌单元看都属于高海拔盆地类型。西部分部有较多的低山，经强烈风蚀形成平行排列长岗或风蚀残丘。

3. 贵德—循化盆地群地貌区

贵德盆地位于拉脊山以南，西起龙羊峡，东至松巴峡。盆地的形成演化受到祁连、秦岭和昆仑构造带影响，经过一系列的断裂活动，进而形成贵德盆地。贵德—循化—化隆盆地分布于拉脊山和西秦岭北缘断裂带南侧。循化盆地与其北、东南侧的拉脊山逆冲带和西秦岭北缘断裂带一起构成菱形形态，具有青藏高原东北缘东段构造的典型特征（刘少峰等，2007）。

三、气候条件

祁连山位于欧亚大陆的中心，大部分地区属于高寒区域，受大陆荒漠性气候和高山地形的影响，气温与降水的分布具有明显的垂直地带性特征。

祁连山远离海洋，深居我国西北干旱区，处于我国季风边缘区，同时受控于西风带、南亚季风、高原季风和东亚季风。冬半年，祁连山受到蒙古高压的影响，天气寒冷且降水稀少。夏半年，来自印度洋的南亚季风、太平洋的东亚季风为祁连山带来了较为丰沛的降水，气候相对温暖湿润（王可丽等，2005）。祁连山地区的气候受地形和地势的影响也较大。祁连山的山势西高东低，气温随之表现为西低东高，最低气温出现在西部疏勒南山的团结峰，为 –13℃（崔航，2017）。

祁连山国家公园青海片区内大部分地区受大陆荒漠性气候和高山地形的影响，形成典型的高原大陆性气候，具有显著的东西差异的高寒生态系统特征（李芳菲，2021）。片区内有太阳辐射强、昼夜温差大、夏季时间短、冬季时间长等特点。具体特征如下：2020 年，平均气温处于 –2.3℃~2.2℃之间。降水量时间分配不均，从东南向西北呈递减趋势，雨季晚，结束早。年降水量在 277.4~504.5 mm，7 月降水较多，12 月降水量较少。因较高的海拔导致地形雨增加，使高海拔地区降水较多。同时由于海拔较高，空气能见度高，太阳辐射较强，日照时数在 2 357.1~2 912.0 h。诸多研究表明：气温、降水、日照，一般呈现随海拔升高而降低的特点。

四、河流与冰川资源

祁连山储水以冰川为主，冰雪融水是祁连山水系的主要补给来源，该区域共有冰川 2 730 条，总面积 1 637.2km²，估算储量约 86.41km³，是青藏高原东北部的固体水库。祁连山国家公园青海片区水系，位于青海省东北部，总面积 25 064 km²，孕育了黑河、八宝河、托勒河、疏勒河、党河、石羊河、大通河 7 条河流，流域水资源总量约为 60.2 亿 m³，平均融水径流量占全球冰川融水地表径流量的 2%（祁连山国家公园官网，https://www.forestry.gov.cn）。

（一）祁连山国家公园青海片区河流概况

祁连山国家公园青海片区的水系呈辐射状，以 99° E，38° 20′ N 一带为中心，向四周较低处辐射（谢建丽等，2011）。青海片区内河流众多，水资源丰富，素有"小三江源"之称。代表性河流如下：

1. 黑河

黑河是我国西北地区第二大河流，发源于祁连山区南麓，途经青海、甘肃、内蒙古等地，据 2019 年祁连山国家公园青海片区生态气象公报显示，其总长 821 km，流域面积约 14.29 万 km^2，多年平均年径流量 18.02 亿 m^3。地理位置为 38°~42° N，98°~101° 30′ E，东至石羊河水系西大河的源头，西以黑山与疏勒河水系为界（怀保娟等，2014）。

2. 石羊河

石羊河流域是河西走廊三大内陆河流域之一，石羊河及其支流发源于祁连山冷龙岭北麓，据 2019 年祁连山国家公园青海片区生态气象公报显示，其全长 250 km，流域面积 40 000 km^2。地理位置介于 38°~42° N，98°~101° 30′ E。

3. 八宝河

属于黑河的一条支流，发源于海拔 3 870 m 的祁连山南麓，最终汇入黑河，其水域面积为 2 508 km^2。

4. 疏勒河

发源于疏勒南山东段纳嘎尔当最终汇入苏里地区，流经青海、甘肃两省，流域面积为 20 000 km^2。

5. 大通河

青海境内长度达 454 km，有 1.51 万 km^2 的流域面积。

（二）祁连山国家公园青海片区冰川概况

冰川主要分布在祁连山主脉与支脉脊线两侧，重点分布区域在疏勒南山团结峰地区。冰川的消融区比率东部大于西部，冰川融水径流每年从 6 月份开始，7、8 月份最大，9 月份减弱。多年平均冰川融水量为 9.9 亿 m^3，年出山径流量约为 72.64 亿 m^3。

五、土壤资源

祁连山国家公园青海片区内河流众多，河流沿岸的阶地与山前倾斜地带主要是洪水冲积、冰水堆积、沼泽沉积和混合堆积物。山区的成土母质多为各种岩性的残积物和坡积物，托勒、峨堡、八宝河南岸的山前地带为风积物（陈治荣，2019）。地质地貌条件复杂，成土母质和岩性变化多样，水热条件差异显著，土壤的形成受自然和人为的综合影响使该地区有较多的土壤类型，其土壤类型主要为垂直地带性，该地区营养物质匮乏，土壤肥力较低。

祁连山国家公园青海片区的土壤东段由低至高依次是灌淤土、灰钙土、淡栗钙土、耕地栗钙土、栗钙土、暗栗钙土、耕作黑钙土、石灰性灰褐土、山地灌丛草甸土、山地草甸土、亚高山灌丛草甸土和石质荒漠土（刘涤瑕等，1987）。西部土壤类型则为棕钙土、石灰性灰褐土、山地草原草甸土、高山草原土、高山寒漠土等。

祁连山国家公园青海片区土壤利用类型以湿地、高寒草甸、灌丛、森林、冰川组成。其土壤类型以棕钙土、石灰性灰褐土、山地草原草甸土、高山草原土、高山寒漠土等为主。片区内有八种景观类型：草地、森林、灌木、水域、冰雪带、耕地、裸岩和荒漠（表1-4，图1-6）。

表 1-4　祁连山国家公园青海片区各景观类型统计表

景观类型	景观类型面积百分比（%）
荒漠	23.17
水域	5.44
裸岩	9.60
冰雪带	0.77
灌木	6.11
草地	41.07
森林	13.24
耕地	0.60

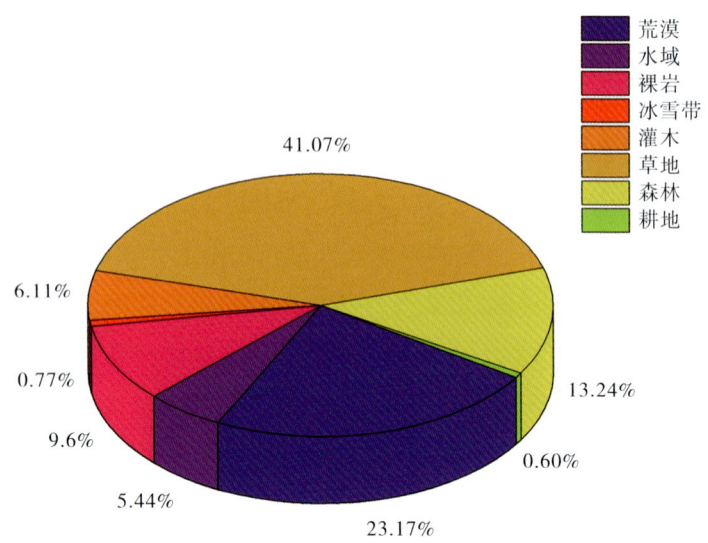

图 1-6　祁连山国家公园青海片区各景观类型面积比例

六、植被资源

祁连山国家公园青海片区草地和森林广袤，草原面积达 10 072 km²，林地面积达 1 524 km²，林草面积占土地总面积的 50% 以上（表 1-5，图 1-7）。林地主要以灌木林地、有林地、疏林地、未成林地等为主，其中有林地和灌木林地所占比例较大，森林覆盖率达 32.4%（王毅等，2018）。祁连山国家公园青海片区分布的中国特有植物共有 436 种，隶属于 50 科 160 属（孙冠花，2021）。2019 年，祁连山国家公园青海片区植被生态质量趋好，由东向西逐渐缩小，自 2000 年以来植被净初级生产力平均每年每平方米增加 2.75 克碳和植被覆盖度平均每年增加 0.24%。牧草主要生长季（6—8 月）片区降水偏多，土壤情况总体偏好，部分地区草地返青期提前，黄枯期延后，生育期略延长，大部分地区的草地生物量持平或增加，2019 年草地长势年景综合评价为"丰年"；2019 年园区荒漠化土地总面积较近 10 年平均减少 6.4%（青海省气象局，https://www.qh.cma.gov.cn）。

表 1-5　祁连山国家公园青海片区植被覆盖类型及构成

景观类型	植被种类
草地	山地草甸、山地草原、高寒草甸、高寒荒漠草甸、人工草地
荒漠	湿地、苔原、裸地、荒漠
森林	青海云杉林、祁连园柏林、针叶混交林、阔叶林、针阔混交林
水域	河流水面、湖泊水面
冰雪带	冰川、积雪
灌木	温带落叶灌丛、亚高山落叶阔叶灌丛
裸岩	海拔 2 500 m 以上的不透水地面
耕地	旱地、水田

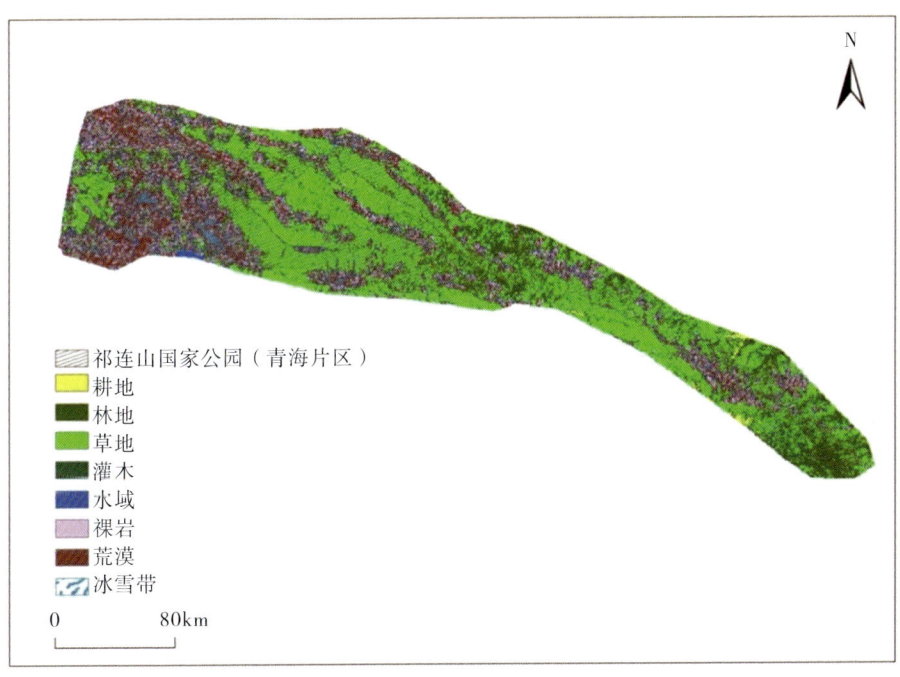

图 1-7　祁连山国家公园青海片区植被覆盖类型（李芳菲，2010）

七、野生动物资源

祁连山国家公园青海片区位于祁连山东段的南坡地区，垂直分异明显、气候特征独特，降水量丰富。拥有森林、灌木、湿地等多样的生态环境类型，孕育了许多珍稀的野生动物，其中野生脊椎动物 25 目 65 科 271 种，包括鱼类 11 种，鸟类 218 种，两栖类 3 种，爬行类 4 种，哺乳类 35 种；无脊椎动物 512 种。片区内国家一级保护野生动物 20 种，如雪豹、荒漠猫、豺、白唇鹿、马麝等；国家二级保护野生动物 53 种，如棕熊、猞猁、岩羊、藏雪鸡、高山秃鹫等。近年来青海片区对生态系统的保护也有最新进展，如荒漠猫颈圈追踪研究和雪豹监测工作都取得了突破性成果。

1. 荒漠猫

荒漠猫颈圈追踪研究取得了一些新进展，是全球范围内首次开展此项研究，目前已初步掌握青海片区荒漠猫种群分布、繁殖等生物学现状，特别是在门源片区发现了一个荒漠猫集中分布种群，为荒漠猫种群及其栖息地的深入研究提供了理想的研究样地。

2. 雪豹

祁连山国家公园是以高原珍稀野生动物保护为主的大型野生动物类型自然保护区。片区内尤为独特的是有雪豹分布，其种群健康状况代表着生态环境的优良程度。随着 2021 年雪豹卫星追踪项目的实施，研究人员获得了雪豹的活动范围、分布情况等第一手资料，揭示了雪豹的活动规律、生存机制等生态学信息，为雪豹的保护与研究提供了重要的科学依据。

八、矿产资源

祁连山的矿产资源十分丰富，种类繁多、质量高，素有"万宝山"之称。现已发现有 35 种元素，其中金、铬、锌、钨、稀土、萤石等矿产资源在全国的储存量名列前茅（表 1-6）。

表 1-6　祁连山的矿物种类

类型	种类
金属矿	铁、锰、铬、铜、铅、锌、钨、铝、金、镍、锑、汞、铅、锂、钽、稀土等
非金属矿	萤石、石灰石、石英砂、硫、黏土、石膏、石棉、菱镁、白云岩、玉石等
能源矿	煤炭、油页岩

第二节　人文概况

一、人口与民族

祁连山国家公园青海片区总人口约 11.5 万人。其中，常住人口 7 000 余人，非常住人口 10 万余人。非常住人口中季节性涉牧人口 2 万余人（卜静等，2020）。

片区内有 30 多个民族，其中，青海片区人口由藏族、汉族、回族、蒙古族、土族、撒拉族、裕固族等多个民族共同组成，藏族占总人口数的 60% 左右，形成"大杂居、小聚居"的分布格局。

二、农牧业与工矿业

门源县行政区域面积为 6 382 km²，其中包括 8 个街道办事处、4 个镇和 8 个乡；祁连县行政区域面积为 13 886 km²，其中包括 5 个街道办事处、3 个镇和 4 个乡；德令哈市行政区域面积为 27 700 km²，其中包括 3 个街道办事处、3 个镇和 1 个乡；天峻县行政区域面积为 25 989 km²，其中包括 3 个镇和 7 个乡。2020 年的人口和经济调查结果显示，门源县常住人口为 138 335 人，地区生产总值为 349 572 万元；祁连县常住人口有 48 538 人，地区生产总值为 195 853 万元；德令哈市常住人口为 88 227 人，地区生产总值为 863 822 万元；天峻县常住人口为 23 203 人，地区生产总值为 208 167 万元。祁连山国家公园青海片区的城镇化率仅为 18%，远低于全国平均城镇化率，主要是因为广大农牧民以散居的形式分布，由于沟谷地具有良好的耕作条件，草原地带地势相对平坦，所以这里是农牧民主要的活动地点。

2019 年，各类牲畜年末存栏量 996.1 万头，粮食总产量 31.1 亿斤。农牧民人均纯收入 6 374.8 元，农村劳动力就业人口达 52.1 万人。地方财政收入不平，经济体量小，人均收入不高，产业、经济结构相对单一，基础设施不太完善，居民生产方式以传统的农牧业和种植业为主，生产方式较落后，收入偏低。

由于祁连山国家公园青海片区是青海省的重点保护地区，也是青海省生态保护红线区，故该地区的生态价值远高于工业价值。当地政府以保护生态环境为目的，禁止各种矿产开采活动。因此出现了矿产资源丰富，但第二产业增长体量小的现象。

三、第三产业——旅游业

祁连山国家公园青海片区海拔梯度变化明显、旅游资源种类丰富且具有代表性，因此拥有非常好的研究价值和推广意义。此外，还具有特色的旅游资源，例如有青海仙米国家森林公园（图 1-8）、青海祁连黑河源国家湿地公园、青海门源的百里油菜花海景区等。旅游业与时俱进，采用了观光旅游、生态旅游、传统旅游相结合的模式，融合了农家乐、观光、身临其境等多种体验方式。据统计，目前祁连山国家公园青海片区内有旅游经营机构 10 家。

图 1-8　青海仙米国家森林公园（张欣玥　摄）

四、基础设施建设

祁连山国家公园青海片区已有道路共 15 条，其中，高速铁路 1 条，国家高速公路 1 条，普通国道 4 条，普通省道 9 条。在建和规划道路 3 条。青海片区内有水电站 2 处，因为多山地，且地势陡峭，交通、通讯、电力等公共基础设施不太完善，教育、医疗卫生、文化体育等公共设施建设欠缺。

五、特色文化

祁连山国家公园青海片区是各个民族的交错地带，人文资源丰富，文化种类繁多，古遗址等历史文化遗迹分布多，形成了独特的"祁连山文化圈"。根据调查显示，青海片区共计有 15 处历史文化遗迹。自然资源和人文资源相辅相成、相互融合，形成了具有地域特色的文化，体现了青藏高原流传千年的自然、生态、人文及宗教神韵，同时也孕育了许多少数民族的文学作品，常见如下：

1. 藏族文学

藏族文化作品包括众多藏族民间文学和藏族史诗《格萨尔王传》，可以看出藏族人民信奉万物有灵，敬畏神山圣湖，对大自然心怀感恩（姜子夏，2022）。青海片区气候条件较差，环境恶劣，但是藏族人民的信仰坚定，符合祁连山国家公园青海片区建设的宗旨，实现了人与自然的和谐共处。同时独特的生态环境也造就了藏族文化作品的诞生。

2. 回族文学

回族文化作品如《古兰经》中有关于自然、人与环境的观点，同时受到汉族人民影响，形成了回族独特的文字，同时也充满了对人与自然和谐统一的向往。祁连山国家公园青海片区的回族也同样深受回族文化作品的影响。

3. 蒙古族文学

蒙古族文化的优秀作品有《江格尔》。蒙古族人民以口口相传的方式，将蕴含着草原文化的作品中敬畏天地、尊重生命的意识传播了下来。青海祁连蒙古族迁徙到此区域以来，相对于蒙古族主体独立生存，在青藏高原这个特定的自然地理环境中，传承了民族传统文化的同时，也创造了自己独特的文化，丰富了蒙古族的文化内涵（姜子夏，2022）。

祁连山国家公园青海片区有许多的少数民族，通过研究藏族文学、回族文学、蒙古族文学及其他民族文学，可以了解到居住在片区内的各民族同胞是如何利用自然、守护自然，与自然和谐相处的。在这片土地上，他们通过自己的生活经验也丰富了多姿多彩的文化，他们是保护这片明净土地的践行者。他们对保护祁连山国家公园青海片区的生态环境、物种的多样性都起到举足轻重的作用，同时也体现了政府建立祁连山国家公园青海片区的必要性。

祁连山国家公园青海片区的建立在很大程度上调动了全民关注自然的积极性，促进建立新的保护机制。

第 二 章

人文资源及国家公园建设

第一节　人文资源

一、人文资源的概念

资源的形成有深厚的"土壤"，扎根于人类社会的发展过程中。从其发展历程来看，人文资源的形成主要经历了三个阶段，即自然资源时期、社会资源时期、人文资源时期。其中，自然资源时期指自然界中能为人类生存提供物质材料的各种资源，如水、土地、生物等；社会资源时期指工业革命以来，对人类社会发展起重要作用的人力、资本、科技等社会形态的资源；人文资源时期指在信息时代或知识经济时代以信息、文化、教育等要素构成的人文形态资源，其集人类智慧、思想、品格、行为于一身，是一种无形的财富。自然资源、社会资源、人文资源共同构成了人类社会发展进步的全部资源形态，是有形与无形的高度结合（王子平和徐静珍，1999）。

人文资源是人类活动的产物，也是古人类遗留下来的重要宝贵财富。我国著名学者费孝通先生指出，人文资源的出现与人类活动密不可分，简而言之，人类活动是人文资源产生的基础（邓伟海，2007）。人类的起源伴随着文明的开始，但文明的产生不是一蹴而就的结果，而是人类从懵懂的史前社会一点一点地积累、不断地延续和总结来的。它包含了人类的历史、人类的文化、人类的艺术、人类的行为等方面。按照联合国教科文组织对世界文化遗产的划分标准，历史人文资源可划分为物质性文化资源和非物质性文化资源。物质性文化资源，是指为了满足人类生存和发展的需要所创造的物质产品及其所表现出来的文化，包括饮食、服饰、建筑、交通、生产工具以及乡村、城市等，是文化要素或者文化景观的物质表现。非物质性文化资源，是指各民族世代相传的、与群众生活密切相关的各种文化表现形式和文化空间，如口头传说以及作为文化载体的语言，传统表演艺术，民俗活动、礼仪、节庆，传统手工艺技能等。

二、人文资源的特点

人文资源与人类活动密不可分，在不同的自然环境下，人类的生活方式各具特点，因此伴随人类活动而生的人文资源，在不同的区域也具有不同的特征，其中非实体性、异质性、历史性、间接性、弥散性、普遍可再生性等特征最为典型（肖勤福，1988）。

1.非实体性

人文资源也是一种文化的集中体现，没有具体的物质形态，只能从思想观念中去体会，是一种非物质性的文化传承，相对于自然资源的实物形态，人文资源则呈现出一定的抽象性，但人文资源的存在离不开一定的物质载体和文化活动，其主要承载于古建筑、古遗址、古墓葬以及各种集体的文化活动当中，从而潜移默化地影响着区域内的人类活动和文化发展。

2.异质性

人类社会的发展在一定程度上深受地域环境的影响，不同的地域环境会产生不同的人类生活方式，进而会影响当地人文资源的发展方向，使之呈现出一定的地域特色，每个国家的人文资源都各具千秋，一个国家的不同区域人文资源也各具特色。从内容和品质来看，自然资源一般拥有固定的品质和确定的内容，其差异主要体现在资源的数量、种类等方面，而人文资源则比较复杂，其主要体现在品质、内容等方面，不同的人文资源在其品质和内容上具有明显的差异，甚至同一种人文资源在不同的区域也呈现出不同的特征。

3. 历史性

资源的形成需要漫长的时间和特殊的环境，但总体来说，自然资源的形成是自然界物质运动的结果，是一种永恒存在的状态。然而人文资源的形成与发展却具有明显的历史性，这主要是因为在漫长的时间长河中，人类社会和人类思维都具有一定的阶段性，随着人类社会和人类思维的发展，促使人文资源呈现出不同的时代特征，随着时间的推移人文资源开始不断地产生、灭亡与融合，在历史进程中留下了不同的时代烙印。

4. 间接性

自然资源是人类社会发展的物质基础，其产生于自然界，可直接进行工业生产或作为工业经济发展的加工对象，甚至部分自然资源可直接充当为产品，而人文资源则更多的是在生产过程中发挥间接作用，并以人为中介，一般情况下先作用于人，然后通过人的活动作用于生产，所有的人文资源都不构成产品实体。

5. 弥散性

人文资源依赖于人类活动而产生，与自然资源相比，人文资源并没有严格的实物形态，其在生产发展过程中，由于没有实物形态的约束，一般都呈现出弥散状态。在一定条件下，人文资源可以对某一事物的生产过程或其他方面产生诸多作用和影响。

6. 普遍可再生性

自然资源种类繁多，但自然界中的大多数资源均为不可再生资源，仅有部分资源可以重复利用，其中风、水、土、光等清洁能源是最为典型的可再生资源，而人文资源却几乎都可以再生，尽管品质可能会有所不同，但基本上可以长久的存在。

三、人文资源的分类

人文资源内涵丰富，构成复杂，随着社会经济的发展，人们对人文资源的开发和利用程度逐渐增加，在开发和利用过程中按其来源、内容、形式等可分为多种类型，主要包括信息资源、知识资源、文化资源、精神资源等（王子平和徐静珍，1999）。

1. 信息资源

信息是一种无形的信号或消息，其本身没有特殊含义，但人类的存在赋予它无尽的生命力，当一种信息为人类的生存和发展指示方向或提供相应外在条件时就成为了一种资源。简而言之，任何能影响人类思想和行为的信息均可称之为资源，按其特性可知，信息资源是人文资源的主要形态之一。随着社会经济的发展，科学技术向纵深方向发展，全球联系日益密切，信息化成为当今世界发展的主要潮流，对世界经济的发展发挥着极大作用。

2. 知识资源

知识成为资源是社会发展和科技进步的必然结果。在当代，知识已经成为一种不仅可以为经济活动提供智慧和能力，而且其本身也已成为加工成知识产品的对象。知识对经济的支撑作用是多方面的，知识资源的开发与利用是一个地区经济发达程度的重要标志。同时，它也构成了地区经济发展的基本环境要素之一。伴随着知识经济时代的到来，知识资源的价值会更加凸显。

3. 文化资源

人类社会的发展为文化的繁荣提供了基础条件，稳定的社会环境促进文化的繁荣，动荡不安的社会环境导致文化的衰退。文化的发展与人类社会的稳定密不可分。近代以来，社会环境趋于和谐稳定，人类开始追求更高质量的生活，更注重追求精神和文化的享受，因此文化资源逐渐被开发成一种文化产品，为人类的生活提供诸多乐趣。

4. 精神资源

精神资源是指以特定的人类活动为前提，发源于人类思维，并且以精神形态存在于时间，在人类的生产生活中以间接参与的形式发挥作用，主要包括理想信仰、意志品质、集体荣誉感、献身精神等。

第二节　人文资源与国家公园建设的关系

一、人文资源对国家公园建设的意义

近年来，党中央、国务院高度重视祁连山的生态保护，习近平总书记

对祁连山生态保护多次做出重要指示，中央领导同志也多次批示部署祁连山的生态保护修复工作。2021年3月，习近平总书记在十三届全国人民代表大会四次会议中，对青海提出建立以国家公园为主体的自然保护地体系、打造国际生态旅游目的地等要求，为青海生态文明建设及旅游发展提供导向。党的十八大以来，青海省省委、省政府以习近平生态文明思想为指导，坚定担负起保护生态环境的重大责任，积极推进生态文明制度改革。在此背景下，祁连山国家公园的生态环境保护与管理步入快车道。做好祁连山生态文化研究是贯彻落实党中央国务院"五位一体"总体布局和协调推进"四个全面"战略布局的需要，是践行习近平总书记"绿水青山就是金山银山"理念的具体行动，是实现人与自然和谐共生的具体实践，也是祁连山国家公园体制试点向纵深方向发展的需要，是将祁连山国家公园建成全国生态文明体制改革先行区域、水源涵养和生物多样性保护示范区域、生态系统修复样板区的重要抓手和基础性工作，更是祁连山国家公园青海片区实施"三大高地"战略的重要突破口。

祁连山国家公园青海片区和甘肃片区位于甘肃、青海两省交界处，地处青藏、蒙新、黄土三大高原交汇处。其中祁连山国家公园青海片区面积达1.58万 km^2，占国家公园总面积的31.5%。公园内生态系统独特，自然景观多样，分布有森林、草原、荒漠、湿地等景观，是中国重要的生态功能区。同时，该区域处于欧亚大陆史前东西方文化交流的重要区域，是甘肃青海史前文化区即河西走廊和青藏高原东北部的重要交界地带，也是"一带一路"经济圈的重要组成部分，区域内呈现多民族文化交融的景观特征，具有独特的历史文化遗迹等，蕴含着丰富的文化价值和内涵。总体来看，祁连山国家公园青海片区作为西部重要的生态安全屏障、多民族交汇地，不仅有独特的自然资源，也拥有丰富的人文资源。其中人文资源是指有史以来人类所创造的物质的、精神的文明成果总和，是中华优秀传统文化的宝贵精神财富。尽管如此，目前祁连山国家公园青海片区境内的人文资源仍缺乏重点、可持续性地梳理与总结，其文化内涵仍有待挖掘。此外，青海省当前处于国家公园示范省新高地建设的关键期，如何更好地提升国家公园的生态保育和游憩供给能力，促进人与自然和谐共生是亟需解决的关键问题。书籍作为一种媒介，通过图书出版可以扩大社会影响，能为政府机构、科研院所、高校、公众等相关人员提供业务参考书及培训用书，使其便捷、及时、准确和直观地了解祁连山国家公园青海片区人文资源相关信息。尤其当地居民不仅是受国家公园体制建设影响最直接的群体，也是国家公园建设过程的重要参与群体。通过书籍的出版与宣传，一定程度上能将其生产和生活与国家公园紧密相连，从而达到"知园爱园"之目的，以此激发当地农牧民参与保护生态环境的内生动力。

此外，祁连山国家公园青海片区社区情况复杂，区域经济相对落后，公共基础设施薄弱，城镇化进程缓慢。山区地势险峻，交通、通讯、电力等基础条件相对落后，教育、医疗卫生、文化等公共服务体系尚不完善，人文资源教育、科普宣教内容过于单一，宣教方式简单等。祁连山国家公园现有的人文资源教育主要采取发放宣传册、纪念品等传统宣传教育模式，缺少先进的人文资源体验理念和设施。通过人文资源调查，丰富祁连山国家公园青海片区人文教育资源，有助于进一步揭示当地人文资源所蕴含的地域文化精髓，推动访客普及祁连山保护与文化知识，使之既能提高祁连山国家公园知名度，也能促进国家公园保护区资源的合理可持续利用，从而构建祁连山国家公园人与自然和谐共生的典范。

二、祁连山国家公园青海片区人文资源调查内容

通过野外调查，将祁连山国家公园青海片区的人文资源进行摸底调查，并系统整理片区物质性文化遗产、非物质性文化遗产、红色文化资源、公共文化设施的调查结果，结合已发表的文献资料进行更深入地研究。

1.非物质文化遗产资源调查内容

非物质文化遗产是根据联合国教科文组织《保护非物质文化遗产公约》定义的，即被各群体、团体、有时为个人所视为其文化遗产的各种实践、表演、表现形式、知识体系和技能及其有关的工具、实物、工艺品和文化场所。根据《中华人民共和国非物质文化遗产法》的规定，非物质文化遗产是指各族人民世代相传并视为其文化遗产组成部分的各种传统文化表现形式，以及与传统文化表现形式相关的实物和场所。关于非物质文化遗产

的等级，国务院发布了《关于加强文化遗产保护的通知》，制定了"国家
＋省＋市＋县"的国务院四级保护体系，确定了不同等级的非物质文化遗
产保护单位。各级保护体系根据国家评判标准对相应非物质文化遗产进行
评审，并公布一系列国家级、省级、市（州）和县级非物质文化遗产名录。

根据以上定义并结合青海省非物质文化遗产现状，主要研究非物质文
化遗产的民间文学类（神话、民间传说、民间故事、史诗、民间叙事诗、
民间歌谣）、传统音乐类（器乐音乐、戏曲音乐、民歌、舞蹈音乐）、传
统舞蹈类（宫廷舞蹈、民间舞蹈）、传统戏剧类（民间小戏、大型传统戏剧）、
曲艺类（说故事、唱故事）、传统体育以及游艺与杂技类（摔跤、骑马、
射箭、赛牦牛、武术、轮子秋、"骆驼舞"、拔腰、打"蚂蚱"、打缸、
赛骆驼、登高、踩青、下棋、锅庄）、传统美术类（剪纸、唐卡、刺绣图案、
藏族书法、藏族绘画）、传统技艺类（藏族黑牛毛帐篷制作技艺、刺绣、
雕塑、编织）、传统医药类（藏族医学、蒙古族医学、中医）和民俗类（物
质生产民俗、社会组织民俗、岁时节日民俗、人生礼仪、民间信仰）等内容。

2. 物质类文化遗产资源调查内容

根据 2007 年 12 月全国人民代表大会常务委员会修正的《中华人民共
和国文物保护法》规定：中华人民共和国境内，地下、内水和领海中遗存
的一切文物，属于国家所有。国家指定保护的纪念建筑物、古建筑、石刻、
壁画，近代、现代的代表性建筑等不可移动文物，除国家另有规定的以外，
均属于国家所有。国有不可移动文物的所有权不因其所依附的土地所有权
或者使用权的改变而改变。我国不可移动文物根据它们的历史、艺术、科
学价值，可以分别确定为全国重点文物保护单位，省级文物保护单位，市、
县级文物保护单位。

根据以上定义的内容并结合青海省物质文化遗产现状，主要调查以下
五大类，分别为古遗址类（聚落址、城址、寺庙遗址、宫殿衙署遗址、其
他古遗址）、古墓葬类（名人或贵族墓、普通墓葬、其他古墓葬）、古建
筑类（城垣城楼、宅地民居、坛庙祠堂、衙署官邸、寺观塔幢、其他古建
筑）、石窟寺及石刻类（石窟寺、摩崖石刻、碑刻、石雕、岩画、其他石
刻）、近现代重要史迹及代表性建筑类（重要历史事件和重要机构旧址、

重要历史事件纪念地或纪念设施、名人故居、传统民居、宗教建筑、烈士墓及纪念设施、工业建筑及附属物、交通道路设施、典型风格建筑或构筑物、其他近现代重要史迹及代表性建筑）等内容。

3.红色文化资源调查内容

红色文化的调查以六个主题为主要内容，分别为红色旧址类（民居宅地、学校书院、道路桥梁、祠堂寺庙、旅店客栈、军事建筑及设施、工业建筑及设施、农田设施）、红色人物类（具有较高的知名度和社会声望、担任重要职务且在历史事件中有重要作用的代表人物）、红色事件类（党的建设、政权政务、经济财贸、群众运动、文化、教育、体育、卫生、统战工作、理论创新、军事斗争、国际共运）、红色建筑类（博物馆、纪念堂馆、烈士陵园、碑亭台柱、纪念广场、纪念雕塑、园林景观、牌坊塔祠）、红色器物类（学习用品、办公用具、印信图章、旗帜牌匾、证件徽章、货币票证、邮票邮品、服装被褥、家用器具、耕作农具、器材工具、通讯器材、武器装备）和红色精神类（思想理论、精神信仰、理想信念、观念观点、伦理道德、意志品格、情感情操、价值观）等。

4.公共文化设施资源调查内容

文化是一种精神力量，其作为一种重要的战略资源，在人们认识世界、改造世界的过程中能够转化为物质力量，对社会发展产生持久而深远的影响。其中，公共文化设施作为公共文化产品和服务体系建设中不可缺失的主要载体和实现平台，其首要任务就是满足广大人民群众对文化设施建设和管理方面的基本需求（盛鑫，2012），是人们进行文化活动的重要载体、休闲娱乐的主要场所（孟晓雪，2021）。

基于我国 2016 年颁布的《中华人民共和国公共文化服务保障法》，结合青海省社会经济发展水平，最终将祁连山国家公园青海片区公共文化设施定义为：由政府或社会力量举办，并向公众开放的文化活动聚集地以及用于提供公共文化服务的建筑物、场地和设备（盛鑫，2012），具体主要包括图书馆、博物馆、文化馆（站）、美术馆、科技馆、纪念馆、体育场馆、文化宫、青少年宫、篮球场、妇女儿童活动中心、老年人活动中心、乡镇（街道）和村（社区）基层综合性文化服务中心、农家（职工）书屋、公共阅报栏（屏）、广播电视输出覆盖设施、公共数字文化服务点等。

三、祁连山国家公园青海片区人文资源研究过程

祁连山曾是羌、匈奴、吐谷浑、蒙古族等族的游牧之地，不同民族在这里生死相依、世代演替，不同文化在这里交织共融，造就了祁连山丰厚的人文底蕴以及多民族共融、多元文化并存的地域文化特色，沉淀了中国西部的历史文明，是中国民族与文化大融合最为典型的区域之一。因此祁连山对于中国历史的发展，对于中国西部诸多民族的演变和形成，地域文化的形成，宗教的兴起，尤其是对佛教以及中国丝绸之路的发展有着至关重要的影响。同时祁连山也是中国名副其实的历史名山。长期以来，学者们对祁连山国家公园的人文资源研究较少，缺乏系统性论述，以至于对祁连山的了解多聚焦于自然环境。为了能更好地宣传和发展祁连山地区的文化资源，开展人文资源普查，完成系统撰写顺应时代潮流和国家公园建设需要的研究报告，将研究过程大致可分为三个阶段，首先进行系统调查，然后进行科学整理与撰写，最后编校与印刷，其具体过程如下：

首先，基于实地调查、资料与数据收集整理等前期准备工作的基础上，对祁连山国家公园内的非物质文化遗产、物质文化遗产、红色文化资源、公共文化设施等人文资源状况进行详尽地调查和补充。在实地调查过程中所采用的方法包括访谈、全面调查、专题调查、个案调查、问卷调查法等；资料与数据收集主要来自书刊类、资料类、文物类、图表类及非资料类或非印刷品类等。

其次，运用对比分析、集成分析、地理信息系统—遥感（GIS-RS分析）、数理分析等方法，借助卫星定位仪器、数码照相机、测距仪、量角器等工具，进一步对祁连山国家公园青海片区的非物质文化遗产、物质文化遗产（不可移动文物）、红色文化和公共文化设施资料开展整理与归类工作，详细描述人文资源的位置、类型、面积、保存状况、环境条件等相关属性。并通过多种指标对祁连山国家公园青海片区内的人文资源进行重要性评价，划分出重要性等级，为人文资源的开发利用提供一定的借鉴。

最后将书稿各部分内容进行汇总，理顺各章节内容的逻辑结构、字词句

等，规范各章节内容的标题、字体、图表、参考文献等基本格式，并进行排版设计，完成编撰初稿。随后联系出版社，将初稿交付于出版社，商定出版及印刷书籍数量；出版社对书稿进行审核、编辑，返回修改意见；项目组成员按照出版社修改要求，对各章节内容进行多次修改与加工，以达到出版要求，签订出版合同；同时将修改稿交付出版社完成编校。最后，交付印刷厂完成正式的出版与印刷工作。以下是总体技术流程（图2-1）：

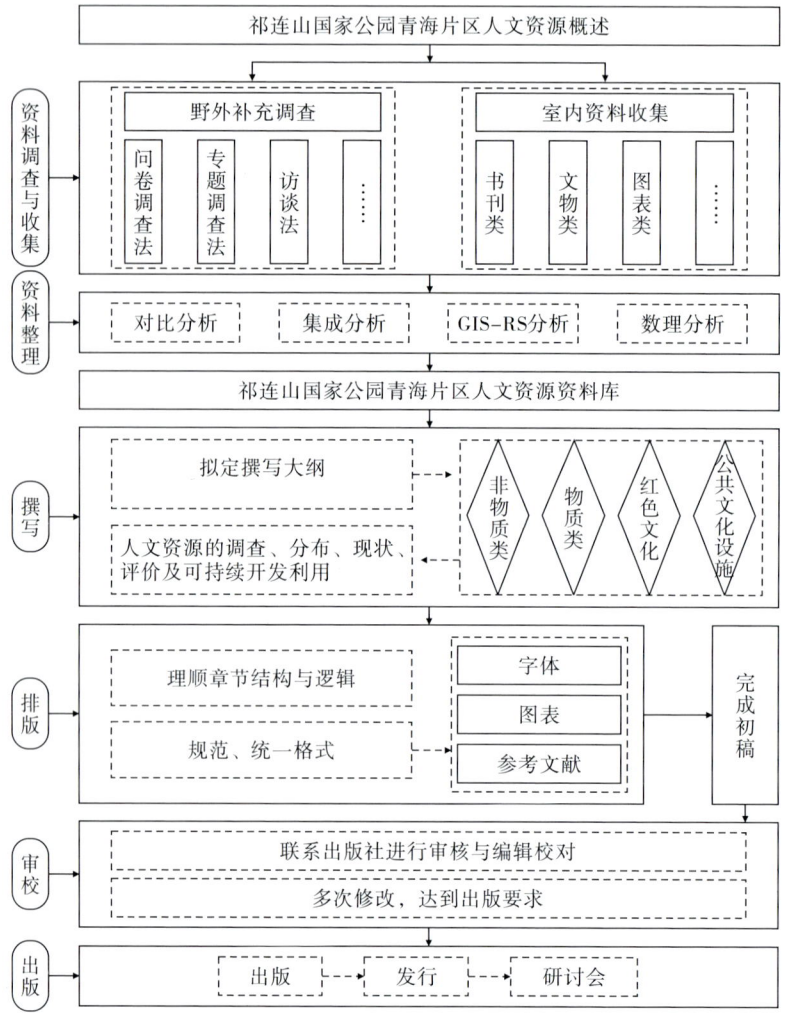

图2-1　人文资源研究技术路线图

第 三 章

非物质文化遗产资源的调查、
分布及现状

第一节　非物质文化遗产的调查

一、民间文学的调查方法

1.采录法

即为"采录"。采，指采访；录，指记录。采录法在民间文学调查的实施步骤如下：①要选择民间传说、民间故事的"富矿"区去采录；②要为讲述者提供好的环境场所，以便讲述者能调整好讲述情绪，使讲述达到最佳效果，以保持好民间文学的鲜活姿态；③采访者要做好详实的记录，多使用录像、录音等方法；④要多角度探讨讲述内容，对同一故事采集不同的讲法，充实调查结果；⑤要注意收集讲述内容的背景以及讲述者的职业、经历、文化教养等，以便提高收集资料的详实度。

2.文献搜集法

民间文学内容多而杂，调查其演变历史离不开古籍资料，需利用古籍文献资料理顺其发展演变的脉络。因此，文献搜集法在民间文学的研究中极为重要。

二、传统音乐、传统戏剧的调查方法

1.全面调查

统一对某一地区或族群的音乐、戏剧文化事象进行普查。全面调查可以较准确地了解某一区域内的全部音乐、戏剧的形态种类及其表演方式、传承机制、地理分布等情况。

2.专题调查

对祁连山地区全部音乐、戏剧中的某一类对象进行调查，如对传统音乐、传统戏剧的传承机制或歌（乐）种的调查。

3.个案调查

对祁连山地区传统音乐、传统戏剧某个演唱、演奏或创作者的全部音乐、戏剧的曲目及其经历的调查。这一调查常常以对调查的结果体现为"传记"形式。被调查者通常是该地区从事音乐、戏剧活动中最具代表性的人物之一，其曲目与经历对研究该地区的音乐、戏剧具有较大价值。

4.文献搜查法

对传统戏曲、传统音乐的发展历史等的研究离不开文献资料，而且在传统音乐、传统戏剧的田野调查法中得到的资料不一定完全正确，通过文献搜集也可补充田野实地调查的缺点。

三、传统舞蹈的调查方法

1.舞蹈动作特征记录

舞蹈动作与该艺术的文化内涵关联最大，是体现舞蹈艺术的精髓之处，舞蹈调查常通过肢体语言的手位、步法、身姿等方面入手，以探寻出该地域最早人们日常生产生活的劳作与情趣表达的深刻内容。

2.道具、服饰调查

传统舞蹈是离不开道具、服饰的。道具是舞蹈思想文化升华的传达工具。舞蹈服饰的外形与颜色等信息传达着人们对舞蹈内涵的理解与喜好的选择。

3.舞蹈场图调查

大部分民间歌舞的集体舞蹈部分都离不开场图，场图即为舞蹈表演过程中队形图案的变换。每个舞蹈场图都有其特殊的含义，当场图发生新的变化时，其寓意也将发生改变，需调查者特别关注。

4.功能变迁的调查

文化随着社会政治经济的变化而变化，民间歌舞的社会功能也并不是一成不变的，它会随着时代发展，大众需求的变化而改变。

四、曲艺的调查方法

1.集中调查

选取曲艺最受欢迎的曲目以及最受欢迎的艺人进行调查，重点记录杰出传承人访谈等内容。

2.实地调查

在演出现场采用摄像、录音设备对演出的精彩片段进行录制，并根据内容分类整理。

3.翻制记录

一些影像、音频、书籍资料已成为绝版，为获取大量资料可对其进行复制。调查过程中在征得原收藏者同意后，可翻印、翻拍曲谱和唱词等古籍资料，这些资料的收集是日后进一步研究的基本资料。

4.媒体出版影视资料搜集

各地方音像店常备有一些地方特色文化的影像资料唱片或录像带等，可以对其进行搜集，以充实资料。

五、传统体育、游艺与杂技的调查方法

1.问卷调查

通过问卷调查民众对传统体育、杂技等运动项目的喜爱程度以及所遇到的问题。问卷调查制作时要根据受调查人群的性别、年龄阶段等合理设计问卷，通过问卷调查情况分析不同类别项目的受欢迎程度。

2.专项调查

对相关项目的职业者进行专项调查，调查内容包括对受访者的口述、操作或表演示范过程的录制与记录，并通过这些获取最直接的影音资料，

整理成文字稿。

3. 传统体育以及杂技等的竞技比赛活动的调查

调查当地传统体育、杂技等项目的竞技比赛活动的举办情况。

4. 专家访谈法

对有关专家、传统体育民间组织及传统体育、杂技等运动协会的领导、传统体育练习爱好者进行访谈，以便了解相关项目的最新内容、非物质文化遗产项目传承的实施状况等。

六、传统美术的调查方法

1. 采访调查

专访传统美术的传承者和专家，做好访谈文稿的视频录制、文字记录。采访过程中要提前设计好相关的采访问题，在问题的设计上要有层次性，循序渐进，以便进行深层次的调查。

2. 实地调查

通过录像、录音等方式对调查者的工作过程进行实地记录，通过访谈法调查传承群体对目前传统美术传承情况的表现与看法。

3. 文献资料法

通过搜集文献了解其历史来源、演变过程以及面临的实际问题。

七、传统技艺的调查方法

1. 文献资料法

通过查阅相关文献，调查藏族黑牛毛帐篷制作技艺、刺绣和雕塑等的制作流程及其所用原料，了解其来源以及现代技艺做出的突破和创新。

2. 调查问卷法

根据调查研究的需要，设计"传统技艺传承现状调查问卷"对调查区域进行摸底调查。

3. 专项调查法

对传统技艺的某一具体项目进行专项调查，在调查前需要确定专项调查的问题、调查哪一方面，并将其作为主题进行调查。这种调查，一般都在调查前确定所需的主题，需要进行反复研究，以求主题明确。

八、民俗的调查方法

1. 参与法与观察法相结合

在实践活动中，调查者可以与调查对象进行直接交谈，从而取得第一手资料。然而由于种种原因，尚不能保证这些资料的绝对可信性。为了提高资料的可信度，调查者需采用"参与法"，即调查者深入具体民俗活动之中，直观地去感受、体验。

2. 研究方法

民俗学内容庞大复杂，进行这些研究离不了古籍资料。因此，文献学方法在民俗的研究中不可忽视。

3. 深度访谈法

在民俗活动调查期间，根据调查内容需要，要找准具有代表性的对象进行深层次的交谈，深度了解一个群体的一般情况与特殊情况。在调查之初，受访人往往有警惕性，调查活动不容易开展，所以尽可能与其建立较为友善的关系，循序渐进展开调查。

4. 专题调查法

专门针对某民俗事象的某一个问题或某一个方面进行调查。这种调查，一般都在调查前确定所需的主题，需要反复研究，尽可能明确调查的主题思想。

5. 实物搜集法

民俗活动往往有很多实物，这些实物也是民俗文化和民俗活动的载体。它们既在民众的日常生活中发挥着重要作用，也是学者们理解民众生活和民众精神世界的一种凭证。因此，搜集民俗实物应该成为民俗学者实际调查的一项重要内容。

第二节　非物质文化遗产的分布

非物质文化遗产（简称非遗）是指各群体、团体或个人视为其文化遗产的各种实践、表演、知识体系、技能以及相关的工具、实物、工艺品、文化场所等。非物质文化遗产是人类将日常生活的技能以及经验运用而留存下来的文化财富，在历史的长河中它们自然生成又不断随着时代变迁而发展演变，其传承与创新是其所处的环境与社会、政治、经济间的相互作用不断推动的结果。非物质文化遗产从其作用来看，具有满足人的自然需求、社会需求和精神需求的性质，在一定程度上体现了它满足人民精神需求的礼乐文化作用，以及传承生产、生活经验的实用作用。祁连山国家公园青海片区内含有国家级、省级、州级、县级非物质文化遗产项目56项，显示了祁连山地区先辈们在日常劳作中积极乐观、富有情趣、努力奋进的生活态度和智慧，以及乐于尝试的探索精神。

这些非物质文化遗产项目涵盖传统技艺，传统美术，传统体育、游艺与杂技，传统戏剧，传统音乐，民间文学与民俗七大类，其中传统技艺类22项，传统美术类6项，传统体育、游艺与杂技类3项，传统戏剧类3项，传统音乐类8项，民间文学类3项，民俗类11项。

以上非物质文化遗产项目在空间上呈不均匀分布。门源县分布非遗项目30项，占比53.57%，数量分布最多。祁连县分布非遗项目15项，占比26.79%，位居第二。天峻县分布非遗项目11项，占比19.64%，分布数量最少（表3-1，图3-1）。

表3-1 祁连山国家公园青海片区各县不同级别非遗项目数量统计表

地区	国家级		省级		州级		县级		总计	
	数量（处）	百分比（%）	数量（处）	百分比（%）	数量（处）	百分比（%）	数量（处）	百分比（%）	数量（处）	百分比（%）
门源县	2	6.67	8	26.67	10	33.33	10	33.33	30	53.57
祁连县			3	20.00	3	20.00	9	60.00	15	26.79
天峻县			2	18.18	9	81.82			11	19.64

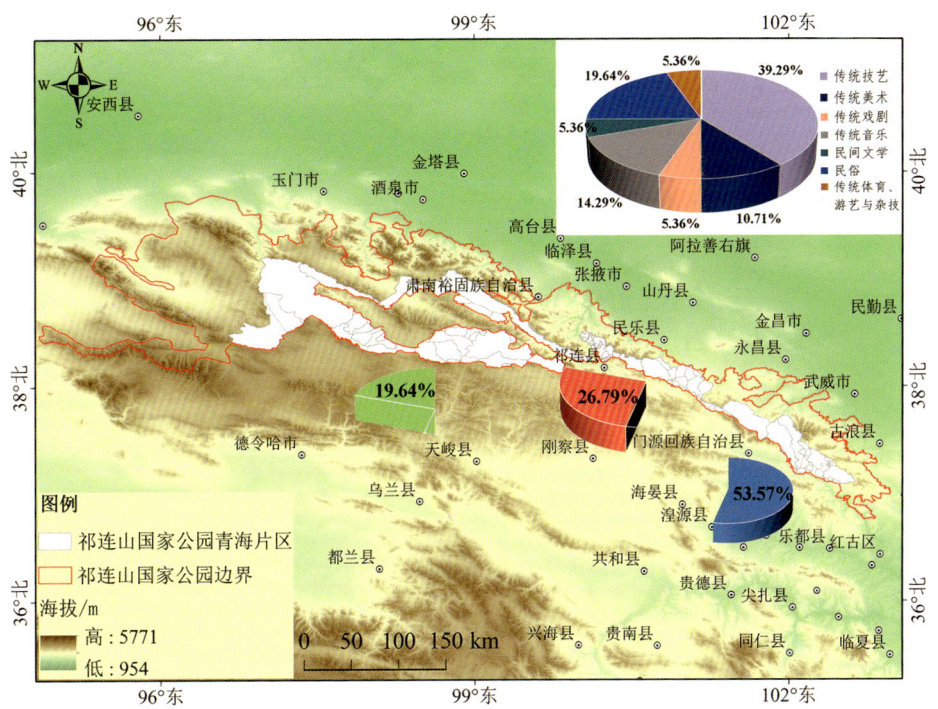

图 3-1　祁连山国家公园青海片区非物质文化遗产分布区域及占比

一、传统技艺

传统技艺，即中国传统民间技艺，是指人类在历史上创造并以活态形式传承至今的、充分代表一个民族的文化底蕴、审美情趣及艺术水平最为优秀的传统手工技艺与技能。每一门传统技艺都烙刻着民族的印记。中国传统技艺是人类文化遗产的组成部分，是非物质文化遗产中的重要内容。传统技艺与人们日常生活联系紧密，起源于人们的日常生活，服务于人民的日常生活，又在人民的日常生活中得以传承与发展。民间传统技艺体现着一个民族的劳动人民的智慧与生活习俗、生计模式。青海片区内主要有藏族黑牛毛帐篷制作技艺、刺绣、雕塑、编织以及其他小类别的传统技艺。

（一）片区内传统技艺类非遗项目概况

在片区内传统技艺类非遗项目空间分布中，大部分非遗项目分布在门源县，一部分分布在祁连县，还有较少的一部分分布在天峻县，共22项。

其中门源县 13 项，占总数的 59.09％；祁连县 6 项，占总数的 27.27％；天峻县 3 项，占总数的 13.64％（图 3-2）。

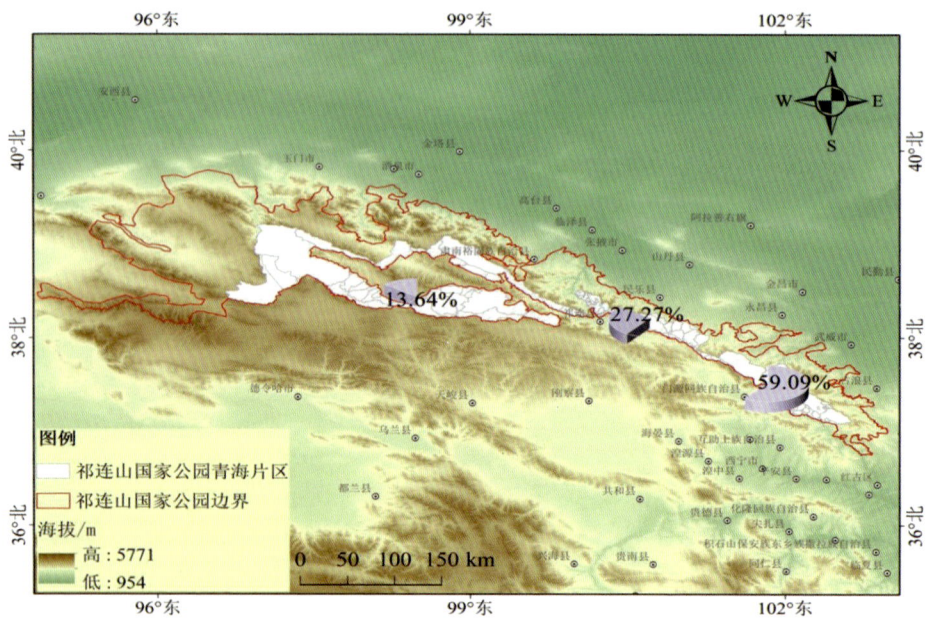

图 3-2　祁连山国家公园青海片区非物质文化遗产传统技艺类总体分布图

片区内 22 项传统技艺类非遗项目，分别为搓毛绳技艺、拧皮绳技艺、地锅焖烤技艺、门源胭脂制作技艺、门源奶皮制作技艺、窝窝药枕、措龙滩腰刀、门源宋家老醋酿造技艺、华热手工藏毯编织技艺、手工布鞋制作技艺、蜂蜜加工、门源补花绣、青稞秸秆画制作技艺、"天境纯"高氏绿色健康醋酿造技艺、打酥油的制作技艺、祁连拉石稞制作技艺、祁连掐丝唐卡、祁连刺绣、牛羊头制作技艺、藏炉制作技艺、藏族石刻技艺、藏族服饰"皮袄"制作技艺。以上传统技艺所属小类有编织、刺绣、雕塑以及其他一些无法明确归纳的类别。刺绣、编织类型多样，也有雕塑等传统技艺，这些也从侧面反映了传统技艺类型的多样性。

片区内 22 项传统技艺中属于省级的非遗项目有 6 项，分别为位于门源县的搓毛绳技艺、拧皮绳技艺、地锅焖烤技艺、门源胭脂制作技艺、门源奶皮制作技艺，以及位于祁连县的牛羊头制作技艺（表 3-2）。

表3-2　祁连山国家公园青海片区传统技艺类省级非物质文化遗产项目信息表

名称	所在县	所属大类	所属小类	等级	传承现状	传承民族
搓毛绳技艺	门源县	传统技艺	其他	省级	较差	汉族
拧皮绳技艺	门源县	传统技艺	编织	省级	差	汉族、回族、藏族、土族、蒙古族
地锅焖烤技艺	门源县	传统技艺	其他	省级	较差	土族、回族、汉族
门源胭脂制作技艺	门源县	传统技艺	其他	省级	较差	藏族
门源奶皮制作技艺	门源县	传统技艺	其他	省级	好	回族
牛羊头制作技艺	祁连县	传统技艺	其他	省级	一般	藏族

州级传统技艺类非遗项目有8项，分别为门源县的窝窝药枕、措龙滩腰刀、宋家老醋酿造技艺、华热手工藏毯编织技艺，祁连县的祁连刺绣，以及天峻县的藏炉制作技艺、藏族石刻技艺、藏族服饰"皮袄"制作技艺（表3-3）。总体来看，州级传统技艺类非物质文化遗产传承状况一般，其中3项传承濒临消失的危险，这些项目的主要传承者为当地的少数民族。也有一些是被当地人们广泛使用后得到了良好的传承，比如门源宋家老醋酿造技艺，现已广泛流传于门源大街小巷，成为家喻户晓的制作技艺，并被人们广泛使用，此技艺得到了很好的传承与保护。

表3-3　祁连山国家公园青海片区传统技艺类州级非物质文化遗产项目信息表

名称	所在县	所属大类	所属小类	等级	传承现状	传承民族
窝窝药枕	门源县	传统技艺	其他	州级	较差	回族
措龙滩腰刀	门源县	传统技艺	其他	州级	较差	回族
宋家老醋酿造技艺	门源县	传统技艺	其他	州级	较好	当地各民族
华热手工藏毯编织技艺	门源县	传统技艺	编织	州级	一般	藏族
祁连刺绣	祁连县	传统技艺	刺绣	州级	较好	藏族
藏炉制作技艺	天峻县	传统技艺	其他	州级	较差	藏族
藏族石刻技艺	天峻县	传统技艺	雕塑	州级	一般	藏族
藏族服饰"皮袄"制作技艺	天峻县	传统技艺	其他	州级	一般	藏族

片区内传统技艺类县级非遗项目有 8 项，分别为门源县的手工布鞋制作技艺、蜂蜜加工、门源补花绣、青稞秸秆画制作技艺，祁连县的"天境纯"高氏绿色健康醋酿造技艺、打酥油的制作技艺、拉石稞制作技艺、掐丝唐卡（表 3-4）。

表 3-4 祁连山国家公园青海片区传统技艺类县级非物质文化遗产项目信息表

名称	所在县	所属大类	所属小类	等级	传承现状	传承民族
手工布鞋制作技艺	门源县	传统技艺	其他	县级	一般	回族
蜂蜜加工	门源县	传统技艺	其他	县级	一般	回族、汉族
门源补花绣	门源县	传统技艺	刺绣	县级	较好	回族
青稞秸秆画制作技艺	门源县	传统技艺	其他	县级	一般	当地各民族
掐丝唐卡	祁连县	传统技艺	其他	县级	一般	藏族
"天境纯"高氏绿色健康醋酿造技艺	祁连县	传统技艺	其他	县级	较好	汉族
打酥油制作技艺	祁连县	传统技艺	其他	县级	一般	藏族
祁连拉石稞制作技艺	祁连县	传统技艺	其他	县级	较差	藏族

（二）片区内传统技艺类省级非遗项目介绍

1. 搓毛绳技艺

人类利用动物皮毛的技艺历史久远，在漫长的生活中不断地探索、加工与改进，最后动物皮毛成为人们日常生活中必不可少的生产工具。人类对家畜资源的利用与加工是对自然资源的合理利用，家畜的毛发所制的毛绳不仅环保而且是可再生资源，是比较理想的生产工具。在高原上不管是农区还是在牧区，只要有饲养的牲畜，就会有毛，加工后便有了毛绳，这在当地是一种唾手可得的资源。

搓毛绳的第一道工序是松毛。一般绳匠师傅会盘腿坐在地上，将搓绳所需的毛料细心地用手撕拉成松散的状态，摊成薄薄的一层，大约以二尺见方，噙口水喷在上面，用手压平，上面再用一块小石板压上，再接着松毛。如此松了摊，摊了松，直到摊好的毛量厚度达到五寸左右时，把它卷成半截圆木墩子状，然后将它压在腿底下，从中心部分往外抽一股散毛，按用途将散毛搓成粗细不同的毛绳。绳匠师傅抽散毛股子，边抽边在手里一来一回地捏成一个把子，长四五寸，做成一个毛坯线疙瘩，称之为"哇勒"。"哇勒"的大小是根据所搓毛绳的长短、粗细而定的。

第二道工序是搓绳。根据几股毛绳的需要，绳匠的左手里放上几个股子，首先用左手大拇指压住股子头，毛股子展在手掌当中；其次在右手掌心里吐一点唾沫，两掌一合一搓，几个毛股子同时被搓紧；最后，左手大拇指稍稍放松，三股毛线立即合成，再搓、再合成，一条毛绳就在绳匠师傅的耐心劳作中形成了。两股线的毛绳叫"漫坯"，并不结实，绳匠通常搓的是三股毛绳。

为了使毛绳美观漂亮，绳匠有时在三股线当中加入一股纯白毛的，这样搓成的绳就成了花毛绳。

扁形的毛绳叫"毛编"，主要用于马鞍的肚带和马辔头的扯手。有两种制作方法：一种是把几根搓好的细毛绳，用细毛线并排缝在一起；另一种是用特制的木架编制，有上线、下线、过线，有线锤、剁刀等工具。编制当中，绳匠还用黑白毛线设计一些花形图案，如大豆花、棋花、剪刀花等（图 3-3）。

图 3-3 搓毛绳传习所展示区图（吴瑞娜 摄）

毛绳的质量不仅取决于绳匠的技艺，也在于毛的质量，所以选毛也是一道非常重要的程序。绳匠在搓毛绳时对毛的选料也非常精细，一般要选长而光滑的牛缨毛或羊毛，用这种毛搓出来的毛绳坚固又耐用，质量绝佳。

2.拧皮绳技艺

皮绳，顾名思义，是用牲畜皮张拧制而成的绳子。它通常取皮张当中最厚实的部分，亦经过绷晒吃油，再反反复复地揉搓，变得绵软，然后裁成约二指宽的皮条，通过拧绞制成皮绳（图3-4）。在人们的生产生活当中，由于皮绳坚固有弹性，用途最为广泛，如牧民转场时驮东西、拉运粮食、背柴、背水、拉草、拉运木头等都用的是这种皮绳。

拧制皮绳的传统工艺，以前在门源非常流行，其原因是门源特殊的地理环境。自古以来，门源就是"丝绸之路"的辅道，四通八达的交通促进此处农业和畜牧业的迅速发展，使拧皮绳这项技艺经久不衰。近年来，随着工业的发展和新型交通工具的发展，拧皮绳技艺逐渐被冷落，目前处于濒临失传状态。

上世纪以前，皮绳使用广泛，拧皮绳技艺普遍流行。现在随着各种机械的普及，人们使用畜力的地方越来越少，还有各种化纤绳索的大量出现，牛皮、马皮的价位提高，人们已不愿花费大量的时间和精力去制作皮绳，制作皮绳的工匠已是凤毛麟角，年青的一代也已很少有机会见到这类产品，出现了严重的断层现象。若不采取有力措施抢救保护这一传统技艺，则面临着失传的危险。

图3-4 皮绳（吴瑞娜 摄）

3. 地锅焖烤技艺

地锅焖烤技艺流传于门源县境内东部山区，辐射到互助、大通、祁连等地，其中所涉及汉族、回族、土族、藏族、蒙古族等多个民族。地锅焖烤技艺原为半农半牧区人们在田间作业时为了节省时间、劳力，因地取材将田间的洋芋、红薯等置于野灰中加热后取食，后来慢慢演变为现存的焖烤技艺。

门源地锅焖烤，是将食物在封闭的熔体内，在特定的温度下经过一定时间焖烧，将食物焖熟的做法。

（1）泥炉盘灶，备柴运土。在合适的位置安置几个由钢板卷成的直径一米的圆筒，在其中间装入白土夯实，再将中间掏空，称之为窑，下方留一火门。

（2）生火烧窑，砸土垒炉。从村外山坳取坚硬含盐的白土疙瘩，运至土窑旁，用小斧敲成有棱角的小碎块，在灶台窑口上一圈一圈往高垒起，要搭建成蜂窝状的，然后将下方火门点火，半小时后白土块垒起的小炉就被烧得通红（图3-5）。

图 3-5　门源地锅焖烤搭灶工序（吴瑞娜　摄）

（3）选材配料，调味包裹。当火炉快烧到火候的同时，及时将选好的土鸡、鱼、牛排、羊排等切口割缝，填塞生姜、蒜瓣、葱丝，浇灌祖传秘方配制的料汤，然后分别用锡纸包裹严实，包鱼时还得衬上一层菜叶，以防烧焦，洋芋、红薯则不包裹，直接装入土窑中。

（4）退火清灰，捣炉填窑。将土窑中的柴火连灰一起清除，先成空仓，再一部分一部分地捣塌上方的火炉，使烧红的土块坠入下方空仓。

（5）投包入仓，苫土焖锅。在土块坠落的同时，先后有序地把包裹的食物投放进去，接着用已洒水弄潮湿的细土堵住灶门，不透风漏气。

（6）刨灰取物，拆包理菜。火候到时，即刻刨开地锅，从烫灰中拣出锡纸包裹的食物（图3-6）。

图3-6　门源地锅焖烤取食（吴瑞娜　摄）

现今，地锅焖烤已成为流传于门源及其周边地区的一种美食制作技艺，有着自己与众不同的制作工艺与特点，成为乡村饮食文化独具特色的一个品牌。随着当地旅游业的发展，地锅焖烤也成为旅游人士势必体验的乡村饮食文化。但是，地锅焖烤技艺工序繁琐，目前传承状况并不理想，需进一步加强此技艺的传承，使之更好地推动旅游业的发展，成为当地脱贫致富的一项技能。

4. 门源胭脂制作技艺

门源胭脂制作技艺的流传和门源胭脂的发明与门源特定的地理环境等因素有关。门源地处祁连山腹地，四周环山、气候寒冷，海拔高度

2 330~5 000 m，相对封闭，属半农半牧产业结构。旧时因社会发展较为落后，运输条件不发达，当地妇女们无法享用较好的化妆品，为防止强烈的紫外线与寒风对皮肤的伤害，门源当地居民便自制了一种胭脂供日常使用，因其需求较高、实用性强得以流传数百年。

　　门源胭脂是将牛奶、盐、蔓菁、麻雀粪、蜂蜜、红枣、莒条汁等天然原料按一定的比例混合熬制而成的，纯天然、绿色、无污染的护肤品（图3-7）。这种护肤品老少皆宜，尤其深受妇女们的喜爱。由于是纯天然植物制成，对人的面部肌肤没有任何伤害。冬天擦上这种门源胭脂制品，不但可以使皮肤保湿，而且还可以抗皱防裂，同时也能起到防晒和防冻的功效，久而久之，面部皮肤会保持细腻、白嫩。

图 3-7　门源胭脂制作原料（吴瑞娜　摄）

　　门源胭脂的制作过程耗时较长，很多材料要进行长时间的浸泡与熬制。首先将蔓菁和红枣等原料煮熟去皮，将麻雀粪浸泡至柔软，将牛奶熬制成奶油，后将所有原料按比例混合，加入蜂蜜水、莒条汁和少许盐，搅拌均匀盛在小瓶内发酵半月左右，即为成品。

5.门源奶皮制作技艺

　　牛乳制品在青藏高原种类较为丰富。用原生牦牛乳制作的酸奶、牛奶、曲拉等是当地人们生活中常用的食物，而奶皮并非是高原地区居民日常的饮食。因奶皮的制作与工艺流程较为严格，因此极少数地区有奶皮制作技艺，其中门源奶皮制作技艺精湛，味道甚好。

奶皮，属性清凉，有健心清肺、止渴防咳、毛发增色之能（森姚，2017）。奶皮制作技艺主要有以下几个要点：首先，奶源必须是牦牛奶或犏牛奶，因为牦牛、犏牛奶质好，蛋白含量高，脂肪适中，营养丰富。其次，加工牛奶的锅选用铁锅、平底，锅底要厚，铁锅制作的奶皮味道更好。锅底平能使牛奶均匀散开，锅底厚防止牛奶烧焦。再次，燃烧的原料必须是牛粪或羊粪，温度高而保温，柴火不易保温，而煤炭火则太热。火温必须严格按工序控制，对焖制时火温的控制要求极为严格。最后，焖制时间约 8 小时，即为成品（图 3-8）。

图 3-8　晾干后的门源奶皮（马俊武　摄）

门源奶皮是由传统的手工工艺制作而成，因此一般由各家各户的回族居民利用空闲时间制作。随着时代的发展，门源奶皮受手工零散加工所限，既没有形成规模，也没能提高档次，制约了其推广发展。门源奶皮制作技艺亟待采取有效措施加以抢救、保护和传承。同时，传承者应尝试采用现代科学技术进行后期灭菌包装，提高档次、扩大生产规模，使这项民间传统饮食文化和这项古老的技艺得以传承并发扬光大。

6. 牛羊头制作技艺

藏族素称是一个从牛背上走来的民族，人们的衣食住行都离不开牛、羊。民间对牛、羊的图腾与信仰有着几千年的历史。在古老的岩画中传达着藏族对这些牲畜的敬畏与感恩。初期的牛头、羊头很少进行装饰，一般是作为祭祀品供奉于神山脚下、圣湖边上，后来人们将其作为招财纳福的象征置于屋顶或门顶，最后慢慢演变成为装饰品。

牛、羊头饰是将大小合适、犄角粗细对称的牛、羊头骨用金银装饰，镶嵌各种珠宝，如玛瑙、珊瑚、绿松石或进行孔雕、镂雕、彩绘来精心修饰，并举行严格的佛教礼仪或佛事活动为图腾首饰诵经，后作为圣物供奉或悬挂在家中显要位置，祈福吉祥如意、安居乐业、牛羊成群（图3-9）。

图 3-9 牛头饰品（祁连县文化馆供图）

藏族牛羊头加工技艺流程如下：

（1）选材。有特殊的骨角造型的公牛、羊骨头为首选材料，牛头饰品以高大、饱满、角尖锋锐、双角对称、弧似流线、圆润光滑为最佳，表现出一种历经沧桑、浩气荡然、胸怀博大的藏族精神。羊头饰品以双角对称、犄角长而弯多为佳，展示当地人民腼腆温和的好客性格，给人以美的享受。

（2）加工程序。首先将牛、羊头剥皮、刮肉、脱脂，盐水浸半月后自然风干，再进行防腐处理，打磨、抛光；然后用湿纸在眉骨、鼻盖、角边粘贴取样，干后裁剪，在铜皮上画样裁剪。其次在已裁剪的铜皮上描画图案，砸花安装。再次选用各类珠宝进行装饰，在眉间涂上右旋海螺、宝伞等图案。最后邀请大德高僧诵经，进行加持并装藏。

牛、羊头装饰是民间较为常见的一种室内装饰，深受民众喜爱。近年来，这类装饰也成为装饰界的一种时尚，受到很多内地游客的青睐，拓展了此工艺品的销路，其加工技艺也得到了较好的传承（司马宪光等，2003）。

（三）片区内传统技艺类州级非遗项目介绍

1. 窝窝药枕

窝窝药枕体现了回族居民精湛的针线技艺，是刺绣工艺的精品。民间刺绣源远流长，早在西汉时期就已被先民们催生萌芽，之后形成于西晋，并在隋唐时期得到了很好的发展，到明清时期已是民间盛行的一项技能。这项技能是伴随着人们的日常生活而发展起来的古老的民间艺术，现已渗透到回族人民生活的方方面面。他们把生活的美好祈愿刺绣在衣领、衣袖、口袋、腰带、袜子、鞋、鞋垫、钱褡、烟袋、荷包、针扎、辫筒、枕头、枕顶、门帘、被罩等物件上。

窝窝药枕也称作"窝儿药枕"，是一款专为老人定制的药枕，其外观呈六角琵琶形，厚度约为 10 cm，药枕中间为梅花形、桃形或扇形的洞眼以防止挤压耳朵（中国地理百科丛书编委会著，2016）。其制作过程中对刺绣技艺要求较高。整个枕套上绣着精美的图案，其结构严谨、节奏分明，既有给人以安定、活泼、大方视觉感受的几何形图案，也有以花果、草木、人物、动物为题材，在自然基础上进行装饰的纹样，巧妙应用点、线、面结构和色彩的晕染效果，使绣品充满了浓厚的地方特色（图 3-10）。而药枕的枕芯都是选用当地原生态的自然药材，对药材的选用要因人而异。因此与普通的枕头相比，窝窝药枕不仅外观美观、工艺精湛、色彩斑斓、舒适性强，同时又具有很好的药性，具有助眠、养生的功能。总体来说，窝窝药枕除了具有较强的实用性外，它还反映了民间最朴实的敬老和孝道精神，展示出独特的艺术和人文魅力。

图3-10　窝窝药枕（门源县文化馆供图）

门源窝窝药枕是州级非物质文化遗产项目，主要传承者为马德连。现今只有门源县东川镇、浩门镇疙瘩村等地区有极少数老人仍在使用窝窝药枕，因此传承状况相对较差。此药枕制作者主要为回族。随着现代时尚刺绣工艺的不断冲击，手工制作的艺人逐渐减少，致使此项技艺的传承受到了严重的影响。加上精细的手工制作工艺复杂而慢，耗时久，老艺人逐渐减少，年轻人又多追求时尚，使传承出现了断层现象。同时，由于刺绣艺人居住分散，生产规模小，更不能形成品牌效应，因此无法实现跨越式发展。另外，由于受资金、市场、人员培训和生产场地的影响，该技艺无法进一步扩大规模。

2. 措龙滩腰刀

古人说"西域回回多工匠"。据有关资料记载，早在元、明时期，就有从西域而来的各类工匠，且西域的工艺品深受人们的喜爱，如各种金银器皿。而这些西域工匠各尽其能，技艺各有不同，有的制作扇子、官帽、皮货，有的制作各种金、银、铜、铁器，这类匠者中就有"善锻刀"者。到民国时期，西北各回族人民聚居地区，都有许多铁匠铺，可以打马掌、打镰刀、打铲子、打腰刀等。在当时的门源就有制卖铁艺品的工匠，其中就有制作门源措龙滩腰刀的匠人。

措龙滩腰刀也称马福腰刀，从原料到成品，要经过锻、铲、锉、淬、磨等 28 道工序。要达到刚柔齐具，锋利上乘，其中的锻、淬是绝招，是手工刃口活的优势。制作过程全凭工匠心悟、眼观、手到的真功夫，这是机器无法可比的，所谓"宝剑锋从磨砺出"（中国地理百科丛书编委会著，2016）。腰刀的选石只用门源干沟石。当代手艺制作腰刀已被机器代替，而工匠人马富抱道守艺，不用机械代替自己的精湛手艺，一直保持了腰刀的原有价位，使其成为传统文化的一个精神符号，也为文物考究提供了线索（图 3-11）。

在门源及周边地区的饮食习惯中少不了食用大块状的牛肉及羊肉，称为"手抓"。当这类食物端上桌时，主人家会给客人们送来几把小刀，或者食肉者自取出随身携带的腰刀，非常熟练地削肉而食，既文明又省事，显示出一种很有特色的民俗风采。腰刀是当地人们日常生活中必不可少的物品，得以流传至今。

图 3-11　锻造腰刀（吴瑞娜　摄）

3. 门源宋家老醋酿造技艺

门源宋家老醋酿造技艺始于道光年间，距今已有近二百年的历史。当时民族贸易日新月异，汉族、藏族、回族等民族的居民受牧民影响，喜食肉类，广大牧区民众更是以肉类、奶制品为主食，因而醋就成为大家必不可少的佐料，随着"茶马贸易"的互通，门源地区商贾云集，农牧业、民族商贸业蓬勃兴起。于是，接踵而至的制醋匠人互相传授技艺，后来形成了门源特有的制醋技艺。清代末年，宋家高祖父宋得年（生于嘉庆年间，1815—1899）创建了宋家醋坊，后来传至曾祖父宋相智，再由其传至祖父宋进魁、父亲宋福天，现由第五代传人宋文杰传承酿造。

门源宋家老醋酿造技艺是以青稞、麸皮、中草药为主要原料，经过浸泡、蒸煮、降温、移缸制曲、翻曲、成曲、发酵、浸泡、淋醋、灭菌等多道生产工序，酿制出质地浓稠、香味浓郁、酸味纯正、清香甜润、色香俱佳，冬天不冻、夏天不腐的陈醋（图3-12）。该产品除在当地自产自销外，还销往西宁、大通等各地。如今，经过技术革新，门源宋家老醋在产品质量、外包装、品种等方面都有了很大的改造和提升，开发生产出了特级醋、一级醋、二级醋等多种系列产品。宋家老醋现有制醋作坊一所，已成为门源当地有名的一家以古法秘制酿造食醋的小作坊生产企业，占地面积200 m²。现有酿醋学徒4人，年产量达50多吨。

图3-12　宋家青稞老醋的制作过程（门源县文化馆供图）

由于当地饮食习俗多以肉食为主，醋料的调味显得尤为重要，加之宋家老醋色、香、味俱佳，又是纯天然制品，深受当地及周边居民的喜爱，因此该技艺得到了很好的保护与传承。

4.门源华热藏毯编织工艺

门源华热藏毯编织工艺始于明朝，兴盛于清朝，目前认为是从清代流传于门源华热地区的，历史悠久，文化氛围厚重。其编织工艺古老而又科学，用料要求高、工序繁多、用时用工长，产品简单大方、高贵典雅、久经耐用、保暖防湿、色泽鲜艳，深受藏族群众的喜爱，同时在汉族、回族、蒙古族、土族等民族中也广受青睐。近几年，随着国际贸易的发展，华热藏毯也受到了国际友人的喜爱。藏毯已成为青海生态产业的一张亮丽的名片（张扬，2019）。

华热藏毯用料为纯羊毛，制作工具包括：机梁、织经杆、绽经杆、缯棒、绞棒、水平尺、吊线锤、千斤顶、织毯刀、编织杆、铁耙、梳毛剪、镊子、磨石等。编织分为上经过程、引机过程及织做过程。上经过程包括：调梁测试、挂经、复核、绽经；引机过程包括锁底子、打底子；织做过程包括栓头、撩边、过纬、剪浮毛。其编织方法分为两种：一为抽绞编织法，此编织法在抽绞时使前后两批线呈开口平行状的情况下打裁绒结。抽绞的地毯以四股线织成，质地较拉绞地毯有些松散，不够厚实，后背有一道道显眼的白纬线。二为拉绞编织法，此编织法在抽绞时使经线前后两批呈交叉状态情况下打裁绒结。拉绞地毯紧密浓厚，用五股丝线织成，后背不显白纬线。

门源华热藏毯编织技艺，主要流行于门源华热地区。传承人吴娃玛吉的曾祖父曾在鲁沙尔学习编织藏毯。清末至民国时期，其曾祖父和父亲在珠固寺和仙米寺编织地毯。20 世纪 70 年代，海北州成立地毯厂，后因经营不善倒闭，吴娃玛吉决定自己投资创业，成立了海北州华瑞藏毯有限公司，成为海北州唯一一家集生产、销售、工艺品加工为一体的藏毯企业，使古老的藏毯编织工艺焕发出新的生机，藏毯编织技艺得到延续。华热藏毯在初期只盛行于藏传佛教寺院及千户、头人、活佛、僧人家中，后随着工艺技术的发展和人们生活需求的提高逐步在民间普及使用。

5. 祁连刺绣

祁连刺绣通过收集传统艺术，整合了青海民族文化资源在各民族的传统文化传承，样式丰富多彩，独树一帜。祁连刺绣在刺绣内容的选择上多具有宗教性质，包括寓意吉祥、和谐、驱邪等内容（杨多生加，2002）。刺绣工艺品包括各类挂件、壁画等。祁连刺绣由于其采用的材料、刺绣技艺、刺绣内容极具特色，因此有着很高的收藏价值。祁连刺绣早期主要以藏族、蒙古族聚集的乡镇为发展区域。现阶段的祁连刺绣通过传承人杨多生加的收集、整理，有了更好的传承与发展，从各乡镇发展演变为以祁连县八宝镇为中心、辐射各乡镇共同发展的景象。

祁连刺绣是祁连山区居民增收致富、脱贫的本领，是当地人在学会专业技能的同时，向创业型、经营型能人发展的重要技能，同时也使优秀的民间传统技艺得到了更好的传承和发展。当地居民不仅能学到更加规范的民间刺绣技能，并在传承非遗文化的基础上，不断发展创新，使刺绣的手工艺品有了更广的销路，增加了家庭收入。

近几年，政府也通过各种宣传活动不断地推进此项文化遗产的保护，加强民众的保护意识。2020年，海北州举行了"文化和自然遗产日"，祁连县组织了70名绣娘、绣郎参加了"祁连山刺绣"指尖行动刺绣大赛，促使更多的人了解祁连刺绣，让大家感受到了非遗文化气息，提高了他们对文化遗产的保护意识，从而使此项非遗得到了很好的传承与发展。

6.藏炉制作技艺

千百年来，草原上的游牧民族过着"随水草而居"的游牧生活，牧民要经常迁徙，寻找水草丰茂之地，因此需要就地取材，随时随地搭建灶炉。藏炉就是为适应这种生产生活方式，适应草原生态环境而生的产物。藏炉搭建是藏族游牧生活中必不可少的一项生活技能。

藏炉制作技艺独具特色，取材简单，可随时随地制作，绿色又环保。一般由土砖或石头垒积构建，多为长方形，大小不一，燃料多为牛粪、羊粪或一些干柴（图3-13）。

图3-13　藏炉图（天峻县文化馆供图）

藏炉制作技艺与传承体现了一个民族或一个群体的生活模式及其生态理念，它的传承也局限于此群体的生业模式，随着现代工业与社会的发展，放牧的人群越来越少，而交通的发达与便利使人们可以用机动车运送迁徙中的物资，因此，更多的人开始使用铁制炉灶或煤气灶。藏炉的制作没能在传承中得到进化，发展受到限制，因此此项技艺面临失传。

藏炉技艺，现仅存于我国青海省海西州天峻县，地处青藏高原东北端的祁连山中段南部地区。

7. 藏族石刻技艺

藏族石刻技艺的分布十分广泛，在藏区的路口、险关、墓地、山岩均可见到（尼玛江才，2019）。石刻行为早在古老的史前时代就已发轫。在漫长的历史发展与演变中不断地赋予了它更多民族性的符号，成为一个民族的象征，传达着一个民族的精神文化。

藏族石刻可分为世俗性与宗教性石刻。世俗用途的石刻有石碑、石柱、石梁、装饰性动植物等，它反映了藏族独特的审美趣味。用于宗教的石刻也极为常见，以玛尼石和摩崖石刻为主要的样式。另有各类石窟造像、单体造像，如常见的莲花生大师造像，也有各类石刻的唐卡艺术造像。石刻形式及技法有浮雕（浅浮雕、高浮雕）、圆雕、线刻、减地刻、减地加线刻，如六子真言和经文类多用浅浮雕，造像多用浅浮雕或高浮雕，圆雕少见。雕刻的步骤一般是先在石材平面上用粉笔或炭笔画出所刻神灵、佛塔、真言字母的轮廓线，然后用锤子和錾子錾出大形，接着是入细，进行局部精刻。

目前石刻技艺传承人格藏扎西所刻的石刻艺术作品保存在青海省级保护文化遗产天峻县石经院。石刻技艺是藏族民族信仰的一部分，因此得以很好地传承。

8. 藏族皮袄

藏族服饰色彩纷呈，引人注目。在藏区，无论是农区还是牧区，藏族服饰都统称为藏袍。从样式上划分，藏袍大体可分为皮袄（藏语称为"姿化"）、羔羊皮袄（藏语称为"察日"）、布单衣（藏语称为"热拉"）、毡衣（藏语称为"雄瓦"）、毛氆褐衫（藏语称为"绸拉"）。

　　皮袄又分为冬板皮袄和秋板皮袄。皮袄皮板厚实、毛长、宽松，白天穿在身上，晚上可以解开腰带当作铺盖，十分方便，这对游牧民来说是绝佳的御寒服装。有的皮袄会在袖口和下摆镶有青布或红布滚边，但也有无任何装饰的，俗称白板皮袄。

　　皮袄的制作过程：年内的羊皮先收集起来，一般凑够十张左右，放在盐水桶里，浸泡七天。在盐水的作用下羊皮变成软皮后取出来在太阳下晒干，保存起来。到了秋天，把晒干的羊皮埋在潮湿地里放一天左右，拿出后再双手用力搓揉皮面，同时把一些粗糙疙瘩面用小石片刨削平整。皮面在通过不断地揉、削、拉、搓等作用下就成为了软皮，这时就可进行裁缝，开始制作皮袄。男、女皮袄样式不一，一般男士皮袄需要八张羊皮，女士皮袄需要九张至十张羊皮，相互间的长宽也不一。

　　藏族皮袄是厚重保温、宽大暖和的肥腰、长袖长裙。为了适应逐水草而居的牧业生产的流动性，逐渐形成了大襟、束腰样式，一般在胸前留一个突出的空隙，这样外出时可存放酥油、糌粑、茶叶、饭碗。天热或劳作时，根据需要可袒露右臂，将袖系于腰间，调节体温，需要时再穿上，不必全部脱穿，非常方便。夜晚睡觉，解开腰带，脱下双袖，铺一半盖一半，方便实用。然而，受到现代审美与时尚的冲击，愿意穿戴这类传统服饰的人越来越少，制作技艺也仅仅局限于屈指可数的手艺老人。皮袄制作技艺的传承受到了限制，传承现状一般。

（四）片区内传统技艺类县级非遗项目介绍

　　去过门源的人都会对门源的各类刺绣品、各式手工布鞋、门源千里油菜花留下深刻的记忆。

1. 门源补花绣

　　门源补花绣是门源刺绣类技艺的一种，主要分布于大通河流域，辐射到大通、祁连等地，是青海民族文化的一朵奇葩。门源补花绣技艺具有非常重要的艺术价值、实用价值。该技艺的形成，可追溯到唐代弘化公主被迎娶到吐谷浑和文成公主进藏时带来的汉族刺绣产品与工艺。随着长期以来汉藏文化的融合、交流和积淀，在河湟刺绣艺术的基础上逐渐形成了具有独特工艺的刺绣艺术，在当地各民族居民生活中占有重要的地位。门源补花绣花样繁多，大体可分为实用类、情馈类、礼仪类、宗教类4种，多以服装、生活用品为载体。绣品所描绘的形象有人物、日月、花草、虫鱼和飞禽走兽等。

2.门源手工布鞋制作技艺

门源县手工缝制布鞋在我国有着三千多年的悠久历史。据考证，最早的手工布鞋是在山西侯马出土的西周武士跪像所穿的布鞋。布鞋制作技艺流传到门源后经过数代人的传承，如今已经成为一种文化的象征。布鞋的制作过程为全手工，制作鞋底也可以因人而异，按照特定脚形制作适合的鞋子，穿起来不仅舒适、轻便且透气性强。

3.蜂蜜加工

门源千里油菜花孕育了门源得天独厚的蜂蜜资源。蜂蜜的加工有着独特的技艺，一代代养蜂人总结出了宝贵的蜂蜜加工技艺，使蜂蜜能够长时间保存的同时，又不失其美味与营养。

4.青稞秸秆画

最后一项门源传统技艺类非遗项目是青稞秸秆画，它是使用门源独有的青稞、燕麦等农作物的秸秆，利用秸秆自然的光洁度经过蒸、剖、刮、烫、贴、剪、组合粘贴、装裱等十几道工序制作而成，图案主要以当地的风景、动物、植物花卉以及传统图案等为题材，制作的青稞秸秆画具有环保、纯手工、长久保存等独特性和艺术性，同时具有光泽透亮、装饰效果好、艺术感染力和视觉冲击力强的艺术效果。

祁连县共有4项县级传统技艺类非遗项目。

1.掐丝唐卡

掐丝，是景泰蓝制作中最关键的装饰工序，也是古代金工传统工艺之一。将金银或其他金属细丝，按照墨样花纹的曲屈转折，掐成图案，粘焊在器物上，谓之掐丝。掐丝唐卡是将唐卡用掐丝的手法表现出来。其制作的方法是用镊子将事先做好的柔软、薄而细的并具有韧性的紫铜丝，按照设计好的唐卡图案，把丝用手掐（掰、弯）、折叠翻卷，制成各种纹样，粘在木板或炭板上，后经点蓝、喷淋膜胶等工序完成。此工艺过程十分复杂，技艺巧妙，全凭操作者的一双巧手和纯熟的技艺，掐饰出妙趣横生、别具神韵的作品。

2."天境纯"高氏绿色健康醋酿造技艺

此项酿醋技艺由祁连县高氏家族传承并经营。该醋在选料过程中选用陈皮、白芍、防风、丹参、甘草、草蔻、桂籽、五味子等36味中药材,以青稞、黄豆、玉米、麦麸子等绿色食物为主要原料,进行反复发酵而酿制。现在高氏酿醋已注册成公司,开拓了销路,得到了较好的发展与传承。

3.打酥油

打酥油是每一个牧民都必须掌握的技能,在草原上牛奶不易保存,牧民通过提炼牛奶中的营养成分,即酥油,使其得以长时间地保存。打酥油最重要的两样东西是打酥油专用的木桶,藏语称之为"佳东",以及打酥油的原料——牛奶。现今各类打酥油机器的出现已替代了传统的打酥油方式,而打酥油的木桶也在逐渐消失。这一项传统技艺的保护和记录已迫在眉睫。

4.拉石稞制作技艺

拉石稞是高原先民在从事青稞及其他谷物研磨生产劳动中创造出来的生产工具,也是高原祖先在青藏高原生活、劳动的产物,是藏区先民对造型概念的形成和造型技巧最初把握的现实物。拉石稞一般选用硬度很高的天然花岗岩石,用磨光机和钢铁掘子打磨去杂质,雕刻成磨盘圆形,抛光处理后用铁锤和钢铁掘子雕刻出具有民族特色的花纹及图腾。采用柏木当转轴和把手,手工削制成合适大小的长圆柱状,之后用羊皮缠绕固定在拉石稞的相应位置加水浸泡使其膨胀,这样做出来的拉石稞更耐用,更具有民族特色。随着人们饮食习惯的改变,年轻人已很少食用青稞粉,即糌粑,因此拉石稞的实用性越来越弱,现也面临消失的危险。

由前期统计分析可知,祁连山国家公园青海片区内非物质文化遗产项目共56项,而其中传统技艺类22项,占非物质文化遗产总数的39.29%。从传统技艺类各小类类别数量来看,传统技艺小类类别较少,分布较为分散且分布差异明显。其中,编织类2项,占总数的9.09%;刺绣类2项,占总数的9.09%;雕塑类1项,占总数的4.54%;其他类别17项,占总数的77.30%(图3-14右)。

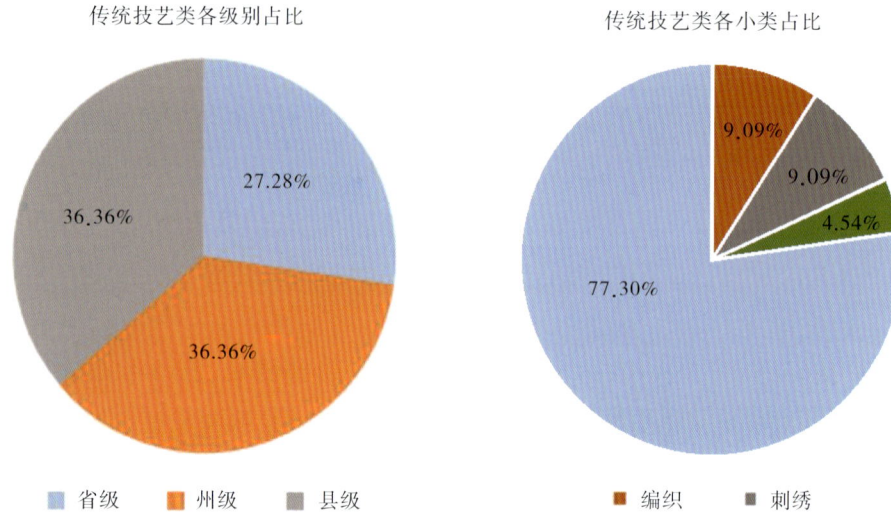

传统技艺类各级别占比　　　　　　　传统技艺类各小类占比

27.28%
36.36%
36.36%
9.09%
9.09%
4.54%
77.30%

省级　　编织
州级　　刺绣
县级

图 3-14　传统技艺类各级别占比（左）及各小类占比（右）

22 项传统技艺类项目中，省级的有 6 项，占总数的 27.28%；州级的有 8 项，占总数的 36.36%；县级的有 8 项，占总数的 36.36%（图 3-14 左）。

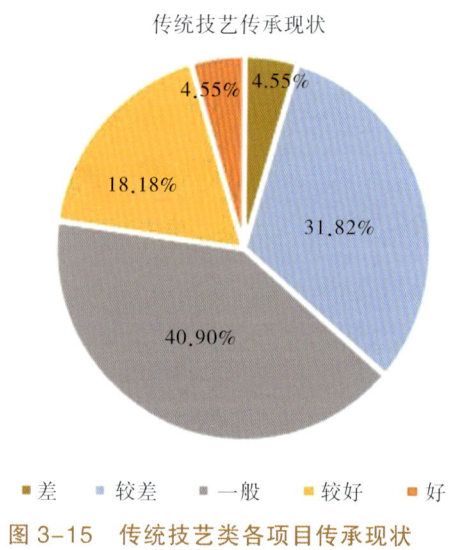

传统技艺传承现状

4.55%　4.55%
18.18%
31.82%
40.90%

差　　较差　　一般　　较好　　好

图 3-15　传统技艺类各项目传承现状

22 项传统技艺类非遗项目中，保存状况差的 1 项，占总数的 4.55%；较差的 7 项，占总数的 31.82%；一般的 9 项，占总数的 40.90%；较好的

4项，占总数的18.18%；保存状况好的1项，占总数的4.55%（图3-15）。整体来看，传统技艺类非遗项目保存状况较为一般，随着当今时代和科技的发展，一些传统技艺已经无法满足人民的日常需求，其传承也受到极大的冲击，传承状况不佳。这是时代发展进步过程以及科技不断进步的体现，部分传统技艺由于人民对美好生活的不断追求以及现代科技的不断发展，逐渐淡出人们的生活。因此，我们不仅要鼓励非物质文化遗产传承人恪守传承责任，政府以及社会团体也应为其提供传统技艺类活动传承、弘扬以及保障生活必要的资金支持。

二、传统音乐

我国有着悠久的历史与璀璨的文明，在历史的长河中通过不断地发展与沉淀，形成了独具特色，又富含韵味的中国传统音乐。中国传统音乐是国人运用本民族的固有方法、采取本民族的固有形式创造的、具有本民族固有形态特征的音乐作品。传统音乐包括器乐音乐、戏曲音乐、民歌、舞蹈音乐，以及其他各类传统的音乐类别。传统音乐绵延几千年，包含诸多审美风格，它是对一定的音乐思想特殊本质的集中体现，是音乐思想意识的结晶。一个国家、一个民族的思维习惯，对其审美意识的形成与发展有着不可低估的作用。

（一）片区内传统音乐类非遗项目概况

祁连山国家公园青海片区内非物质文化遗产项目中传统音乐类共有8项，所属小类有民歌、器乐、舞蹈音乐以及宗教音乐。8项传统音乐分别为门源花儿、华热藏族民歌、回族宴席曲、海西藏族六月歌会、口弦、咪咪、阿柔逗曲和回族宗教音乐，包括4项民歌、2项乐器、1项舞蹈音乐，以及1项宗教音乐。其中的回族宴席曲为国家级非物质文化遗产；另有1项省级非物质文化遗产，即阿柔逗曲；2项州级非物质文化遗产，即门源花儿和海西藏族六月歌会；以及4项县级非物质文化遗产，即回族宗教音乐、口弦、咪咪、华热藏族民歌（表3-5）。

表3-5　祁连山国家公园青海片区非物质文化遗产传统音乐类信息表

名称	所在县	传承人	所属大类	所属小类	等级	传承现状
门源花儿	门源县	刘明录	传统音乐	民歌	州级	较好
回族宗教音乐	门源县	安全文	传统音乐	宗教音乐	县级	较差
口弦	门源县	安宝龙	传统音乐	器乐	县级	较差
咪咪	门源县	安宝龙	传统音乐	器乐	县级	较差
华热藏族民歌	门源县	谢更藏	传统音乐	民歌	县级	较差
回族宴席曲	门源县	安宝龙、马成海	传统音乐	民歌	国家级	较差
阿柔逗曲	祁连县	格热	传统音乐	舞蹈音乐	省级	较差
海西藏族六月歌会	天峻县	无	传统音乐	民歌	州级	较好

祁连山国家公园青海片区非物质文化遗产共56项，其中传统音乐类共8项，占总数的14.29%，主要分布在门源县、天峻县、祁连县。其中门源县表现出传统音乐艺术的多样性与丰富性，共有6项，占总数的10.71%，分别为3项民歌、2项器乐、1项宗教音乐。祁连县与天峻县各占总数的1.79%，其中祁连县只有1项，为民间舞蹈音乐；天峻县也只有1项，为民歌。

（二）片区内传统音乐类国家级非遗项目介绍

回族宴席曲

回族宴席曲是国家级非物质文化遗产。回族宴席曲广泛流传于青海门源和甘肃、宁夏，是纯粹的回族音乐。宴席曲由元代回族中流传的"散曲"演变而来。宴席曲含有西域古歌和蒙古族古调的色彩，同时，又吸收了中国西部各民族民间音乐元素，其曲调风格几乎涵盖了西北民间音乐的所有特点，并保留着元、明、清时期西北少数民族歌舞小曲的古老风貌（张晓君，2015）。回族把结婚办喜事称为"吃宴席"，专门在婚宴或其他喜庆场合演唱的曲子叫宴席曲，也叫"菜曲儿"。演唱宴席曲运用的是委婉、细腻、活泼、优美等声腔，有时竟至哀婉凄切。演唱时一般不用乐器伴奏，全凭歌者丰富的声音、表情，伴有舞蹈动作以取得感人的效果。宴席曲既长于抒情，又善于叙事，优美而朴素。人们参加回族的婚礼，喜庆伊斯兰节日，或在回族同胞家中做客，常常会听到优美的回族宴席曲。

宴席曲的曲调大都婉转而柔和，歌词优美动听，节奏欢乐轻快，气氛喜庆又热闹。演唱者边歌边舞，有时唱到动情处不期然间众人会齐声而和，让每个参加婚礼的人都如痴如醉，宴席现场其乐融融，为新婚典礼锦上添花，喜中加乐。除了欢快、风趣、喜庆的一面，宴席曲的灵魂还在于它携带着人们的一些伤感情绪。当地有"家里要唱《莫奈何》，出门了要唱《祁太福》"的习俗。

宴席曲的表演形式活泼灵便，既歌又舞，有说有唱，很受群众欢迎。经初步调查，在门源地区流行的宴席曲的曲令有一百余种，一般一词一曲，曲调优雅婉转，曲曲感人。其所反映的内容十分广泛，有传统题材，也有现代题材，有固定的唱词，也有现场的即兴发挥。从某种程度上讲，宴席曲是门源回族人沧桑历史的心声、文化、民俗的小百科全书（汪平，2012）。宴席曲演唱中的一个特殊现象是倒唱。一首曲从头（到）尾演唱完后，改换一种曲调后倒唱回来，如《倒唱四季》《孟姜女》《十里长亭送亲人》等，倒唱时的调子一般热烈欢快。

宴席曲多以方阵队形对舞，舞蹈主要有"鹰舞""鹦哥舞""筛子舞"等。除了大传，一般的散曲、季节歌、五更调都可以，边唱边舞，也可以采取歌伴舞的形式表演。其动作特点常与回族的劳动、生活、习俗相关联，由于回族歌曲常用凤凰、蝴蝶、牡丹、鸽子等雍容华贵的形象，以及羊羔、青草、甘泉等与民族生活息息相关的事物起兴，所以舞时手臂动作多变的特点恰似蝴蝶飞舞、凤凰展翅，动作秀而不拘，美而不俗。腿部柔韧地屈伸，似放牧人赶着羊群在云中走，动作起伏稳重，柔中有刚、潇洒自如、头部碎摇和敏捷地摆动、眼神配合巧妙，这些都抒发了宴席曲中的喜庆欢乐之情（图3-16）。

图 3-16　回族宴席曲表演现场（门源县文化馆供图）

现在婚宴上宴席曲的表演已日渐减少，加上受到现代文化的强势冲击，表演老艺人越来越少，传承出现了断层现象。现今回族宴席曲已濒临失传，亟待采取有效措施加以抢救、保护和繁衍，使门源地区独具民族、地方特色的回族宴席曲能够传承下去。

回族宴席曲的代表作品《白鹦哥》是由安宝龙作词、作曲，传唱度极高的一件叙事类作品，表演者仿效白鹦哥翻飞的姿势边唱边舞，以此烘托场面（门源县文化馆非遗项目系列丛书，2017）。部分歌词如下：

　　　　　　　　一更里的白鹦哥扑噜噜儿飞

　　　　　　　　飞到高粱上弹弓俩弹不着我

　　　　　　　　飞到低粱上网儿里遮不下我

　　　　　　　　一飞飞到一层的台儿上落

　　　　　　　　头儿点来尕尾巴摇

　　　　　　　　口儿里吐出来三点儿血

　　　　　　　　三里么三点儿脓

　　　　　　　　左打上个转身我再来上一溜儿

　　　　　　　　右打上个转身我再说个赛俩目

《十二个月》是典型的宴席曲唱词中以季节为序数的作品，从一月至十二月徐徐道来，内容具体而又生动（门源县文化馆非遗项目系列丛书，

2017）。歌词如下：

正月里冰花迎春俏，

二月里杏花水上漂，

三月里桃花红透脸，

四月的柳絮飞满天，

五月里石榴抿嘴笑，

六月的牡丹把手招。

七月里葡萄搭满架，

八月的西瓜玩月牙，

九月里菊花遍地黄，

十月的玫瑰抛过墙，

十一月雪花满天飞，

腊月里就数着山中梅。

（三）片区内传统音乐类省级非遗项目介绍

阿柔逗曲

阿柔逗曲是青海省省级非物质文化遗产，主要流传在青海省海北州祁连县阿柔乡、峨堡镇两乡镇及周边乡镇村落，如默勒、野牛沟、可可西里等地，流传面不广。阿柔逗曲也因同一文化不同内涵，或同一习俗不同内容的表现形式受到了历史、社会、藏学、民俗等研究领域专家学者的重视。阿柔逗曲在社会变革和时代进步的大潮中，仍延续着传统藏族民歌的演唱形式，具有丰富的藏族民歌的深刻内涵的特性。

阿柔逗曲多元一体，既有共性，又有不同地区的差异性，形成了同一曲调不同唱词或同一唱词不同曲调的演唱形式。逗曲在藏语中称"喜合"，其曲调与"勒"山歌相同，"勒"是藏区最普及、最常见、流传最广的歌唱形式，可独唱也可对唱，而逗曲不能独唱，多为对唱。它需要一定的演唱场合，如婚礼宴席、过年、过节。其内容有赞美大自然、骏马牛羊的，也有歌颂英雄事迹的，描述民族习俗的，还有感怀情思、祝福吉祥的，内容包罗万象，无所不唱。其曲调独特，节奏缓缓如流水，形象生动，生活气息非常浓厚（中国地理百科丛书编委会，2016）。旋律自由的节拍和严密有序的律动构成了悠扬辽阔、舒展豪放的音乐形象，充分表现了自由奔放的草原民歌特点。演唱形式多为双人对唱。对唱时一方手拿哈达或酒盘，随着曲调的旋律边唱边跳至另一方面前，献上哈达或酒，以此往返轮唱。它是藏族婚礼和各种宴席及逢年过节时必不可少的助兴内容，是营造氛围的最佳方式（图3-17）。

图3-17　阿柔逗曲表演场景（祁连县文化馆供图）

阿柔逗曲的传承以社会性、松散性为特征，多半以宴席倾听或口口相传为主。现在虽有不少技艺高超的民间阿柔逗曲艺人，但多为老人，而年青一代更热衷于现代流行音乐，因此传统的阿柔逗曲也正面临着被同化的危险，需要有关部门及时进行保护。

（四）片区内传统音乐类州级非遗项目介绍

1. 门源花儿

门源花儿是州级非物质文化遗产，是多民族大团结与文化大融合的象征。据史料记载，明朝推行"移民戍边"政策，曾于洪武五年（1372年）、二十五年（1392年）两次从长江东部、安徽北部一带，屯兵移民进入门源屯垦，后嗣还有一部分从甘凉等地辗转进入门源落户。清乾隆二十六年（1761年）西宁杨应琚在河湟谷地大范围开荒，从大通、互助、湟中、西宁等地移来了一批汉族居民。清末至民国年间，甘肃的永昌、民乐、山丹、古浪，青海的大通、互助等地，屡遭自然灾害，连年饥荒，大批贫苦汉族居民逃荒谋生进入门源，加之青海地方军阀的迫害，屡有民众避祸至此。这些人的到来也将河湟花儿一并带入了属于古羌地的门源，由于花儿独特的话语表达方式，口传心授的传播技巧，悲怆凄凉的旋律，恰到好处地表达了广大底层劳动人民的心声，所以得到了广泛的传播与发展。门源花儿艺术地体现了各民族生产、生活的特征和审美情趣，凝聚着人们的理想与感情，其题材广、种类多，语汇丰富而又独特（马玉琴，2022）。从本质上讲，"花儿"体现了人们对自身的关注，蕴含着对人性美的追求，集中反映了男女相恋过程中种种复杂多变的情感，浓缩了最能打动人心的精美词汇和曲调，集中体现了青海各民族人民质朴奔放的审美心理，显示出积极进取的情感姿态和纯朴坦诚的精神风貌。

门源花儿主要流行曲令有：直令、门源令、门源直令、门源盘山令、尕马令、上山令、东峡令、互助令、南乡令、马营令、保安令、吾屯令、老爷山令（肝花令）、梁梁上浪来令、绕三绕令、三闪令、拔草令、白牡丹令、二牡丹令、二梅花令（三花嫂令）、好花儿令（小花儿令）、大身材令、大眼睛令（香水令）、水红花令、乖嘴儿令、呀咿令、沙燕儿绕令、杨柳姐令、黄花姐儿令、红花姐儿令、尕阿姐令、憨肉儿令、阿哥的肉令、尕连手令、尕妹妹令、三尕妹令、脚户哥令（下四川令）、绿绿儿山令、山山儿绿令、仓啷啷令、晶晶花儿令、河州大令、尕乐令等。门源花儿基本以高亢、奔放、粗犷、苍凉、抒情为特色。通常是一人独唱或两人、多人对唱。

门源花儿活动为民间自发进行的活动，每年的农历六月初六，青年男女在浩门河畔、照壁山、疙瘩滩、东川、克图、仙米、珠固等地饮酒、唱花儿。仙米寺在每年农历九月十五的观经活动中也有花儿会，方圆几十里的居民都会前来参加，也有互助、大通、西宁的唱把式赶来参加盛会。在东川镇尕牧龙村的整条山沟里，每到拔草季节，妇女们一边劳动一边开始唱花儿打擂台。近年来，随着社会的进步以及旅游业的发展，文化部门每年都会在"油菜花文化旅游节"期间，组织群众在浩门古城开展"花儿演唱会"等活动，一直延续至今，门源花儿会会场从浩门镇疙瘩滩—浩门古城—阴田乡，到泉口镇，再到浩门古城，形成这样一个点、线、面的演唱轨迹。此外，县文化馆还不定期地举办"花儿培训"等活动，来培养门源花儿的传承人。

2. 海西藏族六月歌会

海西藏族六月歌会是一种以歌舞为主的文艺盛会。"六月六"歌舞会起源于吐蕃军队的六月练兵。据传，吐蕃时期，吐蕃军队长期驻扎在甘肃、青海，因高原上气候寒冷，就利用每年夏季的最佳时节——藏历六月进行军事比赛，主要进行射箭、赛马、武术等项目，以提高军队的战斗力。时过境迁，这一项活动逐渐演变成为群众性文体娱乐活动，成为今天所进行的六月歌会。

六月歌会一般在藏历六月六日举行，歌舞盛会一般持续两三天。每当六月歌会临近，人们就提前到风景秀丽、绿草如茵的草地上，各自选择满意的地点，搭帐房、挖锅灶、宰牛羊。歌舞会正式开始这天，男女老少一大早就兴高采烈地赶到会场。大家身着节日的盛装，妇女们会穿上华丽的藏袍，戴着插有各色小花的大礼帽，腰系彩色腰带，佩戴好金银饰品。会场上歌声四起，有五六十岁的老者，也有八九岁的小姑娘。素日的草地变成了繁荣的闹市，人欢马鸣，到处是歌声和欢笑声（图3-18）。

图3-18　六月歌会表演场景（天峻县文化馆供图）

六月歌会是天峻县一年一度的盛大节日，它不仅促进了当地社会经济与旅游业的发展，也使人们在百忙中得以休整，在烦琐的生活中得以放松。六月歌会不仅是天峻县每一个牧民都会参加的节日，也是周边地区居民忙中偷闲赶来参加的节日。因此，该文化的传承与发扬得到了很好的保障。

（五）片区内传统音乐类县级非遗项目介绍

祁连山国家公园青海片区内共有 4 项传统音乐类非物质文化遗产项目，均为门源县县级非遗项目，分别为回族宗教音乐、口弦、咪咪以及华热藏族民歌。

1. 回族宗教音乐

回族宗教音乐是回族民俗文化的重要组成部分，回族民众在各种宗教活动、节日庆典、婚丧嫁娶、圣纪和斋月中，用优美动听的声音诵读古兰经，赞主赞圣，以此进行善功，积德积福（刘音琦，2017）。在漫长的伊斯兰文化传播过程中，各种音律调式的诵经调、赞圣调也随之传入。这些音律调式在西北回族民众聚集地区不断演绎，与当地文化融合，形成了自己独特的风格。门源回族宗教音乐融合了阿拉伯风格与华夏文化的回族民间曲调。在门源，每逢重大节庆活动，或婚丧嫁娶、兴建土木、远路启程等事件时，都能听到震撼心灵的诵经调或婉转悠扬的赞圣调。

回族宗教音乐即为念诵古兰经或赞圣人，有一人单独念的，有两人一组、三人一组轮番念的，也有众人合念的，或有几个人领念、众人合念的，人数并不固定。一人念的音调悠扬绵长，众人念的气势排山倒海，旋律优美，节奏悠扬和谐，乐声铿锵有力，流畅动人，既有浓郁的西域风味（吴珊，2014），又有鲜明的中国特色，并且吟诵性和感召力都很突出（图 3-19）。回族赞圣经典一般有《满达义哈》《卯录地》两册（赞文、提文）、《明沙勒》，还有很多没有成册定本的，如胡图白、拜拉次、奥拉递、拜次等，其调子多达 30 多种。

这些具有音乐行为的伊斯兰宗教活动，有时候在回族聚居地区整村内进行，如圣纪月份、拜拉次月份、斋月，整个大西北的穆斯林地区，时时听到赞主赞圣的天籁之音，这些区域内的穆斯林男女几乎是全员参与。

图 3-19　老者念诵古兰经

回族宗教音乐中的诵经调、赞主赞圣词的各种音调，是由宗教人士口传心授的。随着时代的发展，大家对伊斯兰文化的交流日益频繁，这种传统的、具有地方特色的宗教音乐，由于并无文字和乐谱记载，若某一位传承人不在了，一种音调韵律可能会出现传承断层的情况。

2. 口弦

口弦是回族古老的乐器之一，也是中国乐器的鼻祖之一。最早的口弦记载始于《诗经》中对于簧的记载。簧这种乐器能横在口中演奏，是口弦类乐器。据先秦至晋的古籍文献记载，簧是贵族使用的一种高雅乐器，文人雅士尤其喜爱。自元朝以后，这种乐器在中原地区逐渐失传。

唐朝时期，随着伊斯兰教的传入，以及回族移民的迁徙，回族文化也传播至中原大地。回族口弦作为回族居民表达情感的乐器，也随之流传到中国。

在民间，口弦是青年男女间相互表达情感，朋友间互诉衷肠、交流感情，乃至相互逗趣的载体。口弦多由姑娘吹奏，俗称"口琴子"或"口衔子"。每当闲暇时或是夜幕降临时，姑娘们便会吹奏口弦，借以散心消遣，抒发情感，或传达她们的思念与爱意（图 3-20）。

图 3-20　吹奏口弦的回族居民（门源县文化馆供图）

口弦做法较简单，一般将五寸长如同火柴杆粗细的铜丝或银丝打制成三棱形，弯成马蹄状，稍卡一点的簧片；尖端稍翘，上端缠上火柴头大的一点棉花，就做成了口弦。口弦有两种演奏法：一种是将有簧片的一头含在嘴里，靠片头拨动簧片并与口腔吹的气流配合发出音乐曲调。另一种是把口弦夹在夹缝中，左手握住弦柄，右手拨动簧片，吹动气流发出声音。无论是用舌头拨还是用手指弹，口弦是靠收敛嘴唇大小和控制气流强弱来调节音符奏成曲调的。

随着现代科技的发展和社会的进步，回族居民对口弦的需求已经显得不再那么重要了，口弦的吹奏与制作技艺也随着时代发展的浪潮在慢慢消失。对回族口弦音乐的保护与抢救已非常紧迫，它对丰富和完善中国的音乐史有重要的意义。

3. 咪咪

咪咪是回族民间的自娱性乐器，也是回族古老的乐器之一，更是回族历史文化的瑰宝。咪咪制作方法简单，是回族劳动人民在长期的生活实践中创造发明出来的一种小乐器。其源头可以追溯到汉唐时期，是在西北地区流传的古乐器羌笛、芦管的改变和遗存。每到农历五、六月份，门源到处郁郁葱葱，风景如画，年轻的回族小伙转悠到自家耕耘的青稞地边，随手折一枝青稞秸秆，做一个咪咪吹起来，使绿油油的田野瞬间充满了欢乐。

咪咪形制多样，可用芦苇、柳枝、燕麦秸秆等制成，也可用竹竿制作（图 3-21）。用青稞秸秆制作咪咪的方法如下：

拔一根青稞秸秆，在其节骨处折一节三寸左右的秸秆，一头为嫩枝，一头为节骨处。节骨处下端压几下，秸秆腰间裂开四条长 1.5~2 cm 的口子，手指在秸秆两头抓住往中间一挤，使秸秆裂缝处呈灯笼状。如此反复几下，双手呈空心状捂住咪咪下端，上端噙入口中，用口腔的呼吸控制气流，用手的张与合配合形成不同的音调，吹出不同的歌曲。

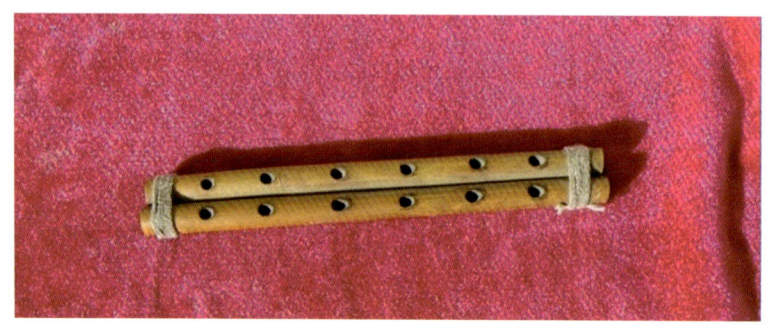

图 3-21 竹竿制作的咪咪（门源县文化馆供图）

咪咪吹奏的曲调深沉而悠长，记录着回族居民生活中的点点滴滴，映照着他们日常的生活习俗、生产模式。但在外来文化和西洋乐器盛行的现代社会，绝大多数年轻的回族小伙已不知道咪咪的吹奏方法、制作技艺，大部分人甚至都没有听说过这个名称。其传承与发展现状不容乐观，也许多年后我们只能从影像或文字资料中了解这个传统的回族民间乐器，及时抢救与保护此类乐器已刻不容缓。

4. 华热藏族民歌

从历史文献资料的藏文残卷中可见，早在公元 6 世纪，古代藏族人的语言交流中就已有用民歌作为表达语言的习惯。通过对华热藏族酒歌的即兴演唱到华热婚俗的古习演化的考证，发现早在一千多年前华热藏族民歌就已经在这片土地上广泛流传并演绎至今。

到了公元 11 世纪，华热藏族民歌进入了一个全新的发展阶段。华热藏族作为安多藏族的一支，继承并发扬了传统"勒"的形式和内涵，并逐渐形成了一套独具地方特色的多重民歌形式。华热藏族民歌发展到今天，内容丰富，分类齐全，已经形成了一套体系完整、形式独立的华热地方本土的民歌演艺活动（图3-22）。

图 3-22　华热藏族民歌（门源县文化馆供图）

华热藏族民歌体现着华热藏族对大自然的广泛解读，以及在民族变迁历程中对生命悲剧成分的广泛包容，它集通俗性、艺术性、娱乐性、地方性、广泛性、自发性和民族性于一体，是反映华热藏人文化生活的一部口碑百科全书，其哲理般的精辟阐述以及浩如烟海的庞大体系更是我们取之不竭的思想源泉。

继承这些民歌的传唱艺人大都年事已高，或者相继辞世，而年青一代还缺乏应有的传承认识，从而导致民族传承能力的整体退化，尤其是叙述性传唱大都在现行的文化环境里朝不保夕。这些丰富的口碑文化若不进行及时保护与抢救，将面临失传与湮没的危险。

我国是一个多民族的国家，悠久的历史和灿烂的古代文明为中华民族留下了极其丰富的文化遗产。但随着经济社会的快速发展，大量外来文化的侵入，让人们渐渐遗忘了这些传统的音乐与古老的乐器，而年青一代又缺乏对传统文化的兴趣，一些优秀的依靠"口传、心授、带徒弟"方式传承的民族传统音乐伴随着老辈艺术家的逝去而销声匿迹。一些流传久远的珍贵民族文化遗产，逐渐被日益忙碌的人们所淡忘，许多还未来得及记录和学习，就已悄然离去。

为了保护这些珍贵的非物质文化遗产项目，政府及文旅部门采取了大量的保护与宣传工作，但是目前的传承现状依然不理想。从数据分析的结果可以看出，75％的传统音乐类项目传承现状较差，只有25％的传统音乐类项目受到了较好的传承。从子项目类型来看，宗教音乐类、器乐类以及舞蹈音乐类由于受限于其传承人和用途，传承现状较差。民歌类项目根据其实用性能的强度表现出不同的传承现状。门源花儿打破了地域性、民族性，同时也受到相关部门的强力保护，其传承现状较好；海西藏族六月歌会的民歌类项目也因平日实用性较强，得到了较好的传承；而华热藏族民歌与回族宴席曲由于受到地域与民族性双向的局限性，其传承现状较差。整体来看，祁连山国家公园青海片区内传统音乐类非物质文化遗产项目较为丰富，体现出各民族文化的多样性与博大精深，然而传承现状却较为严峻，需要相关部门继续加强传承保护工作。

三、传统美术

非物质文化遗产中的传统美术类项目是传统艺术中的一部分。传统艺术是指人类为满足自己的生活和审美需求在劳动生活中创造而诞生的艺术（张鹏，2016）。传统美术是一个中国化的概念，指人们通过技艺创作出物质形态的美术作品（王晓珍和刘芳岐，2021），如刺绣、绘画、泥塑、剪纸、唐卡等，这些包含高超技艺的作品，我们多将其认为是艺术品。非物质文化遗产中的传统美术类项目兼具物质性与非物质性的特点。其中，物质性体现在传统美术类的传承人群用他们自己的技艺所创造出的艺术品以及他们所掌握的手工技艺，这些都属于非物质文化遗产传承和保护的对象。非物质性体现在传统美术类是不可再生的珍贵文化资源，是中华民族智慧与文明的结晶，是依靠人的存在而得以传承的。非物质文化遗产中的传统美术类项目在青海片区内主要有刺绣图案、剪纸、唐卡、藏族绘画4类。

（一）片区内传统美术类非遗项目概况

祁连山国家公园青海片区内非物质文化遗产中的传统美术类项目共6项，分别为华热藏族刺绣、门源汉族刺绣、回族刺绣技艺、门源剪纸、祁连羊皮画传统制作技艺、祁连阿柔唐卡。这 6 项传统美术类项目所属小类为刺绣图案、剪纸、藏族绘画、唐卡。所属小类中刺绣图案类别最多，民族性强，传统美术类型多样，题材丰富。6 项传统美术类项目中属于州级和县级的项目各 3 项。其中，属于州级的项目有位于门源县的华热藏族刺绣、门源汉族刺绣、回族刺绣技艺；属于县级的项目有位于祁连县的祁连阿柔唐卡、祁连羊皮画传统制作技艺，以及位于门源县的门源剪纸（表 3–6，图 3–23）。

表 3–6　祁连山国家公园青海片区传统美术类非物质文化遗产项目信息表

名称	所在县	所属大类	所属小类	等级	传承现状	传承民族
华热藏族刺绣	门源县	传统美术	刺绣图案	州级	一般	藏族
门源汉族刺绣	门源县	传统美术	刺绣图案	州级	较好	汉族
回族刺绣技艺	门源县	传统美术	刺绣图案	州级	一般	回族
门源剪纸	门源县	传统美术	剪纸	县级	一般	回族、汉族、藏族、土族等多民族
祁连羊皮画传统制作技艺	祁连县	传统美术	藏族绘画	县级	较差	藏族
祁连阿柔唐卡	祁连县	传统美术	唐卡	县级	较差	藏族

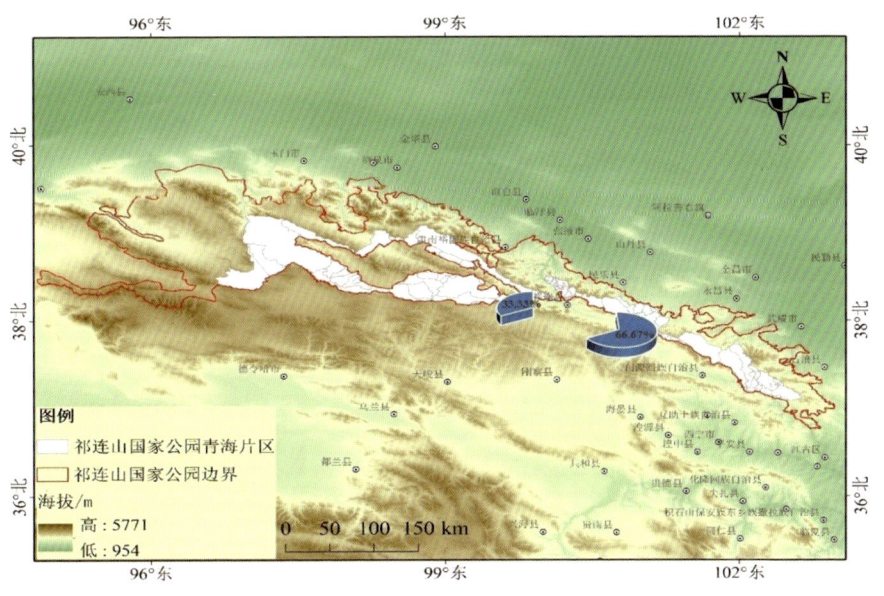

图 3–23　祁连山国家公园青海片区非物质文化遗产传统美术类总体分布图

（二）片区内传统美术类州级非遗项目介绍

1. 华热藏族刺绣

华热藏族刺绣的工艺精细，针脚要求很高，色彩搭配很讲究，针针见功底，线线出效果。刺绣主要有盘绣、堆绣、网绣、平绣、锁绣、拉绣、窝针绣等。其中，盘绣和堆绣是华热藏族最拿手、最具特色、最常用的绣法，在其他汉族地区很少见到。其制作需要一针一线的纯手工工艺，历经做模、打面浆、粘布、拟模、贴面、镶边等十几道工序，讲究观赏价值，追求浅浮雕和富丽堂皇的艺术效果。华热藏族刺绣的应用十分广泛，品种丰富，花样繁多，品种有加龙、辫套、腰带、衣领、几何图案、黑头巾、人物、植物、动物，还有吉祥八宝、吉祥如意、光圈云气、狮象瑞云、佛像和装饰寺院殿堂的宗教用品等（图3-24）。华热藏族要求姑娘们从小学会这门手艺，用刺绣装饰自己，美化生活，传递友谊，寄托感情，这使得这门民间艺术成为华热藏族生活中不可缺少的组成部分（周裕兰，2014），世代相传，不断发展。在大力推广的基础上，当地也产生了一大批华热藏族刺绣能手。

图3-24　华热藏绣辫筒纹样图（吴瑞娜　摄）

2. 门源汉族刺绣

门源汉族刺绣细腻清新，图案造型别致多样，有传统图案和现代图案之分。传统图案多以蝙蝠、喜鹊、老鼠、石榴、花卉、八仙过海、福禄寿禧、财神等为素材的图案造型，这些图案古朴纯正、色彩简洁、寓意含蓄深远。现代图案在传统图案基础上有了相应的改进和丰富，使其更符合当代人的审美情趣，表现手法更为自由和奔放。两种类型的图案一般以单独适合的纹样为主，其次多为两方连续图案，成对称分布，从形式上来说略显单调一些。门源汉族刺绣针法主要有平绣、堆绣、十字绣、垛绣、挑针、滚针、乱针等。

门源汉族刺绣具有浓厚的地方特色，实用广泛，主要用于服饰、日常生活、节日祝福、婚嫁等。如头饰（帽子、手帕），服饰（上衣、裤子、围裙、绣花鞋、鞋垫、袜子），寝具（盖被单、枕套、枕巾），其他有门帘、手提包、香包、针扎、绣球、电视罩等。

3. 回族刺绣技艺

回族刺绣技艺是回族妇女凭借一根细小的绣花针，尽情挥洒着灵性和创意，形成了平针、插针、掺针等多种针法，把各种图案绣在衣领、衣袖、口袋、腰带、袜子、鞋、鞋垫、钱褡、烟袋、荷包、针扎、辫筒、枕头、枕顶、门帘、被罩等物件上。她们设计的图案，结构严谨、节奏分明，既有给人以安定、活泼、大方视觉感受的几何形图案，也有以花果、草木、人物、动物为题材的制品（图3-25）。在自然基础上进行装饰变形的纹样，巧妙应用点、线、面结构和色彩的晕染效果，使绣品充满了浓厚的装饰味。

图3-25 门源回族刺绣针扎纹样图（吴瑞娜 摄）

由前期统计分析可知，祁连山国家公园青海片区内非物质文化遗产项目共 56 项，其中传统美术类共 6 项，占总数的 10.71%。从传统美术类各项的级别来看，州级项目 3 项，占总数的 50%；县级项目 3 项，占总数的 50%（图 3-26 左）。

从传统美术类各小类类别数量来看，总体来说传统美术小类类别多样，分布较为集中，主要在门源县和祁连县。其中，刺绣图案类 3 项，占传统美术类总数的 50%；剪纸类项目 1 项，占总数的 16.67%；藏族绘画类项目 1 项，占总数的 16.67%；唐卡类项目 1 项，占总数的 16.67%（图 3-26 右）。

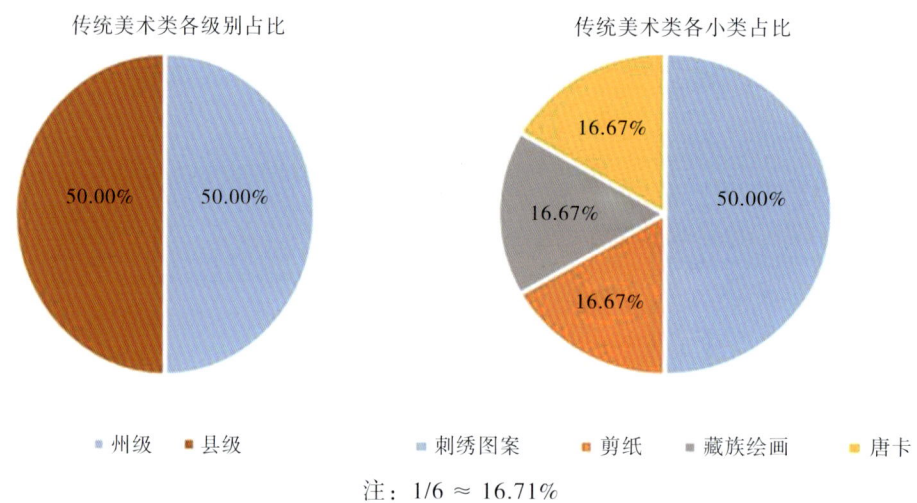

传统美术类各级别占比　　　　传统美术类各小类占比

注：1/6 ≈ 16.71%

图 3-26　传统美术类各级别占比（左）及各小类占比（右）

从片区内传统美术类非物质文化遗产项目空间分布来看，项目集中分布在门源县和祁连县。其中，门源县共 4 项，占总数的 66.67%；祁连县有 2 项，占总数的 33.33%（图 3-27 左）。6 项传统美术类项目中，传承民族仅为藏族的有 3 项，占总数的 50%；传承民族仅为汉族和传承民族仅为回族，以及传承民族为回族、汉族、藏族、土族等多民族共同传承的均有 1 项，占总数的 16.67%。这些传承民族的分布体现了少数民族地区传统美术类活动的传承特点。

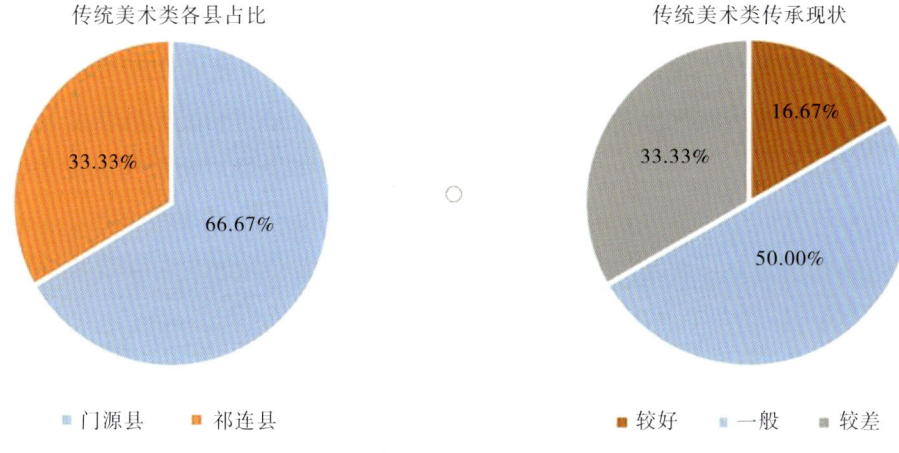

传统美术类各县占比　　　　　　　传统美术类传承现状

图 3-27　传统美术类各县占比（左）及传承现状（右）

6 项传统美术类非遗项目中，保存状况较好的 1 项，占总数的 16.67%；保存状况一般的 3 项，占总数的 50%；保存状况较差的 2 项，占总数的 33.33%（图 3-27 右）。整体来看，传统美术类项目的保存状况较为一般，受当今时代和科技的发展冲击较小。这是因为传统美术类非物质文化遗产的物质作品具有可观赏、可触摸的外观，可以离开传承人而进行独立传播。很多传统美术类艺术家的创作是在吸收了传统美术类非物质文化遗产作品的优点的基础上，重新进行创作与再次传播，从而可以让更广大的受众见到，得到更好的传承。现阶段，我们仍要鼓励非物质文化传承人恪守传承责任，政府以及社会团体为其提供传统美术类活动传承、弘扬以及保障生活的必要资金支持。

四、传统戏剧

传统戏剧，通俗地来说，是指人们常说的"戏曲"，实质上是指一种包含音乐、舞蹈、美术、文学、杂技等各种因素而以歌舞为主要表现手段的总体性演出艺术（何秀雯，2010）。早在原始社会中，传统戏剧就已经担任了十分重要的角色，通过观赏者与表演者的双边关系，运用简单的道具与装扮，群聚在山沟崖窦内完成宗教性、教育性的任务。我国的传统戏剧在形成唱、念、做、打为一体的成熟形式之后，又因受不同民族，不同地区的语言、风俗、民间艺术的影响而形成了多种多样的形式。许多传统戏剧中的精彩片段、精彩的故事情节更是千百年来被人们所传诵，可谓是中华民族文化艺术的精华。传统戏剧是我国非物质文化遗产的重要组成部分，是民间艺术的瑰宝。

（一）片区内传统戏剧类非遗项目概况

祁连山国家公园青海片区内传统戏剧类非物质文化遗产项目共3项，分别为门源边麻掌眉户戏、门源皮影戏和门源社火。3项传统戏剧中，州级项目2项，分别为位于门源县的门源边麻掌眉户戏和门源皮影戏；县级项目1项，是位于门源县的门源社火（表3-7，图3-28）。

表3-7　祁连山国家公园青海片区非物质文化遗产传统戏剧类信息表

名称	所在县	所属大类	所属小类	等级	传承现状	传承民族
门源边麻掌眉户戏	门源县	传统戏剧	民间小戏	州级	一般	汉族
门源皮影戏	门源县	传统戏剧	民间小戏	州级	一般	汉族、回族、藏族等
门源社火	门源县	传统戏剧	其他	县级	一般	汉族

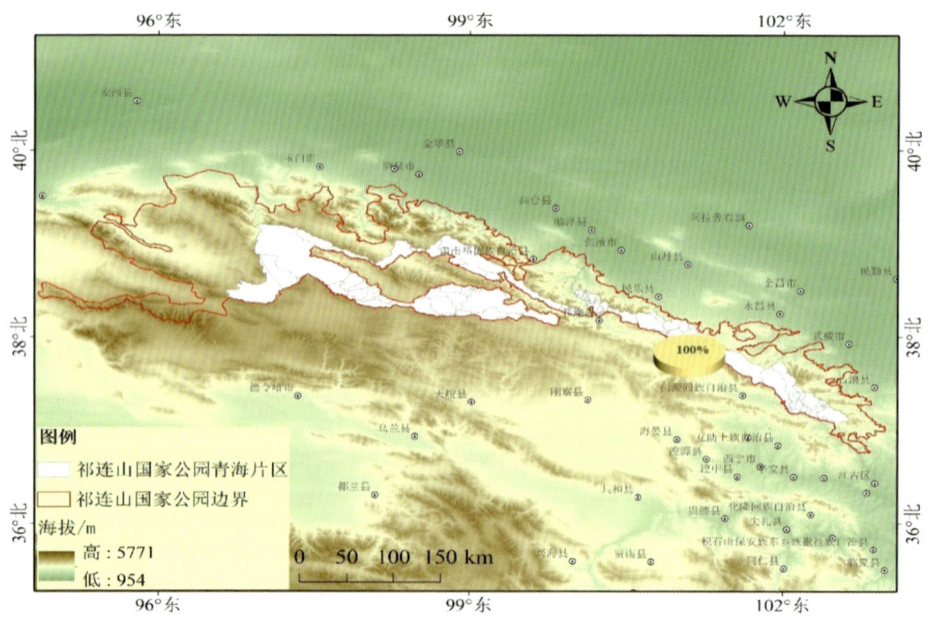

图3-28　祁连山国家公园青海片区非物质文化遗产传统戏剧类总体分布图

（二）片区内传统戏剧类州级非遗项目介绍

1.门源边麻掌眉户戏

眉户戏源于陕西眉县和户县（现为鄠邑区）及其周边一带的地方戏，结合了青海门源地方语言、音乐、民间风俗习俗，形成了独特的地方民间文化戏剧。边麻掌眉户戏剧团现有演职人员近30人，固定演员23人。其中，骨干主角8人，配角9人，乐器手包括三弦、板胡、二胡手等5人，音响师1人。主要演员都能兼生、旦、净、末、丑中的二三个角色，以及正、副剧团团长2人。

边麻掌眉户戏的表现形式主要是以眉户戏古装表演形式展现戏剧内容。剧目主要是以历史经典改编的传统剧目和现代剧目，如反映时代变化、改革开放、农民生活变化的新农村面貌的戏剧。传统剧目有折子戏、段子戏、本子戏、流传戏。常见的优秀剧目有《窦娥冤》《铡美案》《孔雀东南飞》《杀狗劝妻》《血滴鸳鸯剑》等。现代剧有《赞海北》《正月十五雪打灯》《改革开放路宽广》《老来难》等。剧目内容主要是反映农村生活、农民生活、农民思想观念，以及反映农民的心声，表达农民的情感，具有浓烈的乡村泥土气息，兼具广泛的群众性和历史文化性（图3-29）。

图3-29　门源边麻掌眉户戏表演（马俊武　摄）

2.门源皮影戏

门源地区的皮影戏在明末清初从陕西传入，主要分布在泉口镇、西滩乡和东川镇。其音乐结合了地方文化特色，委婉动听，一般三五人便具备了"一口道尽千古事，双手舞动百万兵"的规模。门源皮影戏的唱腔属于"板腔体"，特点是各种唱腔都有不同的帮腔，可分为三大类：

一是板腔：包括阳腔、阴腔、咘四归、滑腔、二倒板、阳座尖板、阴腔尖板、滚板、阳腔段儿、阴腔段儿、尖板转开板转阳腔、尖板转咘四归转阴腔。

二是杂腔（俗称十八杂腔）：包括写表章、报军情、钻草、兵歌相逢好、喜相逢、洛洛腔、花调、念五方、小烧纸、偶子、大佛号、小佛号、阴腔道情、阳腔道情。

三是唢呐曲牌：通用曲牌有 13 种；专用曲牌有 37 种。服饰、动物造型及配套道具都带有浓郁的秦腔戏曲造型艺术风格，尤其是打击乐器与秦腔十分相近。

门源皮影戏的音乐是在吸收当地民间音乐和戏曲音乐之后形成独特的唱腔和唢呐曲牌，以二胡、三弦、曲笛、唢呐、小战鼓、干鼓、大钩锣、梆子、铰子、盏儿等乐器为主，构成丰富的唱腔板式和多变的板路，组合而成的一种音乐。

从表演手法上看，皮影戏的演绎性很强，前台把式一人负责完成各种行当，唱、念、做、打的表演。乐队共 4 人，分别操作丝竹和打击乐器，具有很强的趣味性。

门源皮影戏通过长期演绎和不断完善，按戏曲内容和演出形式可分为大传戏和单本戏（俗称窝窝戏）两大类。

大传戏是依据古典长篇历史小说改编而来的剧本，演出形式以连台戏为主，故事情节完整，内容健康向上，唱腔严肃正统，如中国的四大名著、《封神演义》《隋唐演义》等。

单本戏是把当地流传民间的故事进行改编的戏曲段子，故事情节简单明快，口头表演性强，形式也比较随意自由，唱腔注重的是说唱中的幽默。

皮影戏班由皮影件（皮娃娃）、影幕（亮子）、艺人（影子匠）、剧本（本子）和乐器（家什）组成。由于皮影制作简便，可就地取材，演出不受舞台、灯光、场地的限制，大至广场，小至家庭庄园，一盏灯、一片布或白纸当屏幕就可表演，一头毛驴可驮走全部道具，所以皮影戏在农村山区广为流传（图3-30）。

图3-30　门源皮影戏表演（门源县文化馆供图）

由前期统计分析可知，祁连山国家公园青海片区非物质文化遗产项目共56项，其中传统戏剧类3项，占总数的5.36%。从传统戏剧类各项的级别来看（图3-31左），州级项目2项，占总数的66.67%；县级项目1项，占总数的33.33%。

从传统戏剧类各小类类别数量来看（图3-31右），总体上来说传统戏剧小类类别较少，分布集中。其中，民间小戏类项目2项，占总数的66.67%；其他类项目1项，占总数的33.33%。

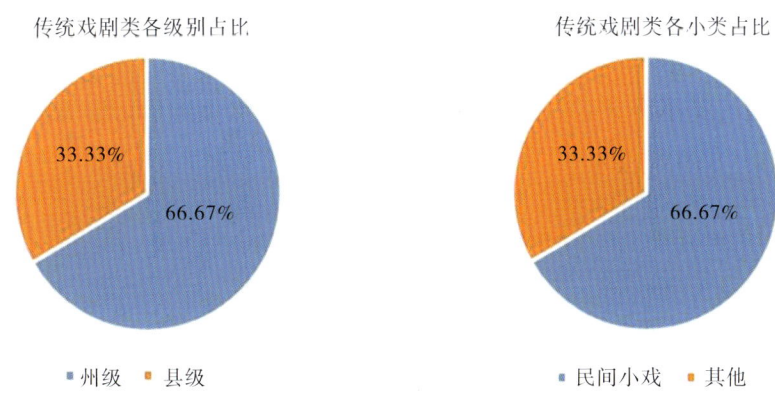

图3-31　传统戏剧类各级别占比（左）及各小类占比（右）

从片区内传统戏剧类非物质文化遗产项目的空间分布中可以看出全部分布在门源县。3项传统戏剧类非遗项目，保存状况均为一般。3项传统戏剧类项目中，传承民族仅为汉族的项目有2项，占总数的66.67%；传承民族为汉族、回族、藏族等多民族共同传承的项目有1项，占比33.33%。这些传承民族分布体现了少数民族地区传统技艺类活动的传承特点。

从整体上来看，传统戏剧类的传承现状较为一般。随着时代的发展，人们的娱乐形式更加多元化，以及受流行文化的影响，传统戏剧受到的冲击越来越大，其受众群体目前大多是中老年人，年轻人对其兴趣不高，这就对其传承与保护提出了极大的要求。因此，更加迫切地需要传承人恪守其传承责任。同时，也需要政府及有关职能部门出台一系列相应的保护措施，加强保护传统戏剧，促进传统戏剧在传承中得以持续发展。政府以及社会团体应当努力提供传统戏剧类活动传承、弘扬以及保障生活必要的资金支持，以促进传统戏剧的创新与发展。

五、传统体育、游艺与杂技

传统体育、游艺与杂技是人们在满足自身娱乐生活的条件下，为了营造和谐环境，促进社群交流，从而产生的喜闻乐见、内容繁多、形式多样的民间游艺活动。传统体育、游艺与杂技凝聚着我们祖先的聪明智慧，延续了百折不挠的民族精神，呈现出永恒的时代价值。作为非物质文化遗产的重要类别，传统体育、游艺与杂技是在中华民族的历史长河中逐步形成的，是具有鲜明的自身特点和价值功能的社会文化现象。从历史学角度来看，传统体育、游艺与杂技印记着人类对健康、审美、爱情和社会安宁的不懈追求，承载着人类面对严峻挑战以及各种复杂环境而百折不挠的精神。从人类文化学角度来看，传统体育、游艺与杂技是人类与生俱来的生存文化，是人类最原始的娱乐休闲和运动健康文化，是人类所创造的物质和精神高度统一的文化遗产，传承着人类的智慧与文明。从运动学角度来看，传统体育、游艺与杂技是改善人类体质、增强人类健康、提高人们适应自然环境能力的有效手段，可以培养人的审美情趣，激励人们不断突破与超越自我。从社会学角度来看，传统体育、游艺与杂技是培养人民团结协作，形成锐意进取的精神、良好的社会行为的有效手段，可以促进人们的情感愿望和价值观与社会价值观融为一体，维系社会的团结稳定，推动人类社会和谐发展。

（一）片区内传统体育、游艺与杂技类非遗项目概况

祁连山国家公园青海片区内传统体育、游艺与杂技类非物质文化遗产项目共3项，分别为浩门走马、藏棋、祁连民族射箭。这3项传统体育、游艺与杂技类项目中所属小项为骑马、下棋、射箭，其类型丰富，种类齐全。这3项传统体育、游艺与杂技类项目中，有省级项目1项，是位于门源县的浩门走马；有县级项目2项，是位于祁连县的藏棋、祁连民族射箭（表3-8，图3-32）。

表3-8　祁连山国家公园青海片区非物质文化遗产体育、游艺与杂技类信息表

名称	所在县	所属大类	所属小类	等级	传承现状	传承民族
浩门走马	门源县	传统体育、游艺与杂技类	骑马	省级	较好	藏族、回族、汉族、蒙古族
藏棋	祁连县	传统体育、游艺与杂技类	下棋	县级	较差	藏族
祁连民族射箭	祁连县	传统体育、游艺与杂技类	射箭	县级	较差	藏族

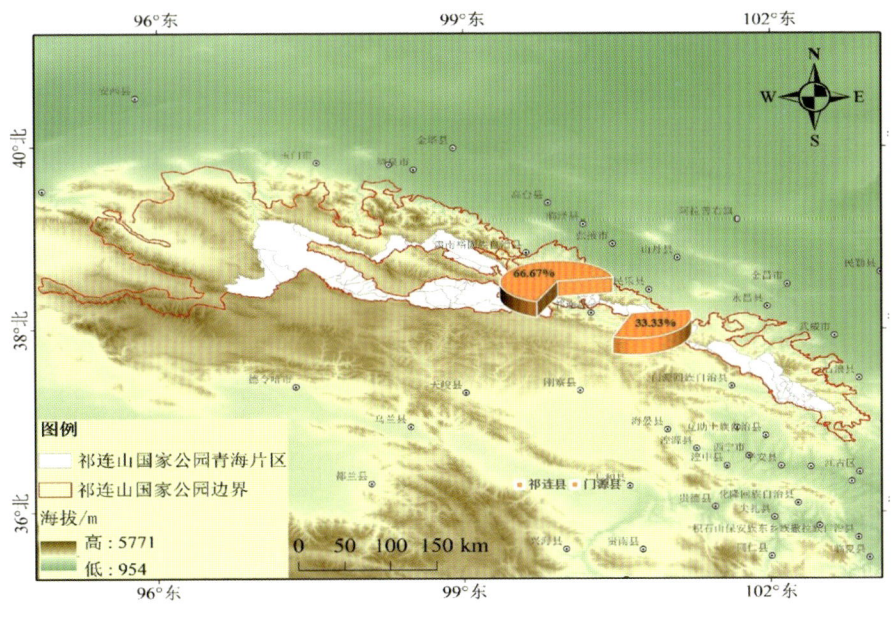

图3-32　祁连山国家公园青海片区非物质文化遗产传统体育、游艺与杂技类总体分布图

（二）片区内传统体育、游艺与杂技类省级非遗项目介绍

浩门走马

门源县地处西北地区青藏高原东北部，出产誉满中外的名马——青海骢。这种马神态雄骏，灵敏易驯，挽乘兼备，溜蹄善走，且头型正直而额宽，眼不大而眸明；耳尖而立，颈向上倾斜25°~30°；前胸宽，胸廓深宽背长，腰短宽而有力，腹部充实广厚，臀肌发达；肩背部特别有力，蹄圆质而坚硬，毛色多为枣骝色。

浩门走马是马中良马，有西域汗血宝马的遗传基因。这种马具有耐力强、易恋膘、繁殖力较强的特点。它在暴风雪中驰骋如飞，炎炎烈日中行走如流，有耐寒、耐热和善走山路的奇特本领和极强的环境适应性。它体格适中，眼疾且能避险，矫健而有力量，敏锐而又迅捷（图3-33）。

图3-33 浩门走马比赛图（吴瑞娜 摄）

浩门走马极重亲情。有的走马离群多日，回到家族成员之间，会以互相咬鬃的方式表示亲昵。浩门走马以善走对侧步著称，是我国唯一天生的走马。

2018年1月13日，浩门走马被青海省人民政府公布为第五批省级非物质文化遗产名录代表性项目，现有省级代表性传承人1名，州级代表性传承人1名。

由前期统计分析可知，祁连山国家公园青海片区非物质文化遗产项目共56项，其中传统体育、游艺与杂技类3项，占总数的5.36%。从传统体育、

游艺与杂技类各项目的级别来看（图3-34左），省级项目1项，占总数的33.33%；县级项目2项，占总数的66.67%。

从传统体育、游艺与杂技类各小类类别数量来看（图3-34右），传统体育、游艺与杂技小类类别较少，分布较为分散。其中，骑马类、下棋类、射箭类项目各1项，均占总数的33.33%。

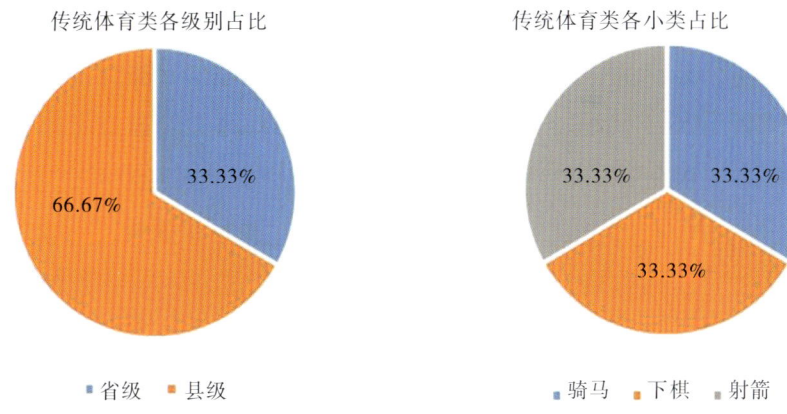

注：1/3 ≈ 33.33%

图3-34　传统体育、游艺与杂技类各级别占比（左）及各小类占比（右）

从片区内传统体育、游艺与杂技类非遗项目空间分布中可见。其中，祁连县项目2项，占总数的66.67%；门源县的项目1项，占总数的33.33%（图3-35左）。3项传统体育、游艺与杂技类项目中，传承民族仅为藏族的项目2项，占总数的66.67%；传承民族为藏族、回族、蒙族、汉族的项目1项，占总数的33.33%。这些传承民族的分布体现了少数民族地区传统技艺类活动的传承特点。

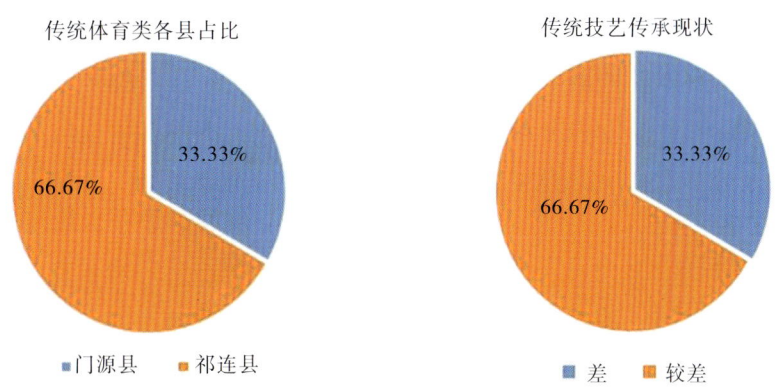

图3-35　传统体育、游艺与杂技类各县占比（左）及传承现状（右）图

3项传统体育、游艺与杂技类非遗项目中,保存状况差的项目2项,占总数的66.67%;保存现状较好的项目1项,占总数的33.33%(图3-35右)。从整体上来看,传统体育、游艺与杂技类项目的保存状况一般。在现存的竞技体育框架下,不少中华传统体育项目的存在感已经极大地降低。比如,传统射箭项目,被划归到讲求难度和美观性的运动项目,仅仅是体育项目中的几十分之一。因此,类似于传统射箭项目类的传统体育项目很难受到重视。这就导致了这些传统体育项目只能在民间流传,而部分小众传统体育项目甚至面临失传的危险。因此,国家及社会各界职能部门应当对传统体育、游艺与杂技类项目的传承制定保护措施,并给予相应的资金扶持。

六、民间文学

民间文学是广大劳动人民用自己最熟悉的民间故事或生活经历创作并流传下来的文学作品,是民众在生活文化中通过口头传承、传播、共享的口头言辞艺术,具有直接的人民性、口头性、流传变异性、传统性与集体性等特征。民间文学根据其内容主要分为神话、史诗、民间传说、民间故事、民间歌谣、民间叙事、民间小戏、说唱文学、谚语、谜语、曲艺等。

民间文学深深植根于民间生活文化中,因此,它的社会功能常与专业的书面文学颇有不同,前者更接近于生活。如民间谚语是劳动人民的生活经验总结和工作指南,其片段往往很精简,可以说是他们生活和劳作的教科书。民间文学中有些歌谣,如劳动歌,是劳动人民在各种劳作进行中调整呼吸、动作及鼓舞情绪不可缺少的一剂良药。此外,民间文学中还有许多世代相传的古老神话和保卫乡土、保卫祖国的英雄传说或史诗,这些内容不但能传述一定的历史知识,还可以培养人们爱国爱家的高尚情感,也表达着人们对美好生活的向往,给予了广大人民无限的鼓舞与力量。

(一)片区内民间文学类非遗项目概况

祁连山国家公园青海片区内有3项民间文学类非物质文化遗产项目,所属小类有神话、民间传说以及其他类,其中西王母石室传说与岗格尔肖合力雪山传说为省级非物质文化遗产,藏族谜语为州级非物质文化遗产。

从数量占比来看，民间文学类项目占总数的 5.36%，数量较少；从空间分布来看，3 项民间文学非遗项目皆分布在天峻县，分布较集中（表 3-9，图 3-36）。

表 3-9　祁连山国家公园青海片区非物质文化遗产民间文学类项目信息表

名称	所在县	申报单位	所属大类	所属小类	等级	传承现状
西王母石室传说	天峻县	天峻县文化馆	民间文学	神话	省级	较差
岗格尔肖合力雪山传说	天峻县	天峻县文化馆	民间文学	民间传说	省级	一般
藏族谜语	天峻县	天峻县文化馆	民间文学	其他	州级	一般

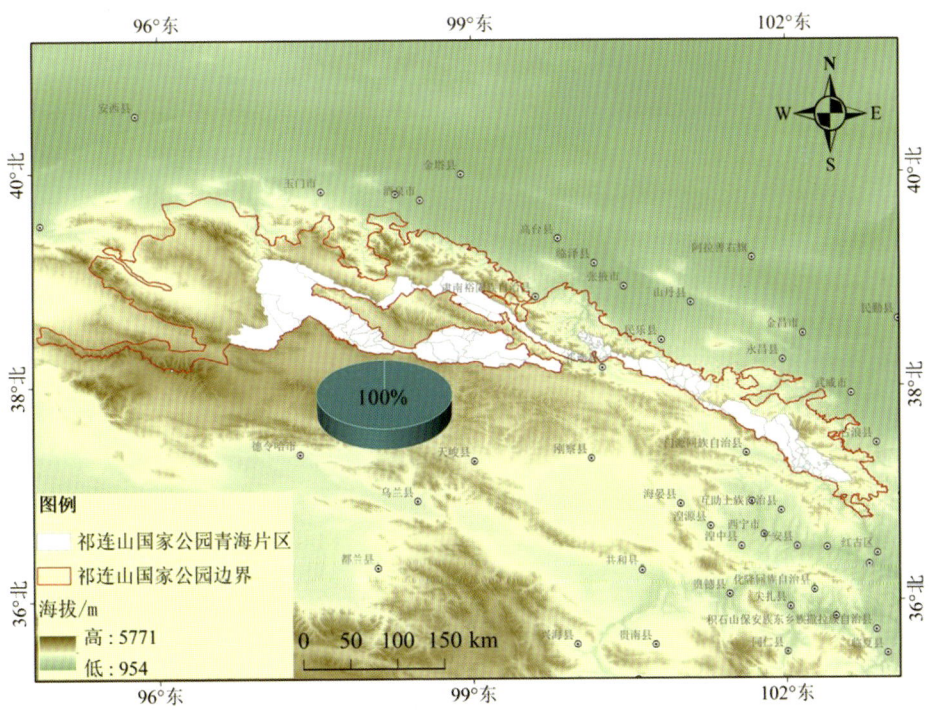

图 3-36　祁连山国家公园青海片区非物质文化遗产民间文学类分布区域及占比图

（二）民间文学类非遗项目介绍

1. 西王母石室传说

西王母石室位于天峻县关角乡（现为新源辖地），石室位于关角山口南部，拔地而起，形似乳头状，石灰岩质，中间有门洞宽约 80 m，是青海湖退缩时形成的溶洞之一（朱世奎，2006）。现今，据我国台湾学者考证并确定该石室为西王母石室，且由台籍华人筹资装饰石室，修建庙宇，塑造神像，佛前相依，汉藏共奉，其乐融融。

　　西王母是中国历史文化传统中一个非常重要的神祇形象，西王母信仰来自远古，绵延至今。据历史记载，青海湖在古代也叫"仙海""瑶池"等，被视为西王母的居所，在湖边曾建有西王母祠，专司祭祀（曾江和张春海，2011）。在今天的青海湖环湖地区，不但有许多与西王母信仰有关的历史文化遗存，而且西王母至今仍受到民间的敬奉，香火不绝（图3-37）。汉代班固在《汉书·地理志》中记载道："临羌，西北至塞外，有西王母石室、仙海、盐池。北则湟水所出，东至允吾入河。西有须抵池，有弱水、昆仑山祠。莽曰盐羌"。这些地名也成为后世学者考证的焦点，至今仍讨论不绝。

图 3-37　西王母石室外景图（天峻县文化馆供图）

　　据传说，西王母石室门旁有象征"甘珠尔经"的整齐石条 108 块，长约 112 m，宽 70 cm，高 90 cm，成长方形，中间留有门，故称此石室为"甘珠尔石室"，石室北侧的大山称"甘珠尔山"，石室所在的那条深沟谓之"甘珠尔沟"（图3-38）。上世纪 60 年代青藏铁路西进勘测之际所有甘珠尔石被拉去修路，已不见踪影。

图3-38 西王母石室内景图（天峻县文化馆供图）

现今，《汉书》《史记》中记载的西王母神话、传说很多且家喻户晓，流传较广泛，内容纷繁复杂。它涉及到中国上古史、民族史、原始文化宗教、道教、地理沿革以及中西交通生活等方面的问题。西王母被道教尊为神仙后，称呼亦增加了许多，有"西王母""西母""瑶池金母""天生皇西王母""金母""西姥""瑶池阿母""王母娘娘"等。

2. 岗格尔肖合力雪山传说

岗格尔肖合力雪山的主峰海拔5 174 m，是海西州天峻县最负盛名的人文历史名山，有人认为《山海经·海内西经》中的"海内昆仑之虚在西北"实指此山（图3-39）。其在西羌时期，称作羌日母山，在吐蕃时期称作辰达山。岗格尔肖合力山系的众多山峰常年冰川覆盖，发育有众多河流。

图3-39 岗格尔肖合力雪山（天峻县文化馆供图）

岗格尔肖合力雪山是环青海湖的十三名山之一。有关这座山的历史记载很多。其中《甘肃通志稿》记载："阿木尼厄枯山，在青海湖西北二百余里。其山甚大，亦十三山之一"；《青海地志略》记载："布喀河，源出青海西北阿母尼额枯山南"；班固在《汉书·地理志》记载："西北至塞外，有西王母石室、仙海、盐池。西有须抵池，有弱水、昆仑山祠"；《佛土西域志》中说："阿耨（nòu）达大山，其上有大渊水，即昆仑山"。上述均指岗格尔肖合力雪山。

3. 藏族谜语

藏族谜语源远流长，起源可追溯到公元 6 世纪前后的赞普布代贡杰时期。藏文史书《贤者喜宴》记载，在赞普布代贡杰的时代，青藏高原的政治是受故事、谜语、苯教所左右的。当时非常盛行讲故事和猜谜语，以此"启发民智、治理国家"。最早的谜语称之为"德乌"。

古老的"德乌"是以问答的形式传播和流传于民间的。如译文："打一是：犀牛独角；打二是：山羊双乳；打三是：三石；打四是：犏牛四乳；打五是：手指五兄；打六是：南斗六星；打七是：北斗七星；打八是：公鹿八角；打九是：女妖九头；打十是：母狗十乳"。这类谜语充分反映出藏族古代游牧先民们细心观察日常生活中的事物，并用非常通俗、明了的语言来叙述，十分有趣（李晓丽，2002）。有的谜语答案还被赞普下令画在了大昭寺的房梁上，如有谜语问："直杆上长个瘤子是什么？"答案画了一杆秤，用这种形式使古老的文化遗产得以保留至今。

藏族谜语的种类：事谜、物谜、字谜、人名、地名、寺名和书名等。

事谜一般指人的行为动作、心理活动和劳动行为等。藏族人民的劳动生活和行为活动离不开高山峻岭、草原湖泊、成群结队的牛羊以及叮咚作响的山泉，而这些生活经历表现在谜面上，就是一幅幅高原人民的风情画。例如谜语："宽阔的草原上有一群群黑羊，牧羊老人呼唤着熟悉的羊群"，其谜底为"读书"。再例如"内地飞来一只鸟，河水肚里灌个饱，白毡脚印留不少"，其谜底为"用钢笔在纸上写字"。

物谜一般指实物。有动物、植物、日常用具、自然景物、人体器官和文化用品等。藏族谜面中所描写的实物，都离不开高原生活中常见的物体，如雪山、湖泊、山泉、草原、帐篷、牛奶、佛经、佛塔、佛珠、佛灯等。例如谜语："百人一根肠是什么"，其谜底为："佛珠"。再例如"一个珊瑚盒，内装九枚金币"，其谜底为："红辣椒"。

此外，另有一种藏族文人所创造的谜语。这种谜语源自于印度的诗学经典《诗镜》。《诗镜》于13世纪传入藏区以来，得到了藏族学者的偏爱。他们学习《诗镜》，运用各种修辞手法创作诗句，因而创造了大量的谜语。其中有些谜语根据原有民间口头流传的谜语进行扩展加工而来，使它符合谜语修辞法，即四句多音节式。还有些谜语是根据藏区的实际生活进行新的创作而得，它们当中不乏通俗易懂、琅琅上口的佳句，称得上是吸取民间文学营养的佳作，因而具有雅俗共赏的特点。较为特殊的是，有的文人谜语只能给有文化的人猜，如果没有广博的历史知识、地理知识、佛学知识、天文知识、藻辞知识、圣贤名人等多方面的知识，很难猜出，甚至根本猜不出谜底，这一点类似于汉族寓意深奥的灯谜。

七、民俗

民俗，即民间风俗，是广大人民所创造、享用和传承的生活文化，与生活息息相关，是人民世代累积而成的集体创造。它起源于人类社会群体生活的需要，在特定的民族、时代和地域中不断形成、扩大和演变，为民众的日常生活服务。在中国传统文化中，民俗是重要的组成部分，在中华民族特有的自然环境、经济方式、社会结构、政治制度等因素的制约下孕育、发生并传承，因而中国传统民俗具有独特的文化气质。如民族服饰、信仰祭祀、时令节日等，无论其呈现为口口相传的文化形态、肢体表现形态、手工记忆形态还是文化空间形态，都是集体的创造，也都是在民众生活中不断选择、叠加、扬弃、创新的成果。它们是一个国家、一个族群的文化根基。民俗主要包括物质生产民俗、社会组织民俗、岁时节日民俗、人生礼仪、民间信仰等。

（一）片区内民俗类非遗项目概况

祁连山国家公园青海片区内民俗类非物质文化遗产项目共11项，分别为华热藏族婚礼、回族婚俗、青海华热藏族服饰、阿柔婚俗、祁连蒙古族新年"查干萨仁"习俗、剪毛头、祁连煨桑、海西藏族女孩成年礼、海西藏族拉卜则、藏族夏周和扎西君乃圣山的传说。这 11 项民俗项目所属小类为人生礼仪、岁时节令和民间信仰，可见其所属类别较少，反映出民俗活动类别较单一。11 项民俗类项目中，属于国家级的民俗项目有位于门源县的青海华热藏族服饰；省级的有门源县华热藏族婚礼、回族婚俗和祁连县的阿柔婚俗；州级的有祁连县的剪毛头和祁连煨桑以及天峻县的海西藏族女孩成年礼、海西藏族拉卜则、藏族夏周和扎西君乃圣山的传说；县级的有祁连蒙古族新年查干萨仁习俗（表 3-10）。

表 3-10　祁连山国家公园青海片区非物质文化遗产民俗类信息表

名称	所在县	所属小类	等级	传承现状	传承民族
青海华热藏族服饰	门源县	其他	国家级	一般	藏族
华热藏族婚礼	门源县	人生礼仪	省级	差	藏族
回族婚俗	门源县	人生礼仪	省级	较差	回族
阿柔婚俗	祁连县	人生礼仪	省级	一般	藏族
剪毛头	祁连县	岁时节令	州级	一般	多民族
祁连煨桑	祁连县	民间信仰	州级	较好	藏族
海西藏族女孩成年礼	天峻县	岁时节令	州级	较好	藏族
海西藏族拉卜则	天峻县	民间信仰	州级	较好	藏族
藏族夏周	天峻县	其他	州级	较好	藏族
扎西君乃圣山的传说	天峻县	民间信仰	州级	较差	藏族
祁连蒙古族新年"查干萨仁"习俗	祁连县	岁时节令	县级	一般	蒙古族

从统计分析可知，祁连山国家公园青海片区非物质文化遗产项目共 56 项，其中民俗类项目 11 项，占总数的 19.64%。从民俗类各项的级别来看（图 3-40 左），国家级项目 1 项，占总数的 9.09%；省级项目 3 项，占总数的 27.27%；州级项目 6 项，占总数的 54.55%；县级项目 1 项，占总数的 9.09%。

从民俗类各小类类别数量来看（图 3-40 右），民俗小类类别较少，但分布较均匀。其中，民间信仰项目 3 项，占总数的 27.27%；其他类项目 2 项，占总数的 18.19%；人生礼仪项目 3 项，占总数的 27.27%；岁时节令项目 3 项，占总数的 27.27%。

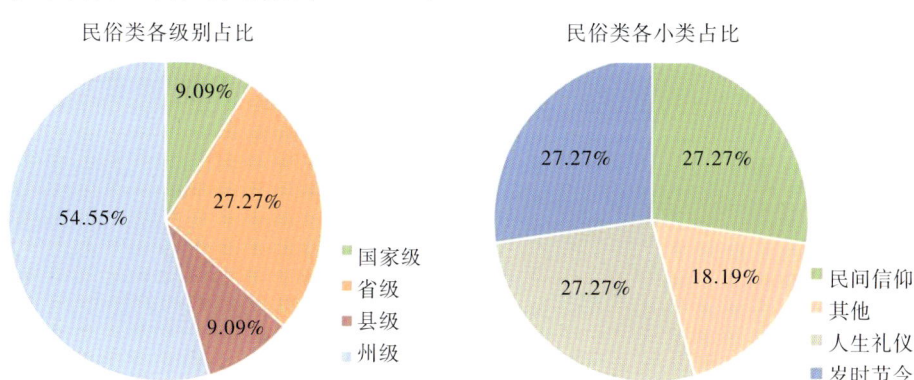

图 3-40　民俗类各级别占比（左）各小类占比（右）图

片区内民俗类非遗项目空间分布呈现出明显的均匀分布特征，各县域内民俗类项目数量相差不大，分布地域有门源县、祁连县和天峻县三县（图3-41）。其中，分布在门源县的项目 3 项，占总数的 27.27%；祁连县的项目 4 项，占总数的 36.36%；天峻县的项目 4 项，占总数的 36.36%（图3-42 左）。

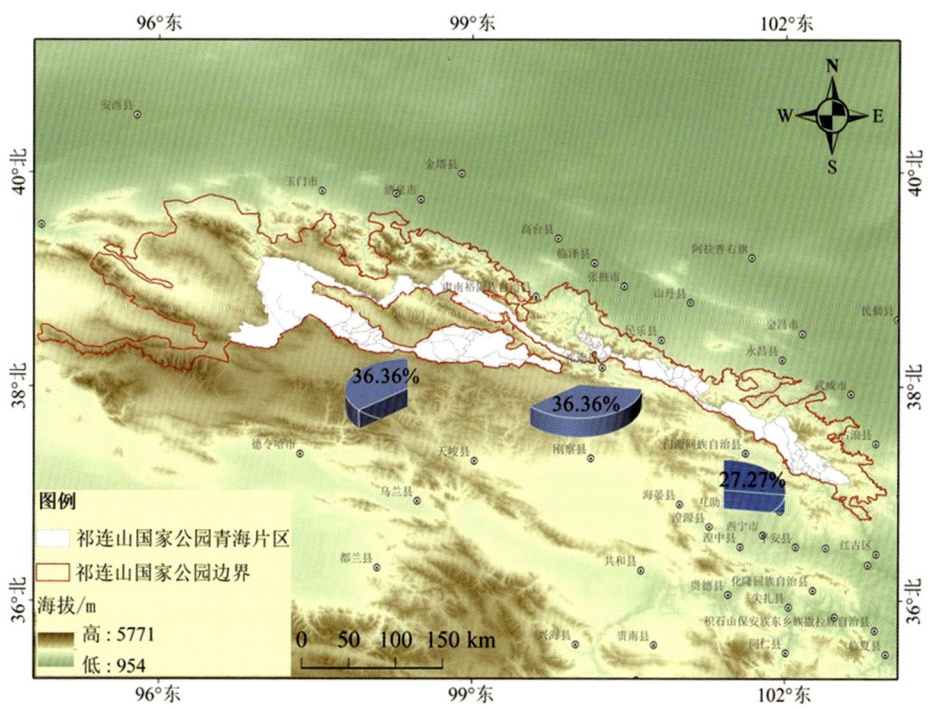

图 3-41　祁连山国家公园青海片区非物质文化遗产民俗类总体分布图

从传承保存状况来看，11项民俗类非遗项目中，保存状况差的1项，占总数的9.09%；较差的2项，占总数的18.18%；较好的4项，占总数的36.36%；保存状况一般的4项，占总数的36.36%（图3-42右）。

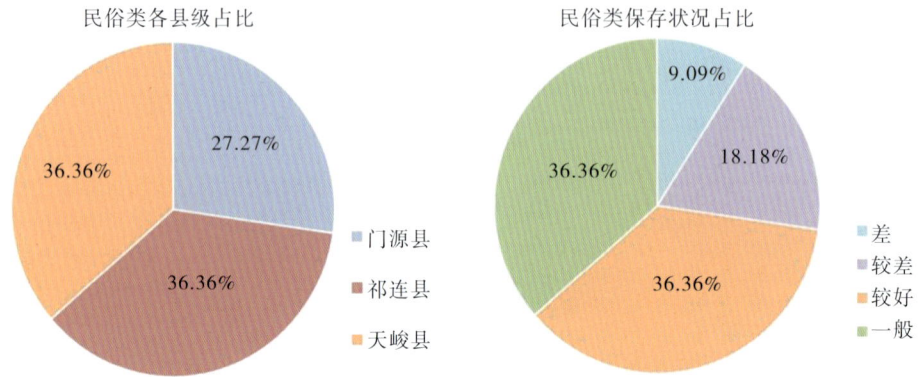

民俗类各县级占比

27.27%
36.36%
36.36%

■ 门源县
■ 祁连县
■ 天峻县

民俗类保存状况占比

9.09%
18.18%
36.36%
36.36%

■ 差
■ 较差
■ 较好
■ 一般

图3-42 民俗类各县域占比（左）保存状况占比（右）

从传承民族来看，11项民俗类非遗项目中，传承民族为藏族的有8项，占总数的72.7%。传承民族为回族、蒙古族以及多民族传承的各有1项，各占总数的9.1%，符合少数民族地区民俗活动的传承特点。从中可以看出民俗活动传承具有鲜明的民族特性。祁连山国家公园为少数民族聚居区域，民俗传承的民族特性更为突出，大部分不同的民俗活动由不同的民族传承，只有少数民俗活动由多民族传承，且多民族传承的民俗活动其内容随民族不同而不同。

从保存状况来看，民俗类非遗项目的保存状况较为一般，受外来文化和时代发展的冲击严重，尤以流行文化对民族服饰等影响较大，传承状况恶化。民俗类传承状况的恶化是时代发展进步过程的体现，一些伴随当时人们生活的娱乐活动以及民俗活动随着科技进步，娱乐多元化，渐渐淡出人们的生活，因此要鼓励非物质文化传承人恪守传承责任，政府以及社会团体为其提供民俗活动传承、弘扬以及保障生活的必要资金支持。

（二）民俗类非遗项目介绍

1. 青海华热藏族服饰

青海门源华热藏区，自古以来就是多民族聚居之地。"华热"意为英雄的部落或地区种姓，相传这个部落在松赞干布时代及唐代由青海阿尼玛沁雪山脚下东征而来，最终留居在门源等地。后历经宋、元、明、清等时期，在与当地羌、吐谷浑、鲜卑、蒙古、汉人的交往融合中，形成了后来的华热藏族。这个部落自明清时期后一直身处群山幽闭的林区及广阔的草原地区，最终形成自身独特的民俗文化，尤以鲜明的服饰文化特征闻名于众多民俗文化之中。

华热藏族的衣着以羊皮、羊毛料为主，冬季男女皆穿藏袍。藏袍的基本特点是宽、长、大，这种衣服袖长等身，衣长过体，不用纽扣。男袍在穿着时上提到膝部，女袍穿着时上提到与脚面为齐，再用长带从腰间束紧。劳作时袒露右臂，右袖空垂于后，怀中可揣许多随身物件，而且日穿夜盖，方便自如。

夏季男服多为白色褐衫或紫红色氆氇褐衫（白色褐衫最为珍贵，现在在华热藏区很难找到，目前所见的唯一一件由西宁一位藏族老人珍藏），两侧有八寸的开衩，开衩处沿黑色布边，似桃形图案。材料是羊毛，用手工捻成极细的线，再用织布机织成布匹，并制成服装。

在平时穿称"子花"的白板皮袄。因屠宰绵羊的季节不同，有秋板皮、冬板皮之分，按毛的长短和皮板的薄厚，缝制不同季节穿用的皮袄。男式皮袄一般是黑布、黑条纹镶边或不镶边，饰以白羔皮外翻的斜长领，比较讲究的以狐皮做领，氆氇、羔皮或棕色的马驹皮镶边。

擦日即吊面的羔皮袍，属于高级服装。毛有白和青紫两种，尤以青紫为贵。皮板有毛短而卷曲的冬羔皮，毛长适中、呈穗状的二毛皮，毛长板薄的长大毛皮。最上乘者以团花和起花锦缎作面，豹皮作领，水獭皮饰边的礼服。一般皮袍以毛料、绒布、棉布作面料，多选用纯黑、紫青、墨绿、碧蓝、咖啡等颜色，用狐皮、白羔皮作领，氆氇锦缎作边饰。另外还有布袍，分双层夹袍和絮羊毛棉袍两种，布袍多为布、条纹作面料，也可用绸缎缝制并镶有水獭花边。

贴身的内衣叫"晚裘"，竖领、斜襟、长袖，袖子一般长过手指，长出部分挽起，使用金、银、铜等金属纽扣。

华热藏族在夏天戴称"项夏下冬"的帽子，即嵌黑边、顶缀红缨的尖顶毡帽。冬天戴称"四片瓦"的四耳皮帽和以绸缎作面、后有缺口、缀两条飘带的"砖包城"狐皮帽（图3-43）。仙米、珠固地区还流行嵌有铜、银顶座，上缀红缨穗的白色高筒毡帽，称作"车下"，后来被礼帽和"北京滚头"帽所代替。男女都穿用牛皮制作的长筒、厚底、圆头、鞋尖上翘的藏靴。

图 3-43　青海华热藏族服饰帽子

妇女佩饰也极具特色。已婚妇女将头发梳成108条小辫后汇成双辫，装入一双长辫筒内，垂于胸前，压于腰带下，长及膝盖或达衣襟脚面。走亲访友、节日时戴长辫筒和大耳坠，平时戴长至膝盖的短辫筒和小耳坠。辫套以黑平绒为面，里衬红布，下端缀以红缨或黑缨，上下口以锦缎做成，每个辫筒正面各嵌有精细图案的银牌8枚，左右两侧共16枚，若无银牌，则用各色丝线刺绣的14块图案代替。花式大多采用"藏八宝"（即伞、双鱼、瓶、莲、幢、螺、轮、吉祥结）点缀。银牌及图案有长方形、正方形和圆形几种，脖子上戴珊瑚、珠玉、玛瑙、松耳石等串成的项链，耳戴银制缨络式大耳坠，喜戴金、银制或玉石象牙、铜制手镯。戴2~4个银制的"马鞍桥"式戒指，上嵌以松石、珊瑚等。胸前多佩戴有银制或铜制的佛匣，称"嘎吾"（图3-44）。

未婚姑娘将头发辫成若干小辫，汇为一辫垂脑后装入单辫筒内，上缀银牌或银元、铜元等饰物。过去男子也喜饰物，一般左耳戴大银环，手上戴戒指，贴胸佩戴"嘎吾"（佛象），腰间佩腰刀、火链、旱烟袋等。

图 3-44　青海华热藏族服饰佩饰

华热藏族服饰保留了华热藏族以民间信仰为特点的传统民间文化，是研究华热地区民众世界观和生活状况的重要依据，在民俗学研究中有着不可替代的作用。它保留了众多民间艺术、民间手工艺的原生形态并传承各种民间艺术形式，其存在对保护民间文化有重要作用。

2. 华热藏族婚礼

华热藏族婚礼习俗，较完整地传布于青海省门源县东部的珠固、仙米两乡，也就是现在的仙米国家森林公园区内（马学智，2018）。

原生态的华热藏族婚俗主要内容分为：①自由恋爱。②邀请深晓礼仪、德高望重的男性媒人做媒，由舅舅做主议婚及宴客。③姑娘在出嫁前三天开始禁饮食。④姑娘出嫁前一天设"女儿席"，举行改发戴头仪式。⑤送亲仪式包括给姑娘梳妆打扮、朗诵祝辞、上马仪式、唱哭嫁歌；迎亲仪式包括男方在迎亲路上设三道迎亲路席，送亲队伍和迎亲队伍举行叼帽子骑术比赛。⑥新娘在喜帐门前举行进帐仪式。⑦婚礼仪式包括德高望重的长者讲唱长篇赞美诗与祝婚词、设喜宴，举行赛歌敬酒晚会，第二天清晨举行新娘洗手仪式，行敬神佛礼，敬茶礼仪式，索萨（羊肩骨）仪式、尕什杂（祝福）仪式。⑧《吉祥祝福》歌声中举行送别仪式。

　　华热藏族虽然同属于藏族，但其文化与其他区域藏族的民俗文化不尽相同，无论表现在藏语方言上，婚丧节庆的礼俗上，还是日常生产、生活习俗上，都有很大的差异。华热藏族的婚俗，是华热藏族人民传统民俗文化突出的、集中的表现形式，蕴含着华热地区藏民族的精神、文化、风俗、信仰等。婚礼全过程中的祝辞、说辞和唱词中，保留了丰富的历史故事和格言、名言歌曲等，反映了华热藏族悠久的传统历史文化。

　　（1）浓郁的地域特色。华热藏族的婚俗有极强的地域特色，其中保留了诸多母系社会的遗风，如婚前的自由交往、恋爱、议婚仪式皆由舅舅做主，迎亲时对新郎泼水惩罚，婚宴上舅舅居于最尊贵的位置，新婚夜男女不同房，婚礼后新娘不住夫家等。

　　（2）浓郁的宗教文化特色。婚礼中有着浓厚的宗教文化色彩。从择日、举行婚礼仪式中的煨桑、祭神、敬佛乃至赞神诵佛的祝辞等形式，无不与宗教文化紧密联系在一起。其中既有古老的苯教等原始崇拜的成分又有藏传佛教的成分（图3-45）。

图3-45　华热藏族婚礼图

　　（3）婚俗中语言的文字特色。除了极常见的敬酒、献哈达等礼俗，从说亲议婚到隆重的婚礼仪式，华热藏族非常看重祝辞语言和"丹慧""卡慧"（即谚语、格言、名言）的应用。如挑选的媒人首先要具备语言表达天赋，议婚仪式上的说辞，就是一篇优美的诗章，而且要有能说一天不重复比喻词句的本领。特别在婚礼上的"董雪"（致辞人），更要具备声情并茂地发表近百段短歌组成的祝婚辞的本领。有的"董雪"在致辞时妙语连珠，如丸走板，滔滔不绝，对于这些千古流传的华美诗章，宾客们也享受其中。当"董雪"用诗的语言表达各种美好祝愿时，宾客中有人会不时地振臂高呼"真如说得这样应验啊"，接着在场众人同声接着喊出"就这样应验啊"的呼应声，众人会被这种热烈的氛围深深地打动和吸引(图 3-46)。

图 3-46　华热藏族婚礼礼俗

（4）丰富的歌曲内容。华热藏族的整个婚礼过程，从恋爱开始的对歌议婚仪式中唱歌敬酒、对歌，再到结婚仪式无不诵诗唱歌。歌词内容十分广泛，歌颂形式多样、音乐形式纷繁多样，旋律有的低沉、有的高昂、有的婉转曲折、有的爽朗明快，曲种多达 60 余种。

3. 门源回族婚俗

门源回族婚俗主要分布在门源境内周边的祁连、大通等地区。门源回族婚俗是回族民众在严格遵循伊斯兰教规、教义的原则下，既吸纳了当地其他民族文化和习惯中的一些成分，又结合当地的地理、气候、经济等条件的基础上，在近半个世纪以来逐渐形成，是独特的民族婚俗。

13 世纪，元蒙西征西域时，有一些穆斯林士兵留居门源，后与皈依伊斯兰教的外教女性成婚立家立业，当时的婚俗有浓厚的外教色彩。明初朱元璋进入西北时，江淮回族将士多数留居青海，后来有的移居门源，于是回族婚俗中不免掺进了江南风味。明朝正德年间一些古羌后裔的"缠回""哈剌回"定居门源，使这里的婚俗又添进了不少西域成分。清朝顺治、雍正时期以及后来屡次反清起义战争中失败的将士，有许多流落在门源，门源婚俗又不免多少增添了些陕、甘特色。直至19世纪初门源回族"八大庄"形成，回族人口增多，居住稳定，婚俗也在岁月流逝中逐渐约定俗成，到新中国成立后与现代文明进一步接轨（马文慧，2013；喇秉德和马小琴，2009）。

门源地区回族的婚姻嫁娶可以概括为三个阶段和八个步骤。第一个阶段是婚前准备，有提亲、订婚、吃菜、提话等四个步骤。提亲也叫送"占包""说媳妇"，即婆家请德高望重的合适人为媒人，到女方家去提亲，试探女方家的口气，看有无允许配姑娘的意思。第二阶段是吃宴席即结婚办喜事。这是一桩婚姻的高潮部分，结婚前两天，媒人将提话时已经讲好的聘礼送到女方家（图3-47）。新婚喜事的第三阶段是送饭、回亲和坐娘家。新婚第二天是娘家人来送饭即吃席的一天，这一天一大早在送饭的客人没来之前，先由新女婿、陪客给长辈们说"色俩目"讨赏钱；接着，送亲的人带领新媳妇给大辈儿和兄嫂们观看；在观看新媳妇长相、身段和穿戴的同时，免不了或多或少的会把赏钱放到新媳妇的手里。

图 3-47　回族婚俗娶亲图

门源回族婚俗具有以下几个特征：①群众性。它是回族生活中一件不可缺少的大事，是人到成年的一个里程碑，事关家家户户，事关成年的男男女女。②宗教性。它严格遵循伊斯兰教法，严格遵守穆斯林婚俗习惯，在婚姻大事上一直保持着浓厚的民族认同感。③完整性。门源回族婚俗中的三个阶段、八个步骤，基本上固定了婚事全过程的框架，减一环节不行，加一环节多余，多少年来形成了规纲，很少改变。④娱乐性。新婚喜事常具有一些文艺活动，其中"叼帽子"是一次热闹非凡的赛马活动，而"宴席曲"则是将歌舞融为一体的文艺表演，这在文化娱乐较单调的生活中难能可贵。⑤适应性。整个新婚过程与地区条件十分贴切，马拉轿车便于山行，大锅熬饭合乎庄稼人口味，银货首饰很受回族妇女喜爱，"叼帽子"、赛马等适合在广阔田野和草原中进行。

4. 阿柔婚俗

阿柔部落作为青藏高原安多六大部落之一，以其富有鲜明特征的民族民间文化资源，成为青海乃至整个藏区的典型代表。阿柔部落有着极其深厚的民间文化底蕴，较完整地保留了原始婚俗，受到藏学家和民俗学家的高度关注（聂文虎，2013；王云，2010）。阿柔婚俗主要包含三个部分，分别为"串帐"、婚礼上的原始仪式与婚后回门。

婚礼上的煨桑、"罢丹""打茶"等习俗是古老的原始仪式。阿柔婚俗延续了藏区婚嫁都要经过提亲、订婚、送亲、迎亲、婚礼、婚后回门等传统习俗。说亲或提亲是整个婚姻缔结过程中一个带有程序化的仪礼，阿柔婚俗招婿中的提亲人不得由家人担当，而由女方家亲朋中或村中有较高威望的人担当。婚礼要经过严格的传统顺序，如喇嘛或高僧卜卦选择吉日举行定婚、结婚、回门等。阿柔婚俗"招婿"中最具特点的属"送礼"：父母随自家的条件配嫁妆，条件好的一般配送一百多只羊、几十头牛、一匹马鞍全套的马，再加上亲戚朋友送的祝婚礼物和穿戴（包括皮袄、霍衫、西服等），价值基本上百万。招女婿是女方家中没有男孩或男孩结婚后自立门户的，所以女婿招进之后就要担起养家糊口的责任，而女方家人也会将手中权力全部交给女婿，视女婿为亲生儿子，所以，祁连阿柔的招女婿就如娶媳妇一样正式（图3-48）。

图 3-48　阿柔婚俗里的阿柔招婿（青海省非物质文化遗产名录图典，2012）

"董斜"（道吉祥）结束后，要进行阿柔地区特别讲究的一种习俗叫"卡嘎旁夏"（抢肉）。送亲的男人和迎亲的女人开始抢夺事先准备好的两只完整的羊，双方要尽全力，奋力拼搏，直到一方胜出，然后把剩下的一只全羊分送给前来祝贺的亲朋好友。接着喜筵才正式开始，客人们相互敬酒献歌，共同举杯为一对新人祝福。在阿柔婚俗中最能吸引群众、活跃场合的算是"希合"（逗曲），其内容丰富，歌调悠扬，男方与女方家相互对唱，直到天亮。

婚后回门。第三天一早，新娘、新郎随"巴哇"（即媒人）及伴娘一起回门。新娘回到娘家居住一段时间后，才可回到婆家，正式步入婚后的生活。

5. 祁连煨桑

祁连煨桑习俗主要流行于祁连县及周边地区。祁连煨桑习俗已有一千多年的传承历史，据说是从印度古老宗教中传承而来。煨桑是认识藏族宗教信仰、思想观念、风土人情的重要窗口（王新平，2015）。相传煨桑可以使天上的神仙看到人间的人们，向天上的神仙祈求部落平安、驱除各种污秽之气。煨桑时，除选用柏树枝（柏香）以外，还兼用野花朵和粮食；煨桑仪式在很多场合举行，诸如五谷丰登、攻仇克敌、国泰民安、婚丧嫁娶、旅途安全、祛病延年等等。

举行煨桑的场合有一定的选择，并且煨桑有固定的仪式。通常先把干牛粪、柏树枝（柏香）和野花朵堆砌在煨桑台上点燃，等烧到一定的程度后，再在柏树枝（柏香）和花朵堆上放入粮食（用糌粑、青稞、小白豆、米）等自然长出的五谷杂粮物品。然后洒上几滴水和酒，点燃以祭神。整个过程中都要诵经，不能放荤的食物。

祁连煨桑来源久远，在历史长河中逐渐演变至今，才形成现今较为统一的民俗活动仪式。最初形态为男子在狩猎或出征回来时，部族中的族长、老人以及妇女、儿童会在村寨外面的郊野，点燃一堆柏树枝（柏香）和花朵，并不断向出征者身上洒水，用烟和水驱散因战争或其他原因沾染在身上的各种污秽之气。到后来，煨桑就与游牧民族部落之间的战争联系起来，他们认为桑烟可以直达天上神灵居住的地方，它可将人间的美味传递上去，使诸神欢喜，降福于部落，让战争获得胜利。再到后来，煨桑仪式与佛教结合，规模就更大了，盛行于整个游牧民族区。祁连游牧民族都是信奉佛教的民族，根据佛经每天煨桑敬神是他们最为普遍的一种宗教祭祀活动。每天清晨，洗漱干净后到桑池引燃柏香进行煨桑、磕头，同时在佛堂前敬献净水碗，净水碗的数量一般为7的倍数，如7个、14个等，碗里盛放清水，供奉在佛像前，净水碗前面点燃一盏酥油灯。酥油灯燃到自然熄灭为止。晚上把净水碗里的清水洒到干净处，收起。遇着家人出远门时，在净水碗里放上青稞或者麦子。净水碗不能空着，放上粮食等于每天桌上都为家神和财神放着饭食，以示对家神和财神的尊敬。

过春节时，一般在腊月二十五以后就开始做煨桑的准备，煨桑池垒在帐篷后面大约四五米远的地方。到了年三十晚上，根据家中男人的数量，在主桑池两旁续小桑池，家中有几个男人，就垒几个桑池，而小桑池一般是用冻牛粪漫上。从初一到初三，一天3次，由男人们煨桑，燃着柏香，围着桑池顺时针转3圈。

藏族帐篷的落成，像搬迁了一次新家，也需要煨桑的仪式。一年中牧民在冬季牧场、夏季牧场、秋季牧场之间来回搬迁，每一次搬迁落成帐篷之时，都要在帐篷后面选一处高地垒一个煨桑池，进行煨桑仪式。如果是临时住处（夏季牧场），煨桑池就垒得简单；如果是长居住处（冬季牧场），煨桑池就做得很牢固、大方。讲究的人家，随时用泥修缮桑池绽开的口子，还要用白土灰刷白。一般是就地取材，桑池是用渣筏、瓠子、石头、泥、白土等漫起来的，约 50 cm 高即可。宽窄没有限制，形状为圆的、方的均可，垒成一个墩子，在顶部放桑（图 3-49）。之所以把桑池垒高，主要讲究的是干净和圣洁。

图 3-49　祁连煨桑图（祁连县文化馆供图）

"桑"是藏语，其本意为"清洗、消除、驱除"等净化之意。但以其薰燃过程、人们煨桑时的心态以及所用物品来看，则是一个很明显的供奉仪式。所以煨桑有两层含义，一是净化，二是祭祀献供。所以有人将其译为"祭祀烟火""焚香祭""烟祭"等，看来都是较确切的意译。在藏区，凡是有人烟的地方就有寺院，有寺院就燃桑烟。所以无论在寺院或百姓家，都会发现煨桑炉，而不管桑炉设在院落中央、房顶还是墙上，都是经过精心选择的最洁净之处。

第三节　非物质文化遗产的现状、存在问题及保护措施

近年来，人们对非物质文化遗产的认识越来越深刻，随着全国范围内非物质文化遗产保护工作的开展，逐渐暴露出了非物质文化遗产保护领域在理论与实践等方面的不足。而青海省民族众多，历史悠久，拥有丰富而绚丽的非物质文化遗产，其保护工作尤为重要。通过前期调查，我们梳理

出目前祁连山国家公园青海片区内非物质文化遗产的保护现状，对加强片区内非物质文化遗产的保护提出了一些解决措施。

一、片区内非物质文化遗产的保护现状

1.物质表现形式单一

片区内非物质文化遗产的物质表现仅仅通过传承人的创作与表现来体现，传播面较窄，且其物质表现形式较为单一。例如，传统美术类的创作仅仅将其制作出来，并没有进行市场化销售；传统戏剧的演出、传统体育的赛事，绝大多数仅仅在现场进行，并没有将其数字化；民间文学类的传说，绝大多数仅仅停留在传承人的记忆中，少有相关的文学作品等。

2.传承人较少

片区内绝大多数非物质文化遗产传承人都较少，有些非物质文化遗产甚至面临失传的风险。究其原因，一方面是受到现代科技与艺术的发展冲击，年轻人大多对此不太感兴趣；另一方面，是由于大多数人迫于生活的压力，不能将多余的精力放在非物质文化遗产的传承上（钦媛，2022）。

3.社会存在感较低

不少非物质文化遗产的存在感只体现在传承人生活的区域，甚至有些非物质文化遗产在传承人生活的区域其存在感都很低。传承人大多无法将非物质文化遗产的物质表现得深入人心，以体现其文化内涵，因此，在传承人生活的区域外，大多数民众并不了解这些非物质文化遗产的种类、内容、传承形成等。

4.非物质文化遗产的保护资金不足

非物质文化遗产的保护工作需要大量的资金支持，而片区内当地政府对其保护只能提供有限的资金支持。有些非物质文化遗产的保护资金不足以支撑其达到保护与传承的效果，因此，片区内有些非物质文化遗产的传承只是靠人们对于该类非物质文化遗产的兴趣才得以进行。

二、解决措施

1.非物质文化遗产的物质表现数字化

将非物质文化遗产的物质表现数字化是其保护工作中十分重要的一方

面。非物质文化遗产的数字化保护就是采用数字采集、数字存储、数字处理、数字展示、数字传播等技术，将非物质文化遗产转换、再现、复原成可共享的数字形态，并以新的视角进行解读，在有新需求时及时重新利用（宋俊华和王明月，2015）。通过将非物质文化遗产数字化，建设非物质文化遗产特色资源数据库（黄永林，2015），进一步加强对非物质文化遗产在现代科学技术下的传播。

2. 培养非物质文化遗产传承人

非物质文化遗产的传承在实际情况下非常依赖传承人的传播，传承人是非物质文化遗产保护中至关重要的核心因素（万兆彬，2017）。因此，传承人的数量在很大程度上影响着非物质文化遗产的传承与保护。由于绝大多数非物质文化遗产的传承是通过师徒传承、口口传承，因此，非物质文化的传承人的培养不应仅仅局限在社会上，还应通过高校等教育途径进行培养。从教育的角度去培养非物质文化遗产的传承人，也是非物质文化遗产保护和发展的重要途径和必然要求（马立靖，2013）。

3. 旅游开发扩大非物质文化遗产的影响力

非物质文化遗产是整个中华文明的智慧结晶，是传统文化中传承下来的精华部分，其影响力不应被局限在传承人所在的区域，还应被带到更为广阔的天地。由于非物质文化与地方文化环境之间往往有着内在联系（张博和程圩，2008），所以进一步开发传承人所在地非物质文化遗产的人文旅游资源，对扩大非物质文化遗产的影响力有着重要的作用。

4. 加大非物质文化遗产保护的资金投入

投入更多的非物质文化遗产保护资金，不仅可以加强对非物质文化遗产传承人的保护，改善他们的生活条件、传承条件等，还可以增强非物质文化遗产传承人传承的积极性，让其有更多的精力去进行非物质文化的传承和发扬。而且，投入更多的非物质文化遗产保护资金也支持着非遗文化遗产保护组织的有效运转，使其更有动力进行非物质文化遗产的宣传和保护工作。同时，政府及相关职能部门可以考虑将非物质文化遗产传承人的保护纳入财政预算，提高传承人的地位和待遇，从人才体制和财政体制方面对其加以保护。

第 四 章

物质文化资源的调查、分布及现状

第一节　物质文化资源的调查

物质文化资源的调查以核实祁连山国家公园青海片区内不可移动文物的类型、分布、数量、保存现状以及开发模式为主要内容。针对片区内不同类型的人文资源，为提高调查的精确性，必须采用多种方式综合调查，为厘清祁连山国家公园青海片区内的人文资源全貌打下基础，同时也为国家公园的建设提供文化底蕴。为了提高调查的精准度，主要采用以下调查方法：

一、古遗址调查方法

祁连山国家公园青海片区人类活动历史悠久，自史前社会开始，古人类就在这块肥沃的土地上繁衍生息，留下了众多珍贵的古遗址，如黄藏寺细石器等遗址。这些遗址的发现为祁连山国家公园人类活动的历史提供了强有力的佐证。然而，随着时间的推移，古遗址在强烈的风沙侵蚀和人类活动下受到了不同程度的破坏。为了能清晰地了解古遗址的相关信息，对其开展科学的调查尤为重要，针对古遗址的属性特征，采用文献资料调查法，实地调查法，现代科技手段调查法，元素仪调查法，现代测绘技术调查法，各学科、各部门联合调查法等多种方法，有效弥补各调查方法间存在的不足。

1. 实地调查法

实地调查是地理学最基本的调查方法之一,其结果具有很强的真实性和精确性。通常古遗址的介绍多见于文献资料和媒体的视频影像,而这种资料具有一定的片面性和遗漏性,尤其是自然环境较为复杂的祁连山地区,有些古遗址目前并不为众人所熟知,对此通过实地调查进行查漏补缺,能更加直接地了解古遗址的存在状态,获得一手数据。

2. 3S 调查法

所谓 3S 就是指地理信息系统(GIS)、全球定位系统(GPS)、遥感(RS)。由于祁连山地形、地貌复杂,部分地区人烟稀少,因此常规方法对古遗址的空间调查难度颇大,而 3S 技术具有快捷、受地域影响小等特征,是调查的首选。首先利用 GPS 等定位仪对祁连山国家公园内的遗址点进行经纬度定位,然后利用 RS 卫星遥感影像获取古遗址存在区域的高清卫星影像,最后通过 GIS 空间分析手段确定遗址的空间分布特征及面积大小。

3. 元素仪调查法

在古遗址调查过程中,确定遗址的年代是研究的主要内容,而在历史长河中,遗址的年代特征已基本消失,无法用肉眼去确定其具体的年代。在此背景下,高科技的测年方法得到广泛应用。因此在调查过程中,要采集遗址及周边地区的样品材料,做好详细的记录,然后进行室内实验,根据样品特征推测遗址相关年代及遗址范围。

4. 多学科、多部门联合调查法

古遗址的调查需要结合考古学、测绘学、自然地理学等多学科进行综合调查。具体调查过程为考古人员进行现场标本采集,对遗址性质及年代的判断工作,测绘人员专门对遗址及其周边地形用 RTK 和全站仪绘制地形地貌,自然地理学人员对周边的环境进行科学的分析。

二、古墓葬调查方法

墓葬的出现意味着人类社会的发展与进步,同时也反映出一个时代的文化特征。墓葬除了伴随有众多文物外还有很强的等级之分,高等级的墓葬习俗预示墓主生前具有高贵的社会地位,是研究历史文化的重要材料。祁连山地区自古以来是少数民族政权分布的核心区之一，也是丝绸之路的重要通道。区域内分布有较多的古墓葬，为了能更好地了解区域内墓葬的分布情况，除实地调查、3S 调查等方法以外，还有如下调查方法。

1. 现代测距仪调查法

墓葬有其严格的等级规模，但在历史进程中，祁连山地区由于强烈的风蚀作用导致古墓葬遭到了不同程度的侵蚀，以至于墓葬规模很难估计。因此可利用无人机、相机对古墓葬的相关信息进行多角度提取，之后再使用现代测距仪对墓葬的占地面积等所需数据进一步确定，根据所测数据对墓葬进行精确绘制，可显现出古墓葬的原貌。

2. 文物年代确定法

针对墓葬年代模糊等现象，可对古墓葬的一些土壤、碎陶片等进行年代测试，同时参照此墓葬周边已知文物的年代，对墓葬的文物进行类型学鉴定，确定其大致年代。

三、古建筑与石窟石刻调查方法

建筑和石窟石刻体现出一个时代的文化特征，是文化继承与发展的主要载体，不同朝代的古建筑与石窟石刻在类型、技术、规模、装饰风格等方面各具特色，有其显著的时代特征，这为研究历史文化提供了很好的物质材料。而随着时间的推移，该类建筑也同样面临各种问题，众多历史建筑已失去往日的面貌，为了能更好地了解公园内古建筑与石窟石刻的历史风采，必须对其进行深入的科学调查，其调查方法除了古遗址、古墓葬通用的调查方法外，还有如下调查方法。

1. 现代摄影技术调查法

摄影技术的发展为研究材料的搜集提供了条件，随着无人机摄影、高像素相机摄影、卫星遥感摄影等技术的发展，使研究对象的高精度数据采集成为可能，在古建筑与石窟石刻的调查过程中，可以利用这些现代化高精度的仪器对研究对象的外形特征、平面布局、立体布局进行详细的数据采集。

2. 虚拟数字化技术

通过数字化技术可更加直观地重建祁连山国家公园的三维地形地貌，能更加清晰地了解国家公园的实际情况，并且通过数字模拟可以复原古建筑及石窟石刻的原貌，甚至对古建筑及石窟石刻的建筑构造、典型文物、壁画装饰进行修复和还原。此外，还可以将修复或还原后的场景，通过一定的技术手段向全国甚至全球推广，让科研工作者和游客能在线上直观地领略青海文化的魅力。

四、近现代重要史迹及代表性建筑调查法

近代以来，祁连山国家公园青海片区内经济快速发展，政府利用区域内自然资源和人文资源的独特性在公园内修建了较多的典型建筑，其中西路红军的英雄事迹成为公园文化的重要组成部分，为了牢记历史和纪念西路军的丰功伟绩，在公园内修建了烈士陵园、西路军纪念苑等一系列重要建筑。在近现代重要史迹及代表性建筑的调查过程中，主要以文献资料收集法、实地调查法、全球定位系统（GPS）调查法等多种方法综合调查。

第二节 物质文化资源的分布

一、总体分布的时空特征

祁连山国家公园青海片区内保存的物质文化遗产类型丰富，涵盖古遗址、古建筑、古墓葬、石窟寺及石刻和近现代重要史迹及代表性建筑等主要类型，共计42处（图4-1）。其中，古遗址有28处（不包括边界处的4处），是公园片区内数量最多、类型最为丰富的物质文化遗产；古建筑有7处（不包括边界处的1处）；古墓葬（不包括边界处的2处）、近现代重要史迹及代表性古建筑、石窟寺及石刻各2处；另外还有归属到"其他"类别的1处，即位于祁连县的小拉洞化石遗迹点。从物质文化遗产被列入的保护等级的数量来看，仅省级文物保护单位就有6处，而市、县级别的文物保护单位也有6处，表明片区内分布有诸多重要的物质文化资源。

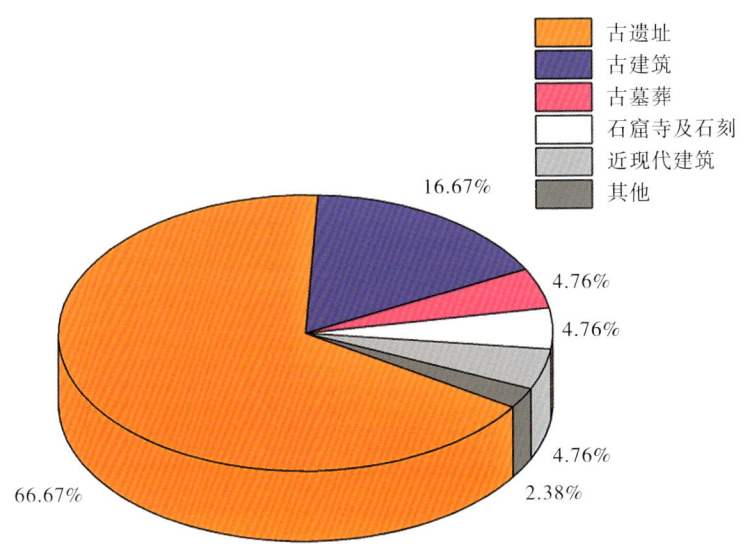

图 4-1 物质文化资源各类型占比

在空间格局上，按照总体数量和空间分布特征（图 4-2），可将公园片区大致划分为东、中、西三段区域，空间格局上呈现西段稀疏、中段呈带状分布、东段团聚分布的空间分布模式。公园片区东段有古遗址、古建筑集中分布于此，西段分布有古墓葬。从县域分布视角来看，大部分物质文化遗产坐落在祁连县界内，其数量占到公园片区内总数的 64.29%，包括 19 处古遗址、3 处古建筑、2 处近现代重要史迹及代表性建筑、1 处石窟寺及石刻、1 处古墓葬及 1 处其他类；门源县也分布了诸多物质文化遗产，其数量达 15 处之多，占总数的 35.71%，包括 9 处古遗址、4 处古建筑、1 处石窟寺及石刻与 1 处古墓葬（图 4-3）。

经调查发现，祁连山国家公园青海片区的物质文化遗产除 13 处因少有研究而年代待定外，其余多数均有考证年代。古建筑方面，位于公园片区东段的古建筑主要建于清朝年间，而中段区域的则基本建于新中国成立之后。古墓葬则最早可追溯至新石器时代。石窟寺及石刻方面，东部的岗龙沟石窟寺历史悠久，最早建成于南北朝时期，有石窟、石塔及佛像，推测与当时佛教文化盛行有较大关联（图 4-4），现已成为省级文物保护单位，保存状况较好。古遗址在片区内有诸多分布，中段地区古遗址最早可追溯至旧石器晚期与新石器文化过渡时期，如距今 8 000 年左右的黄藏寺古遗址，是目前祁连山国家公园内发现的最早的人类活动遗存之一，此前仅在国家公园内发现有青铜时代遗址；使得国家公园内的人类活动历史大大推前，该发现对于丰富国家公园内的生态文化内涵与人文历史资源，研究国家公园内早期人类活动与适应，以及与周边地区史前人类活动交流与迁移具有重要意义。

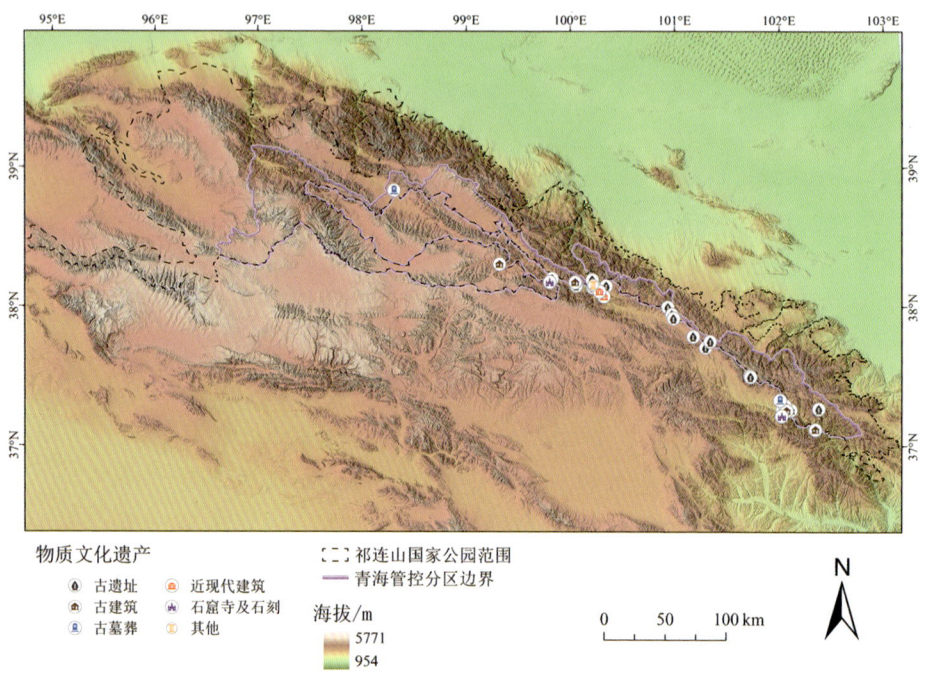

图 4-2　公园片区物质文化遗产分布

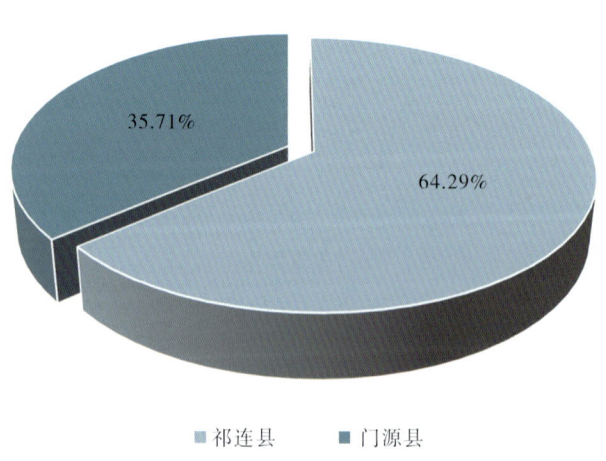

图 4-3　物质文化遗产的县域分布

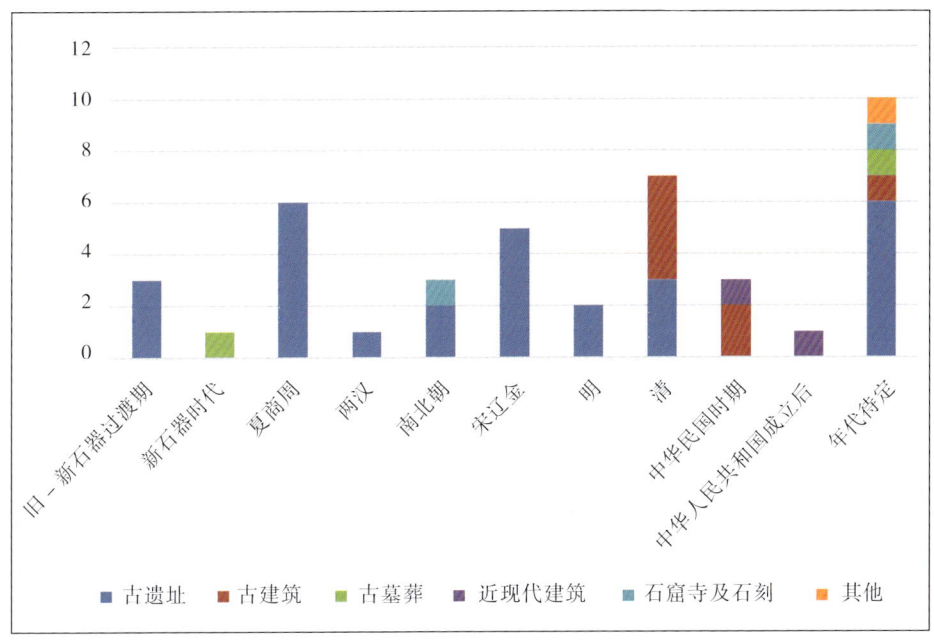

图 4-4　不同年代物质文化遗产统计

二、古遗址

古遗址，指古代人类各种活动留下的遗迹，既包括人类为不同用途所营建的建筑群体，以及范围更大的村寨、城堡、烽燧等各类建筑遗存，也包括人类对自然环境利用和加工而遗留的一些场所。据调查及考证梳理发现，公园片区内的各类物质文化遗产中，以古遗址的数量最多，共计 28 处，占公园片区内所有物质文化遗产总数的 66.67%。不仅如此，古遗址中各小类也十分丰富（图 4-5），有古城址、军事设施遗址、祭祀遗址、聚落址、驿站古道遗址、寺庙遗址、矿冶遗址和其他古遗址等 8 个小类；古遗址包含的 8 个小类中以古城址的数量为多，占所有古遗址总数的 37%。在空间分布上，公园内的古遗址多集中在公园片区内中段的宁张公路、二马线两侧和公园片区的东段地带。按其所在县域来看，祁连县有 19 处古遗址，数量为最，门源县仅有 9 处古遗址。

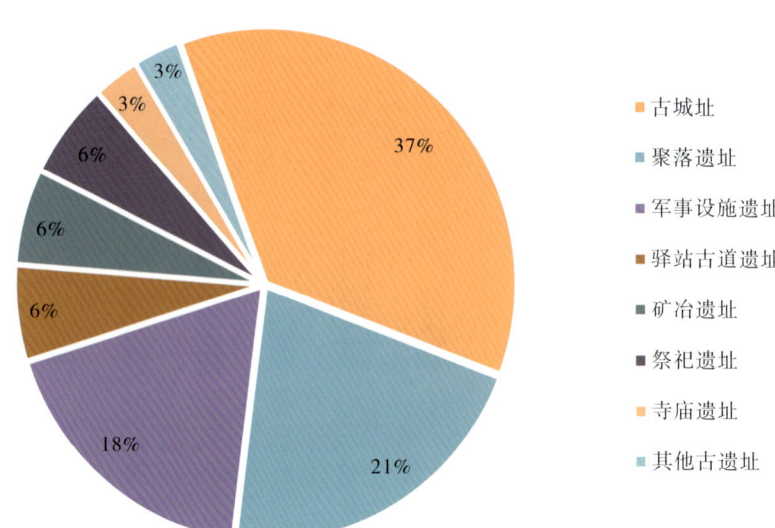

图 4-5　古遗址中各小类占比

　　从古遗址的保护级别与保存状况来看，公园片区内有 3 处古遗址已被列为青海省省级文物保护单位，分别是克图古城、八宝镇狼舌头古城址和夏塘台遗址，皆为古城址遗存。另有 5 处古遗址现为市、县级文保单位，分别为夏塘台东西遗址、寺沟口遗址、寺沟口北遗址、铜矿台遗址和沙金城，前 3 处为古遗址中的聚落遗址，后两处分别为矿冶遗址和（古）城址。其余古遗址尚未核定为保护单位。

1.克图古城

　　克图古城，位于门源县东川镇克图口村中心，地处浩门河河谷西北侧的平坦台地上。城西北略高，东南略低，平面呈椭圆形。古城东西长 500 m，南北宽 360 m，城墙高 10 m，底宽 12 m，顶宽 3 m。城墙夯筑，夯土层厚约 0.14 m，城门宽 8 m，城墙内夹有直径 0.12 m 的木棍，马面不详，北墙有一个城门，有瓮城。东、南、西三侧均为河水冲击的悬崖。经考证古城筑于宋代政和元年，疑为古骨龙城（即宋震武军城），后相继为金朝和西夏所据有，城内地表暴露瓦片、陶片、瓷片，曾采集到宋钱"天禧通宝"。古城址内西北角现为民居，城东与城南大片土地均已被辟为耕地。1988 年 9 月 15 日克图古城被青海省人民政府公布为省级文物保护单位（图 4-6）。

图 4-6　克图古城

2.八宝镇狼舌头古城址

八宝镇狼舌头古城址，地处黄藏寺正南的狼舌头山山顶上，距离祁连县城西 5 km 处，西高东低，北侧山脚下是黑河和八宝河的交汇处，及由东向西的湟嘉公路。

古城依山势而建，在西山梁顶上的陡坡及断崖顶部的边缘，呈不规则形，西南至东北走向。在黑河一侧的西山梁较高，长约 1 200 m；在八宝河一侧的东山梁较低，长约 800 m。东梁上用红石板垒成城墙，西南高东北低，外围均是陡峭的山崖，仅南面有一条羊肠小道可以进入。城内地形由山梁、斜坡、洼地及水冲低沟组成，几乎没有平地。城内有较多的建筑遗迹，在城墙的拐角和险要之处，都有小型的方形和长方形的房址，面积较小。在山坡和低洼处，有一些成组的房址，有单间、套间，面积大小不等。建筑方法为先把地面整平，之后用红沙岩石板做地基和砌墙，房间进深一般为 5~8 m，面阔 6~12 m。遗址最高点海拔 3 098 m，最低点海拔 2 905 m。2003 年曾在城内采集到陶片及兽骨，根据采集遗物分析，古城的时代大约在汉唐时期（图 4-7）。

图 4-7　八宝镇狼舌头古城址

3.夏塘台遗址

夏塘台遗址地处黑河北 150 m 的高台上，属青铜时代卡约文化古遗址，周长 216 m，占地 3 147 m²，城墙墙体上都是杂草，夯土层不清，城墙残高 1.2~1.5 m，保存一般，痕迹清晰。遗址东北 100 m 处有新建移动通信铁塔，西南、南面 800~900 m 有居民 11 户共 67 人，以藏族为主。该遗址常年遭受风雨侵蚀，在退耕还林之前，人们在此处种植、生产生活，这些不合理利用都使遗址破坏严重。自 1984 年发现以来至今一直未曾修缮，破坏较严重，保存状况一般（图 4-8）。

图 4-8　夏塘台遗址

4.寺沟口遗址

寺沟口遗址为半圆形，北面为山，东面为草原，南面台下是湟嘉公路、公路南为黑河。文化堆积厚 0.3 m 左右，地面散布卡约文化加砂红陶片，遗址东西长 60 m，南北宽 120 m，保存状况较差。遗址四周都是草场，遗址的东西两面是郭米村和河北村。

5.寺沟口北遗址

寺沟口北遗址，位于扎麻什乡郭米村东 600 m 处的湟嘉公路北的寺沟口内，遗址东面约 2 km 处为扎麻什乡河北村，该遗址具体位置在河流交汇处的"Y"型沟口的东台，北面为高山。四面均以草场为主，遗址东西长 100 m，南北宽 50 m。

6.铜矿台遗址

铜矿台遗址在湟嘉公路扎麻什路段北面的二台上、郭米寺北，南距公路约 1 km，平面呈椭圆形，东西约 100 m，南北约 50 m，出土过夹砂灰陶片。遗址位于青海省海北藏族自治州祁连县扎麻什郭米村牧民的冬季草场上，南为郭米村及黑河，东为河北村，北为高山。郭米寺修建在该遗址中心的平缓地带，遗址东北侧是开采的铅矿。根据暴露遗物分析，该遗址为青铜时代卡约文化。

7.沙金城（永安城）

沙金城（永安城）位于门源县皇城乡政府东侧（盘大公路北侧），四周为草原。据《西宁府新志》记载，该城为清雍正三年（1725 年）修筑。古城呈长方形，城内地势平坦，南北长 438 m，东西宽 353 m，城墙夯筑，夯土层根部厚 0.03~0.06 m，上部夯土层厚 0.06~0.15 m。城墙高 7.3 m，底厚 8.7 m，顶宽 4.3 m，城墙内夹有木棍。古城东西两门均有瓮城，瓮城呈半圆形，与古城相连，东西瓮城门宽 5 m，厚 10 m，高 7.3 m，东瓮城破坏较为严重，四角墙面各 1 处，南北墙面各 2 处，东西墙面各 3 处，共14 处墙面。

8.羊胸沟口古城址

羊胸沟口古城址依地势建在山坡上，前有自西向东而流的羊胸子河、自南向北的扁都沟河交汇点，前呈"Y"形低地势地形，城址东有宁张公路自东南走向西北，城址西南角有牧民住宅。位于扁都沟羊胸沟口的西山坡上，东距宁张公路 50 m。墙夯土筑，已塌残成陇岗状，残高约 2 m，底宽约 5 m，夯土层约 0.09 m，城址整体呈三角形，底宽 90 m，两边长 150 m，因地势陡峻，城内按阶梯状布局，共有九层，第一层平面宽约 30 m，二至九层平面宽约 2 m。城下东面有一宽 2 m、石头砌成的阶梯可拾级而上（已坍塌），东南开一门，城最高处有一长方形土台，其根部南北宽 8 m、东西长 10 m、残高约 2 m，可能为当时的瞭望台。据《中国文物地图集——青海分册》记载，此城年代为宋代至清代（图 4-9）。

图 4-9　羊胸沟口古城址

9. 硫磺沟古城

　　硫磺沟古城位于皇城乡北山村硫磺沟河北岸的台地上，距硫磺沟河 30 m。古城坐北向南，城内地势北高南低，平面呈长方形，东西长 44 m，南北宽 35 m，占地面积 1 520 m^2。古城城墙夯土筑成，墙体部分坍塌为土塄，东南角有一墙面，残高 2.6 m，其他三个墙面坍塌成土堆，高出地面坡面约 2.6 m，北墙中心有一较完整的墙面，东西 5.6 m，南北 5.6 m，残高 3.3 m，夯土层厚 0.12 m，内加有树枝，城门位置不详，城内发现了不同时期的陶片。据当地居民介绍，此古城与沙金城同年修筑，估计为当时的驿站，为宋代遗址（图 4-10）。

图 4-10 硫磺沟古城（孔宪平 摄）

10. 黄藏寺村细石器遗址

2021 年 8 月中下旬，调查队在海拔约 2 600 m 的祁连县黄藏寺一带发现地层剖面中含有细石器制品（图 4-11），其原料材质细腻、透明、岩性比较脆且硬度比较高。"细石器"虽小，但在当时落后的生产力条件下，它们是人类手中的复合工具，用途广泛。古人类可以在一根骨头或者木头上面刻上槽，把细石器镶嵌在槽里面，镶嵌满了，便成为一把匕首、一把刀，或一个箭头、一把长矛，也就成为一个锋利的工具了。这个锋利的工具就可以用来猎食。

图 4-11 侯光良教授接受央视有关黄藏寺发现专访

青藏高原是全球外力侵蚀最为强烈的地区，强烈的风力、流水与冻融侵蚀等使得早期人类活动遗存直接暴露地表，缺乏地层堆积。因此高原上具有地层的细石器遗存弥足珍贵，其研究意义重大（图4-12）。

图4-12 黄藏寺发掘现场及其周围环境

研究人员在青海师范大学—青海省自然地理与环境过程重点实验室－第四纪年代释光测试分室对细石器制品所在的沉积层风成沉积物进行释光年代测试分析，该测试方法是近年来较为成熟、应用较为广泛的一种年代测试方法。释光年代测试分析结果表明，黄藏寺细石器制品沉积层位年代约为距今8 000年。这也意味着早在8 000年前，现处于祁连山国家公园内的祁连山腹地已经有史前人类活动，且为主要使用细石器工具进行生产活动的狩猎采集者，这也证明了早在8 000年前，细石器狩猎采集者已经在祁连山腹地开展狩猎采集活动。

可以肯定的是，此次发现目前是祁连山国家公园内发现的最早的人类活动遗存，此前仅在片区内发现有青铜时代遗址，所以这次细石器遗存的发现将公园内人类活动历史提前至新旧石器过渡阶段，对国家公园内的人类活动历史的研究有重要意义。该发现对于丰富国家公园内的生态文化内涵与人文历史资源，研究国家公园内早期人类活动与适应，以及与周边地区史前人类活动交流与迁移具有重要意义。

11. 扁都沟古道青海段

扁都沟古道青海段，地处青海省与甘肃省交界处的达坂山扁都口境内（图4-13，4-14），是古代丝绸之路中河西走廊与青海道之间祁连山连接支线的重要节点。该路线是从今都兰县香日德镇吐谷浑城或伏俟城东北行，经大斗拔谷（现青海、甘肃交界之扁都口）过祁连山，到今甘肃张掖，与河西走廊道相接，或去西域，或东行经凉州去北朝都城等。此线沿途多为高山峡谷，间有小面积草原。

图 4-13　大斗拔谷古道遗址

图 4-14　达坂山

三、古建筑

在经过地图核定与实地调查后发现，祁连山国家公园青海片区内的古建筑遗址共有7处，从东到西依次为珠固寺、仙米寺、班固寺、甘沟清真寺、德芒寺、郭米寺旧址、柯柯勒村达玉寺，归属于古建筑小类中的寺观塔幢和坛庙祠堂类型。古建筑主要分布于公园片区内的中、东两段地区。有4处古建筑分布于公园片区东段的门源县境内，另有3处分布于公园中段的祁连县境内，而在西段的天峻县境内尚未发现古建筑踪影。

1. 珠固寺

珠固寺，位于门源县珠固乡的珠固寺村（37°08′44.6″N，101°22′14.2″E），该地属大陆性高原气候带，年平均气温1.7℃，年降水量445.9 mm，土壤为灰褐土，以山地草甸类草场为主。珠固寺村是珠固乡的一个大村，四面大山环绕，森林茂密，全部为灌木林，森林覆盖率达40.32%，风景如画，气候温暖，冬暖夏凉，是夏季避暑的好去处，也是当地宗教活动场所。村民为藏民，以牧为主，兼营农业，养殖白牦牛和山羊为主，种植小麦和油菜等。该寺坐北朝南，北面为大山，东西与民宅相邻，寺院门前有一条水泥公路自东向西从门前经过。始建于明崇祯十三年（1640年），重建于清雍正十年（1732年），藏语全称"朱固贡尕旦曲科林"，意为"朱固具喜法轮洲"。清顺治元年（1644年），由现大通广惠寺创建者端智嘉措主持修建，将原有静房扩建为珠固寺。现该寺坐北朝南，大经堂、小经堂、茶坊等寺院主体建筑全部为木质结构，雕刻精细，颜色鲜艳。为更好地保护好文物，1998年12月22日，珠固寺被青海省人民政府公布为省级文物保护单位（图4-15）。但由于长期自然风化、雨水侵蚀等自然因素对建筑物造成破坏，以及信教群众在寺院内进行宗教活动，投入资金少，维修力度小，建筑目前破坏严重。

图 4-15　珠固寺（孔宪平　摄）

2. 仙米寺

仙米寺，位于仙米峡的讨拉沟，南距浩门河 4 km 处（37° 17′ 27.0″ N，101° 59′ 54.7″ E），是门源境内最著名的藏传佛教寺院（图 4-16）。四周环山，是天然乔木林区，森林茂密；地处大陆性高原气候带，早晚温差大，年平均气温 1.7℃，年降水量 600 mm，土壤为灰褐土；主要野生植物有烈香杜鹃、冬虫草、黄芪、树菇、地衣等，野生动物有白唇鹿、蛇等。

图 4-16　仙米寺

寺院藏语全称"葛丹达杰林"，意为"具喜兴旺洲"。该寺前身在今甘肃省天祝县赛什斯乡光明峡上部，建于明天启三年（1623 年），于清雍正二年（1724 年）被清军焚毁，嗣后四川提督岳钟琪指定该寺迁往门源加多地区，僧侣来到加多修建了简易经堂。雍正三年（1725 年）由一等侍卫散秩大臣达鼐将原属加多寺的一半领地划归该寺，选择了森林茂密、依山傍水的讨拉村，重建仙米寺，新建的寺院由大经堂、小经堂、佛殿、花园等组成了别具一格的建筑群，达鼐题赠"显明寺"的匾额。现该寺由东院、西院两部分组成，西院为旧寺院址，建筑为四合院式，占地 1 710 m²，建筑物较为陈旧；东院由大小经堂、探华昂、大门组成。寺院总占地 11 282 m²，总建筑面积 1 505.3 m²。1998 年 12 月 22 日，仙米寺被青海省人民政府公布为第六批省级文物保护单位。寺院常年受自然风化、雨水侵蚀等自然因素的影响，建筑物有一定程度的破坏；信教群众在寺院内的宗教活动，对建筑物也有一定的影响。

3. 班固寺

班固寺，位于珠固乡麻当村西 300 m 处（37° 17′ 19.4″ N，101° 57′ 38.8″ E），浩门河南岸，四面环山。当地气候为大陆性高原气候带，周围森林茂密，森林覆盖率 40.32%，年平均气温 1.7℃，年降水量 455 mm，雪灾是主要的自然灾害。该寺初建于清顺治年间，对其创建者说法不一，当地口传，该寺原址在今互助县境内班家湾，后迁移到仙米岗隆口。清雍正二年（1724 年）被清军烧毁，1958 年拆除，1983 年批准开放，新建小经堂 3 间，面积为 48 m²，坐西向东，大门前村级硬化路南北通过。南北紧靠民宅，西靠麻当西山。信教群众多来自本乡，现有僧人一人看守。由于常年受自然风化、雨水侵蚀等自然影响，对建筑物有一定的破坏，加上年久失修，牲口踩踏，现已成危房（图 4-17）。

图 4-17　班固寺（孔宪平　摄）

4. 甘沟清真寺

甘沟清真寺，位于东川镇甘沟下村中心地带（37°19′36.7″N，101°56′49.0″E），西为甘沟西山，地处脑山，地势平坦，地处大陆性高原气候带，四季不分明，年平均气温为1.7 ℃，年降雨量450 mm，冰雹是主要的自然灾害。常见的野生动物有旱獭、野鸡等，土壤为黑钙土，四周为甘沟村村民民宅和耕地，东靠树园，南北两面紧靠民宅。附近村民以回族为主，主要从事农业，部分兼营牧业，主要农作物有青稞、油菜和马铃薯。养殖业以牦牛和绵羊、山羊为主。寺院东西长60 m，南北宽23.2 m，占地面积为1 392 m²，北房7间为学房，长27 m，宽5 m，占地面积135 m²，属砖木结构；南房3间为库房，长10 m，宽5 m，砖木结构，占地面积为50 m²。该寺大殿坐西向东，长14.3 m，宽15 m，面积为214.5 m²，砖木结构，大殿房檐下为花草木雕，木柱6个。大门向东，门宽为3 m。该寺始建于1825年，1924年进行了扩建，1958年时被拆毁。1982年寺院重建，后又扩建。寺院由于常年受风雨侵蚀，损坏的建筑物不能及时进行维修，平时较多的信教群众来礼拜，对寺院有一定的损坏（图4-18）。

图4-18　甘沟清真寺（孔宪平　摄）

5. 德芒寺

德芒寺（藏语称阿柔德芒寺、噶丹森木旦林，意为德芒具喜静虑洲），位于县城东 56 km 处的峨堡镇西南，属藏传佛教格鲁派寺院，建于 20 世纪 40 年代。寺院周边为牧民草场、草山。在阿柔拉加寺学经的阿柔齐道玛部落三大活佛阿柔格牟仓、麦尔干仓、白擦仓及部分僧人的住持下，本寺的宗教仪规完全照搬阿柔拉加寺的宗教仪规，所以，德芒寺成为阿柔拉加寺的"子寺"。德芒寺的香客都是游牧群众，要逐草而定居。为便于搬迁，德芒寺的佛殿、经堂和僧舍都是帐房和蒙古包，因此，德芒寺也称"帐房寺"。随着阿柔部落的搬迁，这个帐房寺也在索麻活佛的住持和帮助下跟着搬迁到瓦翁（"瓦翁"系藏语音译，是黄牛和毛驴的总称，因该地分别有两块与黄牛和毛驴外形相似的石头而得名）。1958 年，寺院被关闭，寺院的经卷、唐卡及所有塑像尽毁。1986 年，寺院重新开放后，又从瓦翁搬迁到吉尔麦滩（现今峨堡镇黄草沟），并恢复以前的一切宗教活动，除购置必要的佛教经卷和唐卡等宗教供品以外，当年还缝制了牛毛帐房经堂 1 顶，蒙古包帐房 1 顶，修建僧舍近 20 间。之后由第三世索麻活佛隆多华旦尖木措安排共建成总面积为 52.8 m² 的佛堂 1 间，总面积为 168 m² 的大殿 9 间、面积为 82 m² 的护法殿，草场面积 500 亩。寺院现有活佛 3 人，僧侣 14 人，寺院曾 4 次被海北州和祁连县评为"五好寺院"，先后荣获由海北州和祁连县颁发的"五好寺院"和"民族宗教工作先进集体"等荣誉称号。德芒寺传统宗教活动有"毛兰"（祈愿会），在农历的正月初八至十五日。

6. 郭米寺旧址

郭米寺（藏语称郭桑日朝），位于祁连县县城以西 22 km 的扎麻什乡郭米村村北（离扎麻什乡政府 3 km），属藏传佛教格鲁派寺院。该寺地处黑河以东，扎麻什郭米村以北高山间。民国 18 年（1929 年），该寺随同原居共和县甘地一带的藏族部落迁至郭米村。该寺原属红教，来祁连后红、黄教并存，1949 年前逐渐演变为格鲁派，由祁连地区藏传佛教中比较著名的喇嘛桑旦嘉措于 1950 年创建。郭米寺兴盛期（1957 年前后）有经堂 2 座，经堂陈列有檀香佛像、柏木千佛雕像、12 卷叶木旦经书、大幅唐卡等珍贵物品，有僧舍 160 余间，牛 600 余头、羊千余只、马 40

匹，僧侣 80 余人，其中活佛 4 人，郭米寺成为祁连地区藏传佛教活动的重要寺院之一。1958 年后寺院一直被关闭，直至 1984 年重新开放，1987 年郭米寺得以批准重新修建，共占地 742 m²，现有规模：经堂 1 座（60 m²），僧舍 24 间（432 m²）；活佛禅房 4 间（80 m²）；伙房及客房 6 间，所属建筑占地 170 m²，草山面积 480 亩。1987 年至 2003 年的 16 年间寺院一直无住持活佛。2002 年 4 月，根据海北州民宗局的有关文件通知要求，县、乡专门成立了郭米寺普毛活佛转世灵童寻访领导小组，积极开展寻访工作。经过近两年的寻访，于 2003 年 6 月由海南州贵南县塔秀寺央增活佛认定转世灵童。同年 10 月 20 日（农历 9 月 27 日）在郭米寺举行二世普毛活佛加央三旦尖措坐床仪式，州、县、乡有关领导、宗教界人士和信教群众千余人参加了庆典。自此郭米寺的各项宗教活动逐渐规范，信教群众达 4 000 余人，活佛 2 人，僧侣 12 人。

7. 柯柯勒村达玉寺

达玉寺（藏语称拉茂群排达杰郎），位于祁连县县城以东 97 km（离达玉村村委会 7 km），属藏传佛教格鲁派寺院。该寺于 1981 年 4 月批准建成。寺院坐西北朝东南，南侧是托勒南山，地处高山峡谷，口小腹大，形似葫芦。2004 年 7 月 13 日，经海北州民族宗教事务局同意藏传佛教活动点更名为寺院的批复下达。目前，寺院现有活佛 2 人，阿卡 2 人，信教群众达 500 人。寺院建筑面积为 2 420.6 m²，草山面积为 2 670 亩。为了确保佛教寺院的各项活动更加规范，成立了达玉寺民主管理委员会和民主监督评议管理委员会。住寺活佛仁青家在寺院南 200 m 处的半山腰上，旦巴尖措活佛家在寺院正北 1 000 m 处。寺院内有住户两户看护寺院，东智布负责点灯、看护；更登先巴负责看护，旦巴尖措任寺管会主任。大经堂两侧是转经筒，寺院竣工于 2000 年 6 月 20 日。寺院为砖混结构，大经堂顶部铺的是绿色的琉璃瓦。达玉寺传统宗教活动"地乔"（时轮会）为农历三月初十至十七日，"娘乃"（守斋戒法会）为农历四月初八至十五日，"刚却"（供养金刚法会）为农历六月初四至初九，"拉再"（祀峨堡）为农历八月初一，"毛兰"（祈愿会）为农历九月二十二日至二十九日，"安木乔"（宗喀巴圆寂纪念日）为农历十月二十五日至二十九日。2007

年 12 月，寺院被祁连县人民政府评为"平安寺院"。

四、古墓葬

古墓葬泛指人类古代采取一定方式对死者进行埋葬的遗迹，包括墓坑、墓地、葬式、葬具、随葬器物等。研究墓葬形制的演变可以作为断代研究的直接依据，其发展变化也间接地反映了当时的生产力发展水平和人们的生活情况。分布在公园片区内的古墓葬共计 2 处，自东向西依次为红卫墓地和央隆哈萨克拱北古墓葬。

1. 红卫墓地

红卫墓地，位于东川镇却藏村中心，系缓坡地带，墓群表层为耕地。墓群南为魏家村，西为克图河，北为魏家湾，西北与山相接；在《中国文物地图集》（青海分册）中记载为红卫墓群。"二普"资料中记载为红卫墓地，"三普"登记中沿用红卫墓地（图 4-19）。

图 4-19 红卫墓地（孔宪平 摄）

自然环境方面，墓地地处脑山（深山腹地）地带，属于大陆性高山地带，四季不分明，春夏冷凉多风，秋冬寒冷漫长，年平均气温在 1.7℃，年降水量 437 mm，雪灾是主要的自然灾害。人文环境方面，却藏村是东川镇的一个行政村，居民以藏族为主；以牧为主，兼营农业，主要农作物为青稞和油菜，养殖以牦牛和山羊为主。墓地面积 4 000 m²，长 80 m，宽 50 m。1974 年在平整土地时出土陶罐和人骨等。现分布在平整后的梯田耕地上，呈台阶式分布，该地块现被用于工农业生产，古墓地在表面无明显痕迹。红卫墓地保存现状较差，长期受风雨侵蚀、自然风化等自然因素的影响，墓地受到破坏，当地群众在墓地周边生活和平整土地等的生产生活活动与不合理利用土地，加之放任牲畜践踏等人为因素也对墓地造成较为严重的破坏。

2. 央隆哈萨克拱北古墓葬

央隆哈萨克拱北古墓葬，位于青海省海北藏族自治州祁连县央隆乡夏格村。拱北古墓葬前 30 m 处为托勒河；托勒河南 3 000 m 处为大山，俗称托勒南山，山顶有积雪。央隆拱北分布总面积 800 m²，周长 78 m。北 200 m 处为湟嘉公路，东 13 km 处为央隆乡政府。拱北古墓葬无屋顶，现建筑总面积 32 m²。墓葬有盗挖的痕迹，盗洞在正前方 30 m 河岸处，盗洞高 1 m，宽 0.5 m，深 0.5 m。由于没有采集到标本，我们无法判定拱北古墓葬的确切年代，但根据当地老人的介绍，该古墓葬在托勒牧场建场时就存在，以拱北的内部结构而言，应是哈萨克族的墓葬，传说是唐贞观年间（约 1400 年前）阿拉伯传教士宛葛素等人的随从墓葬，尚需进一步的考证。拱北建筑结构较稳定，但由于植被的生长破坏了古墓葬的风貌，加之不断遭挖掘使拱北的破坏更加严重。

五、近现代重要史迹及代表性建筑

中国近现代重要史迹及代表性建筑主要是指 1840 年以后建造的具有重大作用的建筑物和构筑物。根据第三次全国文物普查的结果显示，我国共有不可移动文物 766 722 处，其中近现代文物建筑 141 449 处，占登记总量的 18.45%，是我国不可移动文物的重要组成部分。在这个时期的建筑处于承上启下、中西交汇、新旧接替的过渡时期，这是中国建筑发展史上一个急剧变化的阶段。近现代建筑作为历史文化遗产的重要组成部分，其活化利用问题备受社会各界的关注。祁连山国家公园青海片区近现代重要史迹及代表性建筑有 2 处，分别是祁连县革命委员会旧址和祁连县烈士纪念苑。

1. 祁连县革命委员会旧址

祁连县革命委员会旧址位于海北藏族自治州门源县八宝镇八宝西路，地理坐标为 38°10′33.7″N，100°14′45.8″E。该址建于 1959 年，由苏联专家设计，地处八宝河下游峡谷中的断陷盆地，南邻牛心山山脚，北约 1 000 m 为八宝河，现为祁连县八宝镇镇政府（原祁连县县委）办公楼。旧址坐南朝北，北接八宝路中心市场，东接住宅楼，西接祁连宾馆，南接居民区。遗址建筑保存状况较好，风雨侵蚀对该建筑形成局部破坏，北面单体建筑平面呈"工"字形，为两层小楼；南面单体建筑大致呈"凹"字形为一层平房。建筑类型属砖混结构，屋顶为四面坡形，占地面积为 4 000 m²，建筑面积 3 411 m²。

2. 祁连县烈士纪念苑

祁连县烈士纪念苑（图 4-20）位于海北藏族自治州门源县峨祁公路 66 km 处，地处牛心山东北方向，紧邻八宝河南侧。地理位置为 38°08′24.1″N，100°17′16.9″E。始建于 1990 年，由祁连县人民政府负责建造，原址在祁连县八宝镇下庄，后因城市规划，对纪念苑实行移址重建，将其迁至现址（森林度假村内），纪念苑北侧 2 m 外是八宝河，八宝河北靠卓尔山，南临牛心山，苑内有大面积的松树、柏树、白杨树等十几种树种。建筑有纪念碑一座，西路红军雕塑一座，角亭一座，纪念碑碑高 3.3 m，宽 5 m，上面记录了西路红军的英雄事迹。纪念苑占地总面积 228 m²，建筑面积 48 m²，目前纪念苑被列为青少年爱国主义教育基地，也是一处供游客参观的景点。

图 4-20　祁连县烈士纪念苑

六、石窟寺及石刻

石窟寺及石刻泛指石头雕刻的艺术,石窟寺是石刻与木作结合的产物,以石洞窟为主、木构筑为附属。石窟必然属于石刻,然石刻未必归为石窟,故才有石窟寺及石刻的称呼。祁连山国家公园青海片区内坐落着 2 处石窟寺及石刻物质文化遗产:一处是位于门源县的岗龙沟石窟寺,其建成年代大致可追溯至南北朝时期,1998 年便被列入青海省省级文物保护单位,现已成为门源县著名的旅游景点之一;另一处则是坐落在祁连县野牛沟的油葫芦石经墙,上有石板刻画藏传佛教经文,但其起始年代未详,目前保存良好。

1.岗龙沟石窟寺

岗龙沟石窟寺坐落在海北州门源县东川乡克图东岗龙沟,其石塔、石佛及岩画开凿在巴哈村东脑山区域。当地属于大陆性高原气候带,年平均气温 1.7℃,年降水量 540 mm,石窟寺周边长满青草及灌木林,石崖底部生长黑刺等植被,山脚下区域是巴哈村牧民的夏季草场。岗龙沟石窟寺背面山腰处有一户牧民居住，山脚下为巴哈村的民宅和草场。当地居民以藏民为主，产业以牧业为主，养殖以绵羊和牦牛为主。

石塔开凿在东西长 100 m、高 50 m 的红石崖上，石塔高 6 m，宽 2 m，塔腹部开凿石窟一口，其内供有红泥制作的许多佛像；石塔左侧凿有释迦牟尼佛像一尊，高 1.2 m，宽 1.5 m，佛像右侧有一尊小佛像；塔的北部石崖口还有一座高石崖，崖面上有藏文六字真言和汉字"宝塔建在戊寅年"7个字；佛像南面有坐西朝东，通高 6 m，宽 2 m，图案为十三天相轮的岩画一幅，图案线条分明。开凿年代说法不一，一说公元 438 年，一说清初逐年凿成，需进一步考证。1987 年 5 月 14 日，岗龙沟石窟寺和岗龙沟岩画在"二普"中登记为一处（调查人：吴恒祥、张长寿、许显成、马明库）；1988 年 9 月 15 日，该处被青海省人民政府列入省级文物保护单位；当时公布了两处，公布名称为岗龙沟石窟寺、岗龙沟岩画，后来又将岗龙沟岩画和石塔、佛像登记为同一处不可移动文物。

石窟寺开凿在脑山区，其周围植被茂盛，石塔、佛像、岩画依次排开，未见盗挖的痕迹，保存较好。但由于常年受自然风化因素的影响，部分石塔、佛像、岩画表面的石层存在较大面积的脱落，对文物本体造成了一定的破坏。

2. 油葫芦石经墙

油葫芦石经墙，坐落在祁连县野牛沟乡油葫芦沟油葫芦河以西约 100 m 的第二台阶上，北为大山，西紧邻深为 20 m 水沟，距离湟嘉公路 6 km，整体占地面积约为 900 m²。油葫芦石经墙整体呈东西走向，长 14.8 m、宽 1 m、高 1.2 m，经墙由大小规格不同的石板叠加构成，石板刻有藏传佛教经文，经墙的正面有大小规格不同的 11 个洞口。在经墙东南方向约 30 m 处有一高约 3 m 的经幡。

七、其他类

小拉洞

位于海北藏族自治州祁连县八宝镇黄藏寺村，靠近黑河二级阶地，位置为 38°22′44.5″N，100°18′9″E。该洞以海洋生物化石为主（图 4-21），到处可采集到海洋生物化石，面积约 300 m²。遗址距离村落较近，周围被草场覆盖，现保存状况一般。

图 4-21　小拉洞海洋古生物化石

第三节　物质文化资源的现状、存在问题及保护措施

一、物质文化资源保存现状及被破坏原因

（一）古遗址保存现状及被破坏原因

祁连山国家公园青海片区内和边界处的古遗址共 32 处，古遗址下细分的小类有 8 类，分别是古城址、聚落址、其他古遗址、矿冶遗址、驿站古道遗址、寺庙遗址、祭祀遗址、军事设施遗址。古遗址保存的现状从好到差依次是好、较好、一般、较差、差五个等级。

1. 古城址的保存现状及被破坏原因

片区内古城址共有 12 处，其中，保存现状一般的有 4 处，较好的有 2 处，较差的有 3 处，差的有 3 处（表 4-1）。八宝镇狼舌头古城址、夏塘台遗址、老虎沟口古城、克图古城的整体样貌保存不完整，表面被杂草覆盖，部分遗址内有居民居住，遗址部分区域被开垦为耕地或墓地，保存现状一般。油葫芦城址和永安城（图 4-22）整体外貌清晰可见，遗址少部分被破坏，保存现状较好。硫磺沟古城、完卓口古城、峨堡西古城堡存在墙体坍塌严重，城内杂草丛生，城址内大部分区域被开垦为耕地或牧场圈养牲口的情况，保存现状较差。黄藏寺古墙址、夏塘台山城、夏塘台古城破坏严重，遗址已被植被覆盖，城址遗迹不清晰，保存现状差。

表 4-1　古城址的保存现状

	好	较好	一般	较差	差
八宝镇狼舌头古城址			√		
黄藏寺古墙址					√
夏塘台遗址			√		
夏塘台古城					√
夏塘台山城					√
油葫芦城址		√			
硫磺沟古城				√	
永安城		√			
老虎沟口古城			√		
克图古城			√		
完卓口古城				√	
峨堡西古城堡				√	

图 4-22　保存现状较好的永安城城址和保存现状差的夏塘台古城遗址
（左：黄梓宸　摄；右：戚宝正　摄）

　　古城址被破坏的自然原因包括生物破坏、风灾、其他自然原因；人为原因包括盗窃盗掘、不合理利用、生产生活活动、年久失修、其他人为因素（表 4-2）。其中生物破坏是 4 处城址被破坏的原因之一，风灾和盗窃盗掘各造成 1 处城址被破坏，其他自然因素是 11 处城址被破坏的原因；不合理利用是 9 处城址被破坏的原因之一，生产生活活动是 6 处城址被破坏的原因，年久失修是 5 处城址被破坏的原因，其他人为因素是 9

处城址被破坏的原因。每一个遗址点被破坏的原因有共同的原因，也有不同的原因。

表 4-2　城址被破坏的原因

	自然原因			人为原因				
	生物破坏	风灾	其他自然因素	不合理利用	盗掘盗窃	生产生活活动	年久失修	其他人为因素
狼舌头古城址			√		√			√
黄藏寺古墙址			√	√				√
夏塘台古城			√	√				√
夏塘台山城			√	√				√
夏塘台遗址			√	√		√		√
克图古城			√	√			√	√
硫磺沟古城	√		√				√	√
老虎沟口古城			√			√		√
永安古城	√		√			√		√
油葫芦城址	√	√		√		√		√
完卓口古城			√	√			√	
峨堡西古城堡	√		√			√		

2.聚落址的保存现状及被破坏原因

片区内聚落址共 6 处，保存现状均为一般（表 4-3）。其中黄藏寺村 1 号、2 号、3 号遗址是调查团队在祁连山国家公园青海片区边界上新发现的人类活动遗址点，这些遗址点发现有人类活动的细石器，由释光测年技术测出该遗址距今 8 000 年，这一发现弥补了祁连山地区古人类活动遗址点较少的空白。黄藏寺村 1 号、2 号（图 4-23）、3 号遗址表面被开垦为耕地，种植农作物，保存现状一般。夏塘台东西遗址、寺沟口遗址、寺沟口北遗址的大部分区域已被植被覆盖、种上沙棘树，保存现状一般。

表 4-3　聚落址的保存现状

	好	较好	一般	较差	差
黄藏寺村 1 号遗址点			√		
黄藏寺村 2 号遗址点			√		
黄藏寺村 3 号遗址点			√		
夏塘台东西遗址			√		
寺沟口遗址			√		
寺沟口北遗址			√		

图 4-23　保存现状一般的聚落址——黄藏寺村 2 号遗址（张全　摄）

　　聚落址被破坏的自然原因有生物破坏、其他自然因素；人为原因有不合理利用、生产生活活动、其他人为因素（表 4-4）。其他自然因素和其他人为因素是 7 处聚落址被破坏的共同原因之一，生物破坏和生产生活活动是 3 处聚落址被破坏的共同原因之一，不合理利用是 2 处聚落址被破坏的原因之一。

表 4-4 聚落址被破坏的原因

	自然原因		人为原因		
	生物破坏	其他自然因素	不合理利用	生产生活活动	其他人为因素
黄藏寺村 1 号遗址		√			√
黄藏寺村 2 号遗址		√			√
黄藏寺村 3 号遗址		√			√
夏塘台东西遗址		√			√
寺沟口遗址	√	√	√	√	√
寺沟口北遗址	√	√		√	√
峨堡西古城堡	√	√		√	√

3. 军事设施遗址的保存现状及被破坏原因

片区内军事设施遗址共6处，保存现状好的1处、一般和较差的各2处、差的1处（表4-5）。峨堡烽火台除建筑物外表有轻微破坏外，整体保存较好，整体保存现状为好。羊胸沟口古城的南墙及北墙清晰可见，东墙正面不甚明显，牲畜转场等人为因素对古城造成一定的破坏，保存现状一般（图4-24）。大石崖烽火台修建年代较远，长期受风雨侵蚀、自然风化，对烽火台造成损坏，周边为公共草场，当地群众人为的开垦耕地和牲畜践踏，生产活动等对烽火台造成了一定程度的破坏，保存现状一般。峨堡岭垭口烽火台和大坂掌烽火台遗址破坏较严重，保存现状较差（图4-25）。峨堡岭垭口遗址仅存建筑地基痕迹，其余无存，保存现状差。

表 4-5 军事设施遗址的保存现状

	好	较好	一般	较差	差
峨堡烽火台	√				
羊胸沟口古城址			√		
峨堡岭垭口烽火台				√	
峨堡岭垭口遗址					√
大坂掌烽火台				√	
大石崖烽火台			√		

图 4-24　保存现状一般的羊胸沟口古城址（戚宝正　摄）

图 4-25　保存现状较差的大坂掌烽火台（孔宪平　摄）

　　6 处军事设施遗址遭破坏的自然原因有生物破坏和其他自然因素；人为原因有不合理利用、生产生活活动、年久失修、其他人为因素（表 4-6）。生产生活活动与年久失修是造成 3 处不同军事设施遗址被破坏的原因之一。生物破坏与不合理利用是造成 2 处不同军事设施遗址破坏的原因之一。其他自然因素和其他人为因素是 6 处军事设施遗址被破坏的共同原因之一。

表 4-6 军事设施遗址被破坏的原因

	自然原因		人为原因			
	生物破坏	其他自然因素	不合理利用	生产生活活动	年久失修	其他人为因素
大石崖烽火台		√		√	√	√
羊胸沟口古城址		√		√		√
峨堡岭垭口烽火台		√	√			√
峨堡岭垭口遗址	√	√		√		√
大坂掌烽火台		√			√	√
峨堡烽火台		√				√

4. 驿站古道遗址的保存现状及被破坏原因

片区内驿站古道遗址共 2 处，分别为扁都沟古道青海段和老虎沟古道（表 4-7）。扁都沟古道青海段古道痕迹明显，但因其受自然破坏和人为破坏，整体保存现状一般。老虎沟古道周围杂草丛生，常年受风雨侵蚀、冰冻、消融等自然灾害的破坏，保存现状较差。

表 4-7 驿站古道遗址的保存现状

	好	较好	一般	较差	差
扁都沟古道青海段			√		
老虎沟古道				√	

2 处驿站古道遗址被破坏的自然原因有水灾、泥石流、生物破坏、其他自然因素；人为原因有生产生活活动、不合理利用、其他人为原因（表4-8）。生产生活活动和其他人为因素是造成 2 处遗址破坏的共同原因之一。生物破坏、不合理利用、其他自然因素是造成老虎沟古道被破坏的其他原因。水灾、泥石流是造成扁都沟古道青海段被破坏的其他原因。

表 4-8 驿站古道遗址被破坏的原因

	自然原因				人为原因		
	水灾	泥石流	生物破坏	其他自然因素	不合理利用	生产生活活动	其他人为因素
老虎沟古道			√	√	√	√	√
扁都沟古道青海段	√	√				√	√

5. 矿冶遗址的保存现状及被破坏原因

片区内矿冶遗址共2处，分别为铜矿台遗址和铅矿台遗址（表4-9）。铜矿台遗址未被严重破坏，保存现状较好。铅矿台遗址由于地处公用草场，牛羊转场破坏较大，保存现状一般。2处矿冶遗址被破坏的共同原因是其他自然因素和其他人为因素（表4-10）。

表4-9 矿冶遗址的保存现状

	好	较好	一般	较差	差
铜矿台遗址		√			
铅矿台遗址			√		

表4-10 矿冶遗址被破坏的原因

	自然原因	人为原因
	其他自然因素	其他人为因素
铜矿台遗址	√	√
铅矿台遗址	√	√

6. 祭祀遗址的保存现状及被破坏原因

祭祀遗址有2处，分别为景阳岭垭口俄博（图4-26）和仙米大庄俄博（表4-11）。由于经常做祭祀活动所以整体保存完好，保存现状达到最高等级。

表4-11 祭祀遗址的保存现状

	好	较好	一般	较差	差
景阳岭垭口俄博	√				
仙米大庄俄博	√				

图4-26 保存现状好的仙米大庄俄博（孔宪平 摄）与景阳岭垭口俄博（戚宝正 摄）

2 处祭祀遗址被破坏的自然原因有沙漠化和其他自然因素；被破坏的人为原因有生产生活活动和其他人为因素（表 4-12）。沙漠化与生产生活活动是造成仙米大庄俄博被破坏的原因。其他自然因素和其他人为因素是造成景阳岭垭口俄博被破坏的原因。

表 4-12　祭祀遗址被破坏的原因

	自然原因		人为原因	
	其他自然因素	沙漠化	其他人为因素	生产生活活动
仙米大庄俄博		√		√
景阳岭垭口俄博	√		√	

7. 寺庙遗址的保存现状及被破坏原因

片区内寺庙遗址有 1 处，为油葫芦寺旧址。由于寺庙迁移到了别处，此处遭自然和人为严重破坏，保存现状差（表 4-13）。油葫芦寺旧址（图 4-27）被破坏的自然原因有其他自然因素；人为原因有生产生活活动和其他人为因素（表 4-14）。

表 4-13　寺庙遗址的保存现状

	好	较好	一般	较差	差
油葫芦寺旧址					√

图 4-27　保存状况差的油葫芦寺旧址（戚宝正　摄）

表 4-14 寺庙遗址被破坏的原因

	自然原因	人为原因	
	其他自然因素	其他人为因素	生产生活活动
油葫芦寺旧址	√	√	√

8. 其他遗址的保存现状及被破坏原因

片区内其他遗址 1 处，为棉纱湾遗址。因前期被开垦为耕地，后期又进行退耕还林，破坏严重，保存现状差（表 4-15）。棉纱湾遗址遭破坏的自然原因有其他自然因素；人为原因有其他人为因素（表 4-16）。

表 4-15 其他遗址的保存现状

	好	较好	一般	较差	差
棉纱湾遗址					√

表 4-16 其他遗址被破坏的原因

	自然原因	人为原因
	其他自然因素	其他人为因素
棉纱湾遗址	√	√

（二）古建筑保存现状及被破坏原因

1. 寺观塔幢的保存现状及被破坏原因

祁连山国家公园青海片区内和边界处的寺观塔幢遗址有 6 处，保存现状好的 5 处，保存现状一般的 1 处（表 4-17）。下庄清真寺因经常做礼拜活动，保存完整，保存现状好。郭米寺旧址自寺院建立至今，有僧人进行看守，原貌保存较好，保存现状好。柯柯勒村达玉寺由于寺院修建时间较短，虽然自然和人为对寺院有所破坏，但目前保存完整，保存现状好。德芒寺经常开展佛事活动，保存完整，结构稳定，保存现状好。甘沟清真寺近几年进行了扩建，新建房砖木结构，扩建了学房、库房，大殿外由铝合金封闭。院内地表面为水泥地坪，院墙红砖砌成，目前整体保存完好，保存现状好。仙米寺常年受自然风化、雨水侵蚀等自然因素的影响，建筑物遭受破坏，信教群众在寺院内的宗教活动对寺庙建筑也有一定的影响，保存现状一般（图 4-28）。

表 4-17　寺观塔幢的保存现状

	好	较好	一般	较差	差
下庄清真寺	√				
郭米寺旧址	√				
柯柯勒村达玉寺	√				
德芒寺	√				
甘沟清真寺	√				
仙米寺			√		

图4-28　保存现状好的郭米寺旧址(戚宝正　摄)与保存现状一般的仙米寺(孔宪平　摄)

　　寺观塔幢被破坏的自然原因有腐蚀、其他自然因素；人为原因有生产生活活动、年久失修、其他人为因素（表4-18）。腐蚀是造成1处遗址被破坏的原因之一。其他自然因素是造成6处遗址点被破坏的共同原因之一。年久失修是造成2处遗址点被破坏的原因之一。生产生活活动是造成4处遗址点被破坏的原因之一。其他人为因素是造成4处遗址点被破坏的原因之一。

表 4-18　寺观塔幢被破坏的原因

	自然原因		人为原因		
	腐蚀	其他自然因素	年久失修	生产生活活动	其他人为因素
下庄清真寺		√			√
郭米寺旧址		√		√	√
柯柯勒村达玉寺		√		√	√
德芒寺		√		√	√
甘沟清真寺		√	√		
仙米寺	√	√	√	√	

2.坛庙祠堂的保存现状及被破坏原因

片区内坛庙祠堂共2处，分别为班固寺和珠固寺（表4-19）。珠固寺长期受自然风化、雨水侵蚀的自然因素对建筑物造成破坏，加之信教群众在寺院内进行宗教活动，投入资金少，维修力度小，对建筑破坏严重，保存现状一般。班固寺院内杂草丛生，宗教活动较少，年久失修，又有牲口踩踏，已成危房，保存现状差（图4-29）。

表4-19　坛庙祠堂的保存现状

	好	较好	一般	较差	差
班固寺					√
珠固寺			√		

图4-29　保存现状差的班固寺（孔宪平摄）

2处坛庙祠堂被破坏的原因有年久失修、腐蚀、其他自然因素、其他人为因素（表4-20）。年久失修、其他自然因素、其他人为因素是造成2处遗址被破坏的共同原因。腐蚀是造成珠固寺被破坏的其他原因。

表4-20　坛庙祠堂被破坏的原因

	自然原因		人为原因	
	其他自然因素	腐蚀	其他人为因素	年久失修
班固寺	√		√	√
珠固寺	√	√	√	√

（三）古墓葬的保存现状及被破坏原因

1.普通墓葬的保存现状及被破坏原因

片区内普通墓葬有3处（表4-21）。红卫墓地表面为耕地，台阶式分布，古墓地无明显痕迹，保存现状差（图 4-30）。阿木特尔石标墓地地表被牧草覆盖，保存较完整，保存现状较好。疏勒河滩墓地八座墓葬均被盗，中间留有盗洞，地势南高北低，地表为牧草，保存现状较差。

表 4-21 普通墓葬的保存现状

	好	较好	一般	较差	差
红卫墓地					√
阿木特尔石标墓地		√			
疏勒河滩墓地				√	

图 4-30 保存现状差的红卫墓地（孔宪平 摄）

普通墓葬被破坏的自然原因有水灾、火灾、风灾、其他自然因素；人为原因有不合理利用、生产生活活动、盗掘盗窃、其他人为因素（表 4-22）。水灾、风灾是 2 处古墓葬被破坏的共同原因，不合理利用与生产生活活动是 2 处不同古墓葬被破坏的原因，其他自然因素、火灾、其他人为因素、盗窃盗掘是不同古墓葬被破坏的原因。

表 4-22 普通墓葬被破坏的原因

	自然原因				人为因素			
	水灾	火灾	风灾	其他自然因素	不合理利用	生产生活活动	盗窃盗掘	其他人为因素
红卫墓地				√	√	√		√
阿木特尔石标墓地	√	√	√			√		
疏勒河滩墓地	√		√		√		√	

2. 其他古墓葬的保存现状及被破坏原因

其他古墓葬有 1 处，为央隆哈萨克拱北（表 4-23）。由于植被的生长使拱北的原貌被破坏，而不断地被盗挖使拱北的破坏更加严重，保存现状一般。央隆哈萨克拱北遭破坏的自然原因有生物破坏、其他自然原因；人为原因有年久失修、盗窃盗掘、其他人为原因（表 4-24）。

表 4-23　其他古墓葬的保存现状

	好	较好	一般	较差	差
央隆哈萨克拱北			√		

表 4-24　其他古墓葬被破坏的原因

	自然原因		人为原因		
	生物破坏	其他自然因素	盗掘盗窃	年久失修	其他人为因素
央隆哈萨克拱北	√	√	√	√	√

（四）石窟寺及石刻存在现状及被破坏原因

1. 石窟寺的保存现状及被破坏原因

片区内石窟寺有 1 处，为岗龙沟石窟寺（表 4-25）。石窟寺周围植被茂盛，石塔、佛像、岩画依次排开，未见盗挖的痕迹，保存现状较好（图 4-31）。岗龙沟石窟寺被破坏的自然原因有火灾、其他自然因素；人为原因有生产生活活动、其他人为因素（表 4-26）。

表 4-25　石窟寺的保存现状

	好	较好	一般	较差	差
岗龙沟石窟寺		√			

表 4-26　石窟寺被破坏的原因

	自然原因		人为原因	
	火灾	其他自然因素	生产生活活动	其他人为因素
岗龙沟石窟寺	√	√	√	√

图 4-31　保存现状较好的岗龙沟石窟寺（侯光良　摄）

2. 其他石刻的保存现状及被破坏原因

片区内其他石刻有 1 处，为油葫芦石经墙。由于离人和牲畜活动较远，所以保存现状较好（表 4-27）。油葫芦石经墙被破坏的自然原因有其他自然因素；人为原因有生产生活活动、其他人为因素（表 4-28）。

表 4-27　其他石刻的保存现状

	好	较好	一般	较差	差
油葫芦石经墙	√				

表 4-28　其他石刻被破坏的原因

	自然原因	人为原因	
	其他自然因素	生产生活活动	其他人为因素
油葫芦石经墙	√	√	√

（五）近现代建筑的保存现状及被破坏原因

1. 其他近现代重要史迹及代表性建筑的保存现状及被破坏原因

片区内其他近现代重要史迹及代表性建筑有 1 处，为祁连县革命委员会旧址（表 4-29）。遗址建筑现为八宝镇政府办公楼，保存现状较好。

表 4-29　其他近现代重要史迹及代表性建筑的保存现状

	好	较好	一般	较差	差
祁连县革命委员会旧址		√			

其他近现代重要史迹及代表性建筑被破坏的自然原因有其他自然因素；人为原因有生产生活活动、年久失修、不合理利用、其他人为因素（表4-30）。

表 4-30　其他近现代重要史迹及代表性建筑被破坏的原因

	自然原因	人为原因			
	其他自然因素	不合理利用	生产生活活动	年久失修	其他人为因素
祁连县革命委员会旧址	√	√	√	√	√

2.名人烈士墓及纪念设施的保存现状及被破坏原因

片区内名人烈士墓及纪念设施有1处，为祁连县烈士纪念苑（表4-31）。纪念苑原在八宝镇下庄，2004年由于城市规划搬迁至现址，并进行遗址重建，保存现状较好。

表 4-31　名人烈士墓及纪念设施的保存现状

	好	较好	一般	较差	差
祁连县烈士纪念苑	√				

名人烈士墓及纪念设施被破坏的自然原因有其他自然因素；人为原因有其他人为因素（表4-32）。

表 4-32　名人烈士墓及纪念设施被破坏的原因

	自然原因	人为原因
	其他自然因素	其他人为因素
祁连县烈士纪念苑	√	√

（六）其他遗址的保存现状及被破坏原因

调查队新发现的小拉洞化石点（表4-33，图4-32），将其归为古遗址中的其他类别，由于遗址上被草场和庄稼覆盖，保存现状一般。被破坏的原因有其他自然因素和其他人为因素（表4-34）。

表4-33　其他遗址的保存现状

	好	较好	一般	较差	差
小拉洞化石点			√		

图4-32　小拉洞化石遗址点发现的化石（戚宝正　摄）

表4-34　其他遗址被破坏的原因

	自然原因	人为原因
	其他自然因素	其他人为因素
小拉洞化石	√	√

二、物质文化资源存在的问题

1. 古遗址存在的问题

对古遗址保护和发展工作认识不到位，制约了历史文化的弘扬与文化基因的传承，这是首要的、也是最突出的问题（宋宣霈，2019）。祁连山国家公园青海片区内和公园边界处的古遗址存在的普遍问题是政府对历史文化遗迹的重视程度不够高，部分古遗址周围未设置保护标志和保护范围，有些保护标志字迹不清晰，比如克图古城有保护标志但字迹不清晰。加上自然环境变迁和恶化，使得很多古遗址损坏加剧，且没有及时地进行修缮，比如油葫芦寺旧址被破坏后没有得到修缮。随着时间的推移，越来越多的古遗址不堪环境改变和人类活动所带来的伤害，面临着被破坏与消失的命运（赵作珍，2017）。人类作为古遗址的保护者，大多数人对古遗址的认识不够，保护思想不到位，部分遗址内杂草丛生，部分区域有牧民居住，被开垦为农田或牧场圈养牲口，牛羊转场对遗址的破坏较大。

2. 古建筑存在的问题

祁连山国家公园青海片区内和边界处的古建筑存在的普遍和共同问题对发扬古建筑文化具有重要的社会意义（王其亨等，2006）。在古建筑保护研究过程中，测绘资料档案是深入研究保护方案的前提，尤其是保护测绘，可准确判断建筑物目前被破坏程度，测绘资料常被作为技术档案保存，为日后的修复、重建提供可靠的依据。古建筑测绘对于保护文化遗产、研究建筑史有重要价值（李文强，2017）。但是部分搬迁的古建筑在档案中没有实时更新，旧址的保护不到位。祁连山国家公园青海片区内和公园边界处的古建筑存在的普遍共同问题较少，只有部分古建筑存在被破坏严重未得到及时有效的修缮。保存较好的古建筑大部分为清真寺或者藏传佛教寺院，因为经常做礼拜，有僧人看守，所以人为破坏不严重，保存完整，问题相对较少，但也存在因时间推移受自然原因的影响，建筑物陈旧缺乏及时修缮和翻新，以及没有准确的、定时更新的测绘资料和档案等问题。破坏严重的古建筑因为古建筑周围人口稀少，宗教活动较少，再加上牲口踩踏，年久失修，寺院破败不堪，如班固寺就存在这种问题。

3. 古墓葬存在的问题

大多古墓葬都存在于较为偏远的山上或者乡村，管理难度较大。由于大规模经济建设和资源开发，不法犯罪分子为了钱财私自盗窃地下古墓葬中的文物，使得古墓葬遭到很大程度的破坏。古墓葬地处地下，对地下文物和古墓葬的保护过程中很难有保护方法的创新，过去建立的保护机制也不太适合今天古墓葬的保护。严重缺乏科学有效的古墓葬保护机制是古墓葬面临的最严重的问题。祁连山国家公园青海片区内和公园交界处的古墓葬存在的普遍问题是没有划定保护范围，墓葬周围杂草丛生，墓葬上面开垦为耕地，盗掘乱挖现象严重。

4. 石窟寺及石刻存在的问题

石窟寺及石刻存在的问题有石窟寺风化病害危害程度评估标准的基础问题、水患渗流网络的精细探测关键技术问题、风化病害防治与本体修复适宜材料体系设计及应用技术效果评估问题（王金华，2021）。当地牧民在放牧和游客参观时经常在石窟寺的石头表面乱写乱画，石板上刻有藏传佛教经文需要进一步加强保护。缺乏人为保护措施，防止遗址遭受自然因素的破坏，比如未设置防止雨水冲刷的顶棚等。岗龙沟石窟寺和油葫芦寺石经墙面临风化病害的威胁，石窟寺的风化营力除了自然风化营力，还有人类活动造成的微环境改变等（王金华，2021）。岗龙沟石窟寺和油葫芦寺石经墙地处青藏高原东北缘祁连山，地带昼夜温差大，大风天气多且集中的自然环境无法改变。

三、物质文化资源的保护措施

1. 发挥研究对保护的作用

研究工作在物质文化遗迹的保护过程中占有相当重要的地位，一切保护管理工作都以此为基石。保护和研究相互依存，不保护就无从研究，不研究也失去了保护的意义（陈淳和顾伊，2003）。龚彦俊等认为可借鉴英国经验，从法律法规、管理决策、居民权益等方面提高和保障公众参与文化遗产保护的认知水平（龚彦俊和王立新，2020）。祁连山国家公园青海片区内和边界处古遗迹的保护需要借助专业的研究工作进行，如联合省文物局、州县文旅局及博物馆、科研工作者研究古遗迹的价值并发现存在的问题，由相关部门及时解决古遗迹保护方面的问题，使古遗迹得到更好地保护与开发利用。

2. 实行古遗迹保护区划

文物保护单位的保护范围是一个地理概念，是在文物保护单位的周围划出一定的区域,旨在保护该文物保护单位的安全和历史环境不受破坏(中华人民共和国文物保护法实施条例，2013）。对祁连山国家公园青海片区内和边界处古遗迹的保护需要合理地划分保护范围，并进行相应地管理，如在古墓葬、古遗址、近现代建筑的周围科学合理地划分保护区，规定保护区内严禁放牧、种植等活动。

3. 设置保护标志

树立保护标志，进一步加强保护；设置网围栏和保护界桩，防止人为破坏；禁止牧民在城内放牧、修圈；禁止人为破坏和牲畜踩踏。对保护标志不清晰、未设置、被破坏、遗失等现象，可及时地设置保护标志和保护界限，对保护标志字迹不清楚的，可及时更换保护标志。

4. 定期调查与及时修缮相结合

《文物保护工程管理办法》指出：文物保护工程是指对核定为文物保护单位的和其他具有文物价值的古文化遗址、古墓葬、古建筑、石窟寺和石刻、近现代重要史迹及代表性建筑、壁画等不可移动文物进行的保护工程（国家文物局，2003）。在文物保护单位受到外界破坏或威胁时，往往需要采取相应的保护工程进行直接或间接地保护。保护工程可以分为保养维护工程、抢险加固工程、修缮工程、保护性设施建设工程、迁移工程等。古遗迹随时随地都在经历着自然和人为原因的破坏，所以需要对古遗迹进行定期排查，更新保存的现状，发现存在的问题，并根据发现问题采取相应的修缮措施。如州县文物管理局可以成立相应的小组对古遗迹进行定期排查并负责修复工作。许多考古遗址位于交通不便的地区，远离主要道路网络和城市地区，可结合卫星遥感技术和地理信息系统，对影响文化遗产资源保护的人为和自然灾害因素进行监测（Hadjimitsis et al., 2013）。

5. 完善古遗迹保护的相关法律法规

通过地方立法加强古遗迹保护工作，随着古遗迹保护管理工作的不断积累，相关条例内容要不断细化。同时，面对古遗迹保存现实情况，要与时俱进提出新举措、新要求，进一步完善体制机制（宋宣霈，2019）。人们对保护非热门旅游景点的古遗迹意识越来越淡化，尤其是对于没有人看管的古遗迹，认为没有任何价值，随意破坏古遗迹，殊不知很多古遗迹都承载着人类文明的发展而延续至今（蔡毅科，2019）。对此各州县需结合该州县古遗迹的分布特点等实际情况，并结合国家文物保护法，制定适合自身古遗迹保护的相关法规。

6. 培养当地民众保护古遗迹的思想

对古遗迹附近的居民进行古遗迹保护思想教育，提高当地民众对古遗迹保护的重要性认识，增强全社会的文化遗产保护意识。各级各类文化遗产保护机构要经常举办展示、论坛、讲座等活动，使民众更多地了解古遗迹的丰富内涵。教育部门要将优秀古遗迹相关内容和保护知识纳入教学计划，组织参观学习活动，激发青少年热爱古遗迹的热情。各类新闻媒体要通过开设专题、专栏等方式，介绍古遗迹的保护知识，大力宣传和奖赏保护古遗迹的先进典型案例，及时曝光破坏古遗迹的违法行为及事件，发挥舆论监督作用，形成保护古遗迹的良好氛围。

第 五 章

红色文化资源的调查、分布及现状

红色文化资源是在特殊的历史时期形成的资源，也是在特定的历史时期留下的宝贵财富。渠长根在《红色文化概论》中指出，"红色文化资源包含着丰富的理论内涵和时代价值，是中国共产党领导中国人民在新民主主义革命、建设和改革时期所留下的宝贵财富。通过对文化与红色二者之间的关联分析，阐释了红色文化的构成、形成发展和功能，以及红色文化精神和红色资源的重要历史价值和教育功能"。

祁连山国家公园具有浓厚的文化底蕴，红色文化是祁连山国家公园的主导文化之一。红色文化凝聚了中国共产党人、先进分子和人民群众共同创造极具中国特色的先进文化，蕴含着丰富的革命精神和厚重的历史文化内涵。因此，红色文化资源作为红色、文化、资源这三个概念融合形成的概念或范畴，有着非常深刻的含义，丰富了时代的发展。

第一节 红色文化资源的调查

一、红色文化的内涵

红色文化即中国共产党领导中国人民在革命战争时期所进行的革命活动及其结果所代表的先进文化。红色文化资源是在红色文化的基础上突出了红色文化的价值，其具备三个核心要素，即灵魂是革命精神与革命传统，关键点是红色文化与资源，显著特征是原生性和衍生性。红色文化在中国共产党领导下进行的新民主主义革命时期、社会主义革命和建设时期、建设中国特色社会主义等各个历史时期不断地形成、发展、积淀、丰富及创新。所以红色文化资源的价值是丰富的，种类是多样的，需要我们不断地开拓和创新。

二、红色文化资源的类别

祁连山国家公园中的红色文化资源蕴含着丰富的时代内涵和理论价值，红色文化的梳理应以革命历史活动为主，兼顾事件的人物、发生时间、空间维度、精神传承及物质载体。经过整理汇总发现，片区内的红色文化资源共有如下类别：

1. 红色建筑类

包括博物馆、纪念堂馆、烈士陵园、碑亭台柱、纪念广场、纪念雕塑、园林景观、牌坊塔祠。

2. 红色事件类

包括党的建设、政权政务、经济财贸、群众运动、文化、教育、体育、卫生、统战工作、理论创新、军事斗争、国际运动。

3. 红色人物类

包括具有较高的知名度和社会声望、担任重要职务且在历史事件中有重要作用的人物。

4. 红色精神类

包括思想理论、精神信仰、理想信念、观念观点、伦理道德、意志品格、情感情操、价值观。

第二节　红色文化资源的分布

一、红色文化资源的分布

通过对祁连山国家公园青海片区内及邻近区域的红色文化资源进行系

统整理，发现有烈士陵园 2 处，纪念堂馆 1 处及军事斗争 8 处（图 5-1，表 5-1）、烈士名录 5 份、革命烈士及人物传记若干。

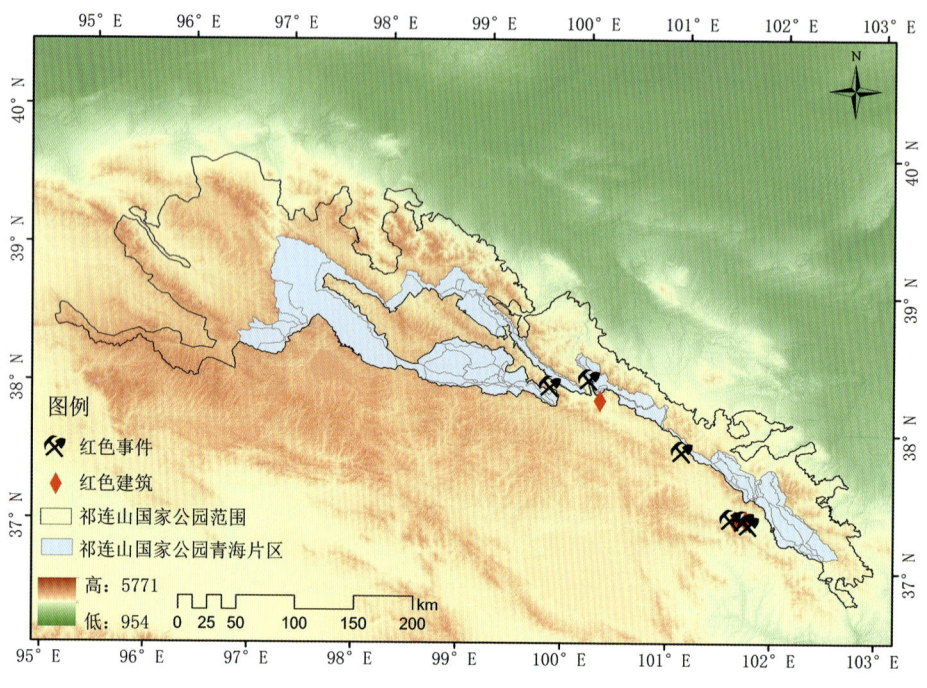

图 5-1　祁连山国家公园红色文化资源分布图

表 5-1　祁连山国家公园红色文化资源

名称	所在地	所属大类	所属小类	等级	保护现状
祁连县烈士公祭奠园	祁连县	红色建筑	烈士陵园	省级	好
门源县革命烈士陵园	门源县	红色建筑	烈士陵园	其他	好
门源县泉口镇旱台民兵连	门源县	红色建筑	纪念馆	其他	好
西路军左支队转战祁连行军路线	祁连县	红色事件	军事斗争	其他	较好
祁连县黄番寺战斗遗迹	祁连县	红色事件	军事斗争	其他	一般
峨堡景阳岭红色遗迹	祁连县	红色事件	军事斗争	其他	一般
俄博会见	祁连县	红色事件	统战工作	其他	一般
祁连县野牛沟乡油葫芦河战斗遗迹	祁连县	红色事件	军事斗争	其他	一般
门源"十月匪乱"及平息情况	门源县	红色事件	军事斗争	其他	一般
门源县泉口镇旱台村磨尔沟战斗遗迹	门源县	红色事件	军事斗争	其他	一般
门源县阴田乡前河滩战斗遗迹	门源县	红色事件	军事斗争	其他	一般
门源县浩门河战斗遗迹	门源县	红色事件	军事斗争	其他	一般

二、红色纪念建筑类文化资源介绍

红色纪念建筑类主要包括博物馆、纪念堂馆、烈士陵园、碑亭台柱、纪念广场、纪念雕塑、园林景观、牌坊塔祠等在内的，当年为纪念重大事件和缅怀英烈而建的各类建筑，以及革命胜利后所建造的供人们瞻仰凭吊的纪念建筑。片区内的红色建筑均为新中国成立后修建，保存状况良好，集中分布在门源县和祁连县。具体介绍如下：

（一）祁连县烈士公祭奠园（又称红西路军解放军二军纪念苑）

祁连县烈士公祭奠园于 2010 年 7 月 14 日建成并使用，占地 15 亩，投资 650 万元，由纪念碑、纪念广场、浮雕墙、廉政长廊和纪念馆等组成（图 5-2）。此纪念苑为祁连县集爱国主义教育、理想信念教育和红色旅游为一体的教育基地。

图 5-2　祁连县烈士公祭奠园

纪念碑是纪念苑的标志性建筑，整个纪念碑由碑顶、碑身、浮雕碑座、纪念碑基座和四方位台阶组成。纪念碑总高度为 19.36 m，象征着中国工农红军西路军从 1936 年 11 月开始西征河西走廊，经过半年多艰苦卓绝的斗争，终于翻越祁连山西进至甘新交界的星星峡，迎接革命的曙光，回到了党的怀抱。碑顶四面镶嵌有鲜红的五角星，象征着中国人民的革命事业如红星照耀大地，光耀千秋。纪念碑碑身正面镌刻着毛体书法的八个大字：革命英烈永垂不朽。碑身背面镌刻着中共祁连县委、祁连县人民政府撰写的碑文（碑文略）。浮雕碑座四面按顺时针方向分别雕刻着四幅影雕作品：《飞雪祁连山》《黄番大战》《俄博会见》《解放祁连》。纪念碑基座四周按东、南、西、北四个方位分布有四个台阶，分别象征着红西路军的五军、九军、三十军和中国人民解放军一兵团（图5-3）。

图5-3　祁连县烈士公祭奠园烈士纪念碑

廉政长廊采用廊檐式结构建筑，琉璃瓦屋面凸显了我国民族建筑的风格。在长廊的廊厅上方，摘录书写了党的三代领导人对廉政建设的经典语录，中间配有反映祁连秀美风光的国画，使之与廊厅、廊檐、廊柱浑然一体，相得益彰。长廊中部悬挂着具有中国古典文化理念和古代法理象征的钟模，取警钟长鸣之意，以时刻警醒人们。

浮雕墙由鲜红的中国工农红军西路军军旗、八一军旗和红旗组成了主体部分，下方配有苍翠的松枝，军旗上配有象征前进的军号。整个精神墙呈现给人们的意义是：勤劳勇敢的祁连各族人民深切缅怀革命英烈的丰功伟绩，在党的领导下沿着先烈们用鲜血铸就的革命道路继续奋勇前进的精神意志。

纪念苑由三个展区组成，分别是红西路军展区、解放军一兵团二军及三军骑兵团展区。

（二）门源县革命烈士陵园

为悼念 1949 年 12 月平息门源匪乱和在以后的剿匪中牺牲的烈士，在县城东门外原"马公祠"旧址上修建了革命烈士陵园。1950 年 3 月，门源县各族各界人民代表大会敬立石碑 4 座，上书"为各族人民而牺牲的烈士永垂不朽"。碑面记述了 1949 年平定匪乱斗争中为彻底解放门源人民而献身的革命烈士的英勇事迹。陵园有守护房 3 间，园内外植树 1 000 余株，并种植各种花草，园景庄重秀丽，肃穆雅静。

1987 年 7 月，门源县人民政府决定重新修建烈士陵园，将原烈士陵园迁至浩门河南面城临水苍松涌翠的小照壁山北麓。占地面积 58 亩，围墙 700 m，围栏 120 m，大门一座，门顶写有"门源县烈士陵园"7 个大字，建值班室 45 m²，派专人守护（图 5-4）。烈士墓分左右两侧，各侧砌砖葬墓，各墓葬均有墓碑。墓群西侧有石碑一通，详细记述着烈士们的生平和为保卫人民政权而英勇献身的英雄事迹。两边墓前各栽有一排小松树，陵园中心竖立高达 21 m 烈士纪念碑一座，呈四面梯形立柱体，红白两色水刷石面，正面刻有行书竖文"革命烈士永垂不朽"八个大字，下方有门源匪乱事件及烈士牺牲情况的概要碑文（图 5-5）。纪念碑前竖立刻有"为各族人民殉职烈士永垂不朽"石碑一座。纪念碑东、西两侧建六角亭，内竖石碑，分别刻有"西路红军牺牲烈士的精神永垂史册"和"解放战争革命烈士纪念碑"题词（图 5-6）。纪念碑前水泥坪台 600 m²，浆砌护坡 40 m³，台阶 14 层。每年清明节，门源地区机关职工、学校师生、部队战士会前来扫墓，悼念革命先烈。

图 5-4　门源县烈士陵园

图 5-5　门源县烈士陵园烈士纪念碑

图 5-6　门源县烈士陵园西侧六角亭内石碑和墓群西侧石碑

（三）门源县泉口镇旱台民兵连

泉口镇旱台民兵连的前身是 1950 年成立的旱台民兵自卫队，最初由 4 人组成，1951 年发展到 33 人，并正式纳入门源民兵武装编制。1957 年连队扩编为 3 个排 9 个班，共 75 人。其后根据上级军事工作的要求，连队进行多次整编，2002 年撤乡并镇后改建为泉口镇旱台民兵连，编为 3 个排 9 个班，共 127 人。目前基层民兵共 43 人，普通民兵编制为 5 个排 15 个战斗班，14 个炊事班，共 160 人。门源建政初期，民兵成为人民民主专政的骨干、集体财产的保卫者。1950 年，门源地区的匪徒被人民解放军击溃后，化整为零，逃进祁连山，企图与人民政府长期对抗。因祁连山地形复杂，易于藏身，不利于大部队进剿，门源县人武部便组织旱台乡自卫队 20 人，转战祁连山，行程 2 000 余千米，战斗 80 余次，活捉匪首，击毙匪徒多人，被西北军政委员会授予"为民除害"英雄锦旗一面。

1951 年，硫磺沟战斗中击毙匪徒 3 人，缴获羊 800 多只，牛、马 200 多头（匹），帐篷 3 顶，并解救出被匪徒绑架的青石嘴红牙合村农会主任的儿子。1952 年大沟脑战斗擒获匪徒 2 名，击毙匪徒司令董云雾。同时，连队代表应邀赴北京参加了民兵检阅和国庆观礼。1999 年，被青海省委、省政府、省军区授予"高原模范民兵连"荣誉称号（图 5-7）（田生宁和边耀三，2004）。

图 5-7　门源县泉口镇旱台民兵连

三、红色事件及人物

红色事件是指党的建设、政权政务、经济财贸、群众运动、文化、教育、体育、卫生、统战工作、理论创新、军事斗争、国际共运等；红色人物是具有较高的知名度和社会声望、担任重要职务且在历史事件中有重要作用的人物。通过走访党史部门和实地调查，共整理红色战斗遗迹 6 处和革命烈士名录 5 份。另从文献中摘录出革命烈士、地方绅士及为社会建设做出突出贡献的人物事迹若干。

（一）西路军左支队转战祁连行军路线

1936 年 10 月，中国工农红军第一、二、四方面军胜利会师后，红四方面军总部及第三十军、九军、五军等共 21 800 余人，奉中央军委指示，西渡黄河执行宁夏战役计划。由于形势的变化，宁夏战役计划终止。11 月 11 日，中共中央和中革军委命令河西部队组成西路军，向河西走廊进军。西路军广大指战员坚决执行中央命令，先后转战古浪、永昌、山丹、甘州、临泽、高台、肃南等地，与五倍于我军的国民党敌军浴血奋战，终因寡不敌众，在河西走廊遭受重创（董汉河，2007）。

　　1937 年 3 月，红西路军左支队由李先念、李卓然率领，从肃南祁连山北坡的青达坂深夜翻越冰峰，到达祁连山南麓夹道沟黄番寺地区（黄番寺战斗的遗迹应当位于黑河峡谷，现在的黄藏寺村，原有一座裕固族游牧部落建的藏传佛教寺院黄番寺，后来随着部落搬迁到了距此村 13 km 左右的黑河夹道沟谷地，寺名仍叫黄番寺），并在这里打响了黄番寺战斗。利用黑河峡谷的有利地形，西路军击退了搜山追剿的敌军向西继续前行（图5-8）（张大巍，2010）。

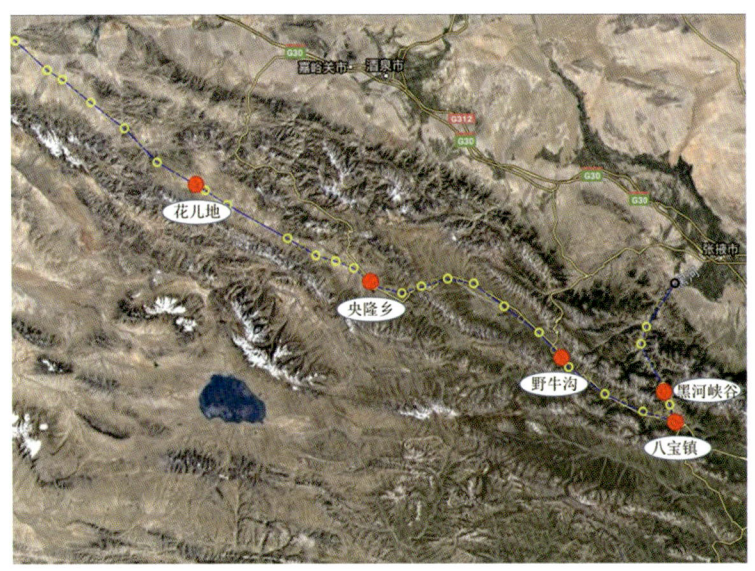

图 5-8　西路军左支队转战祁连行军路线

　　西路军左支队在黄番寺击退追兵之后，获得了少量补给和短暂休整，继续沿祁连山南麓向西行进前往央隆。这一段是托勒南北山间宽阔的草原，有牧人、牛羊和野生动物，最大的问题是没有盐。

　　西路红军由野牛沟再向西行经央隆（途经沙龙滩），再从央隆穿过托勒河流域到达疏勒河流域的花儿地（花儿地属青海省海西州天峻县苏里乡）。对一路西行的西路红军左支队而言，花儿地确实是福地，唯一一部损坏的电台在这里居然修好了，与支援西路军的首长和中央军委取得了联系，得到了前往星星峡的明确指令！这部电台在随后的安西、红柳园战斗中再次被损毁。而那时，左支队在最后的战斗中人员又损失过半，仅剩400 多人的队伍最终向星星峡奔去。1937 年 5 月 1 日，西路军左支队胜利到达甘新交界星星峡，中共中央派陈云、滕代远到星星峡迎接。自 1936 年 11 月至 1937 年 5 月，红西路军在极其困难的条件下连续奋战半年之久，歼敌 25 000 余人，对配合河东红军战略行动、推动西安事变和平解决起了重要的作用（赵建军，2004）。

（二）祁连县黄番寺战斗遗迹

1937 年 3 月 14 日，红石窝山会议结束后，西路军左支队在李先念的带领下，从肃南祁连山北坡的青达坡深夜翻越冰峰，到达祁连山南麓夹道沟黄番寺地区，并在这里打响了黄番寺战斗（图 5-9）（潘家峡与黑河峡谷交汇处，今黑河黄藏寺水利枢纽工程项目区）。我军利用敌骑兵无法展开的黑河峡谷有利地形，击退了搜山追剿红西路军的杂马队。战斗中英勇无畏的红军战士击伤敌营长，击毙敌连长、循化民团大队长、副大队长，击毙、击伤多名敌人。此役是西路军在祁连山区的最后一战，也是西路军兵败河西之后，唯一一场主动出击，并取得完胜的战斗。这一仗终结了匪徒在青海境内的疯狂搜剿行动，极大地振奋了疲惫至极的西路军仅存的近千名左支队官兵走出绝境、走向胜利的信心。

图 5-9 祁连县黄番寺（现今黑河峡谷）战斗遗迹

（三）峨堡景阳岭红色遗迹

1949 年 9 月，中国人民解放军第一野战军一兵团二军完成解放西宁的任务后，在司令员兼政委王震的率领下进军张掖。9月13日，二军前卫十四团翻越海拔3 767 m的景阳岭时，遭遇特大暴风雪（图5-10）。二军的赵洪生、傅保大、李穆等158名战士壮烈牺牲。他们用生命和鲜血换来了人民的幸福，谱写了一首彪炳史册的英雄史诗（祁连县志编纂委员会，1993）。

图5-10　峨堡景阳岭红色遗迹

（四）俄博会见

1949年9月3日，匪徒在青海长达40年的反动统治行将土崩瓦解，残部窜至祁连，肆意劫掠，群众纷纷逃命。9月13日，祁连设治局局长温存永带领职员20人到门源县向人民解放军投诚。受到中共门源县委书记郭力忠的接见，索诺木达细、尕日旦等人专程前往西宁人民解放军军管会，以示致敬。

9月15日，中国人民解放军一兵团王震司令员率二军指战员进军新疆途经俄博，接见阿力克千户南木卡才巷等民族上层人士，藏族人民沿途为部队箪食壶浆，并献给部队牛羊多只及酥油糌粑，王震司令员回赠阿力克部落步枪50多支及部分弹药，敦促尽快组织地方自卫队，保护人民生命财产安全。

王震司令员在王家大院接见了南木卡才巷等人，在座的有马辅臣、马振武、绽福寿和解放军几位高级干部。王震司令员询问了祁连的相关情况后说："你们来得很及时，我们表示欢迎，你们送来的牛、羊我们不能收，我们解放军有'三大纪律''八项注意'，要是收了会违反纪律的。但乡亲们的心意我们领了，我们表示感谢。你们回去后要很好地保护乡亲们，不要叫散兵抢杀掠夺，我代表总司令部留给你们步枪50支，好好保卫地方，不久解放军就会来祁连保护大家的。西宁和门源的解放，也标志着祁连的解放。解放后人民都翻身当家作主，过上好日子。我们明天就要去甘肃，要上新疆。大家等着听好消息吧。"南木卡才巷再三恳请王震司令员收下牛羊。王震司令员说"你们的盛情不可却，我转告司令部叫三军军部收下来好了。"南木卡才巷当即指派曲乎里等人将牛、羊送往张掖三军军部，并按照王震司令员指示从张掖领回枪支弹药。

（五）祁连县野牛沟乡油葫芦河战斗遗迹

1949年9月，当地民众在南木卡才巷等人的带领下，利用人民解放军留下的步枪和弹药，正式组建了阿力克自卫队，并配合三军骑兵团剿灭二寺滩、扎麻什、野牛沟一带残敌，维护了地方安定（图5-11）（门源县县志编纂委员会，1993）。

图5-11　祁连县野牛沟乡油葫芦河战斗遗迹

（六）门源"十月匪乱"及平息情况

新中国成立前，门源地区匪徒横行，抽丁、差夫徭役、横征暴敛屡见不鲜，致使各族贫苦人民怨声载道，深恶痛绝，时刻盼望着解放的曙光。1949年7月，解放军对匪徒残余势力展开了强大的攻势，经过固关、兰州战役，匪徒主力遭到惨重打击，溃不成军，纷纷逃窜。青海未经战役就得到了解放，解放军于9月5日进驻青海省会——西宁，9月10日我一师二团副团长张星垣率一师侦察连、二团侦察排途经桥头、大通县城、广惠寺、卡子沟到达门源，门源宣告解放。长期处在黑暗统治下的门源各族人民终于见到了太阳（祁郁春，2008）。门源各族群众如释枷锁，欢欣鼓舞，并积极迎接和支援解放军开展工作。当我二军进军新疆，途经门源时，以雷光太为首的各族各界群众代表组成了"欢迎解放军委员会"迎接大军，并筹备军马200余匹和大批粮草、柴火给予支援，为支援二军进军新疆做出了很大贡献。

（七）门源县泉口镇旱台村磨尔沟战斗遗迹

宋信忠和张二小带领部队进入磨尔沟东台时，遭到伏击，经两小时激战，终因地形不利，敌我力量悬殊，宋信忠、张二小等18人当场英勇牺牲（图5-12）（田生宁和边耀三，2004）。

图5-12　门源县泉口镇旱台村磨尔沟战斗遗迹

（八）门源县阴田乡前河滩战斗遗迹

1949年12月7日，在门源县阴田乡前河滩地区，驻守官兵与匪徒残部发生激战（图5-13）（门源县县志编纂委员会，1993）。

图5-13　门源县阴田乡前河滩战斗遗迹

（九）门源县浩门河战斗遗迹

1952年5月17日，解放军押送匪徒涉渡浩门河时，在浩门河瓜拉大桥附近遭到残匪袭击（图5-14）（门源县县志编纂委员会，1993）。

图5-14　门源县浩门河战斗遗迹

（十）红色人物

战火纷飞的年代，当地涌现出了一大批革命志士，他们与敌人顽强斗争，抛头颅、洒热血，用自己的血肉之躯阻挡了敌人前进的脚步，熊厚发、翟鸿儒、张发亮……每一个名字的背后，都有一段可歌可泣的动人故事。革命先烈们虽然已离我们远去，忠骨长眠，但我们应牢记历史，不忘先辈们的光荣形象与英勇事迹，并将他们伟大的爱国精神发扬光大。

园区内的红色人物故事和革命烈士名录详见附录五。

第三节　红色文化资源的现状、存在问题及保护措施

红色文化资源作为中华民族优秀文化资源的重要组成部分，承载着厚重的革命精神和时代精神，它是广大革命先烈带领人民群众在民主主义革命、社会主义建设和改革开放的过程中积累的精神财富，同时也是新时期引领各族人民创造美好生活的思想引擎。

首先，红色精神传承具有重要性。我国各大红色资源基地以重大纪念活动为契机，开展多种形式的红色主题教育活动，弘扬中国传统优秀文化和中国精神。一方面，可以促进当地红色文化的宣传和推广，使广大民众潜移默化地接受红色教育，培养爱国情怀。另一方面，有利于建设培养一批红色文化研究、规划、设计、经营、管理的专门人才，从而塑造出一批高素质的红色文化发展领军人才队伍。

其次，红色遗址建筑具有不可复制性。红色遗址建筑是在漫长的岁月长河里，经历过红色革命事件后的地点，以及专门建设的具有纪念意义的建筑，具有极强的代表意义和地域色彩，是当地革命精神和红色文化的独特象征和现代体现，是一般文化艺术建筑所不能替代和表现的。

最后，红色资源的开发利用具有关键性。红色资源在地方应受到相关单位及负责人的重视和高度关注，以此为媒介开展一系列科普及教育活动，

吸引地区内外乃至国内外游客前来参观和瞻仰，充分发挥其教育价值，弘扬革命精神，展现其独特的魅力。

一、目前存在的问题

1. 红色建筑

祁连山国家公园青海片区内共有烈士陵园 2 处，纪念堂馆 1 处，当下面临的主要问题集中在宣传力度不大、开发深度不够、维护修缮不足等三个方面。

（1）地方文教单位对红色建筑的宣传力度不大。红色建筑是当地革命文化的凝练和革命精神的传承，是重要的地方性红色教育媒介和红色旅游景点，具有极高的开放性、公益性和重要性。通过调查，了解到当地红色建筑存在宣传不到位的现象，红色建筑内的参观人数少，且部分红色建筑大门紧锁，需要请示联系相关负责人方可进入参观。由此可见，其开放性和公益性未能得到很好的体现，不利于广大民众进行参观学习和接受教育。

以门源县泉口镇旱台民兵连为例，泉口镇旱台民兵连其前身是 1950 年成立的旱台民兵自卫队，最初仅由 4 人组成，后来逐渐壮大，多次参与剿匪，立下了赫赫战功。1952 年，连队代表赴北京参与国庆阅兵，1999 年被青海省委省政府省军区授予"高原模范民兵连"荣誉称号。该连队的光荣事迹只在本地具有一定的宣传效应，外地各级单位鲜有人知，因此建议泉口镇以旱台民兵连为核心，开展相关文化宣传工作，促使其英雄精神和光荣历史发扬光大。

（2）地方文教单位对红色建筑的开发深度不够，开发方式单一。当前的红色建筑开发方式主要集中在单一的游客自行参观浏览，缺少专业的讲解员，没有互动性活动的设计和实施，对游客的自身知识储备有较高的限制，不利于了解其中的革命文化，学习其中的革命精神。相关单位应拓宽红色资源开发方式、强化革命教育活动设计、提高游客实际参观体验程度，从而实现对红色建筑的深度开发。

（3）当地政府及相关部门对部分红色建筑的维护修缮有所不足。部分红色建筑在建成后由于长期缺乏清扫和修缮等后期维护处理工作，出现了裂痕、掉漆、生长杂草等现象，如门源县革命烈士陵园，整体保护情况较好，个别纪念碑旁存在缺砖少瓦和杂草丛生的问题。

2. 红色战斗遗迹

根据调查人员的考察与调研结果，红色战斗遗迹当前面临的主要问题有位置不明确、保护不充分、宣传不到位等三个方面。

（1）大多红色战斗遗迹的位置不明确。由于在当地地方志及其他相关文献中没有对部分战斗遗迹地址的详细记载，通过对政府相关单位负责人和当地居民的访问，也未能获取具体位置，因此调查人员只能结合实际地形等环节特征，确定其大概方向和位置。同时，当地也未建立具体地标，标志性不强，这在客观上对战斗遗迹的寻找、开发和保护都增大了难度，如阴田乡、油葫芦河、浩门河等红色战斗遗迹，都有此类问题的存在。

（2）大多乡镇对红色战斗遗迹的保护措施不充分。通过走访和调查，发现多处红色战斗遗迹现在或已被开发成农田，或未开发留滞为荒地，且没有具体的标志性示意物，难以辨别其准确位置，只能参照当地老人的语言描述帮助判断，如门源县泉口镇旱台村磨尔沟战斗遗迹，现在已成为农田，没有竖立具体地标，为调查人员确定位置带来了很大不便。

（3）地方文教单位对红色战斗遗迹的宣传不到位。大多当地文教单位普遍存在对红色战斗遗迹的重视度不够、关注度不强、宣传力度不到位等问题。以黄番寺大战为例，其流传范围仅局限在祁连县城内部，当地文艺工作者为纪念此战争的光辉历程，以舞台剧的形式进行展示，达到了一定的宣传、科普、教育效果，但附近州县民众却鲜有人知，辐射范围不广。因此，当地文教单位及其负责人可以此作为媒介，加大宣传力度，让祁连的红色精神被更多人了解和熟知，提升当地红色文化教育的地位。

二、拟解决的措施

1. 推进"调查—保护—开发"理念，深挖红色精神

红色文化资源是区域内珍贵的文化史料，也是独特的旅游资源。当地有关部门应立足本土资源，先"摸清家底"，加强对红色资源尤其是对红

色战斗遗迹的位置、范围和事迹进行调查；在此基础上，给予恰当的保护措施，并进行合理的位置标识，如设立纪念碑等，有利于红色资源的开发和宣传；建议不断深化"红＋绿"资源开发思路，促进红色文化和生态教育相结合，在青海当地丰富的生态资源的基础上，融合红色文化资源和思政教育，丰富当地文化资源的类型和覆盖面，从而延长区域内的相关产业链，促进经济持续正向发展，提高人民的生活品质。

2.扩大红色文化覆盖面，提升宣传力度

所属部门及政府相关单位应该加大宣传力度，强化其科普教育功能，提高其知名度和认知度，增强其在广大群众中的流传程度。红色建筑具有难以移动、稳定性强和区分性高等特点，通过对红色建筑的宣传和推广，有利于当地城镇进行政治教育，推广红色革命精神，以此提升区域特色文化知名度，树立红色教育品牌效应。

3.丰富红色教育开发方式，促进体验感受

促进"研学＋旅游"双向发展，开发具有地域代表性的体验活动，不断提升游客主观感受，促进红色资源和红色精神的宣传和推广。当地文教单位可通过提前制定研学方案、旅游规划、路线安排等，强化当地红色旅游的前期建设，以此为基础在不同宣传媒体上进行合理性推广，建议融合抖音、小红书、火山小视频等短视频平台，促进红色资源认知程度的提升，提高游客、学生、学者的参观人数和比例，以此增强大众对红色资源的了解。

第 六 章

公共文化设施的调查、分布及现状

第一节　公共文化设施的调查

一、野外实地调查

按照全面、科学、重点突出的原则，首先从野外实地调查着手对祁连山国家公园青海片区核心区及周围区域的公共文化设施进行详细调研，按照调查的可操作性及距离远近，先后前往门源县、祁连县、天峻县、德令哈市开展实地调查，主要获取公共文化设施的具体地理位置、类别、修建年份、所有权、数量、使用情况、级别、占地面积、结构、形状、用途等信息，同时展开拍照等工作。

二、室内资料整理

在野外调查获取祁连山国家公园青海片区范围各县级公共文化设施基本信息的基础上，对境内的公共文化设施基本信息进行初步整理与归纳。首先将各公共文化设施地点空间制图进行可视化表达，分析其空间分布特征，归纳其与河流分布等的规律；其次整理出县级、乡级公共文化设施类型与数量，对其具体信息做柱状图进行可视化表达；最后详细统计每个县级、乡级公共文化设施的具体状况。基于前述工作，梳理祁连山国家公园青海片区内公共文化设施现阶段存在的主要问题，提出下一步应采取的保护措施，并对祁连山国家公园青海片区的公共文化设施进行合理评价，以期为后续可持续开发、利用与管理提供详实的建议。

第二节　公共文化设施的分布

一、总体分布特征

通过对祁连山国家公园青海片区核心区与边缘区（包括门源县、祁连县、天峻县、德令哈市）的公共文化设施的详细调查表明，该区域只分布有村级综合性文化服务中心（以下公共文化设施仅指村级综合性文化服务中心），而未见科技馆、纪念馆、剧院、体育场馆、青少年宫、美术馆、文化活动中心、电影院、文化馆、老年人活动中心等公共文化设施。

在空间分布上，公共文化设施主要呈现东部地区集中分布，中部稀疏，而西部则没有公共文化设施的特征。更具体地说，祁连山国家公园青海片区公共文化设施呈现东部密集分布的点状特征，中部地区沿河谷地区呈线状分布，西部地区没有公共文化设施的分布（图6-1）。

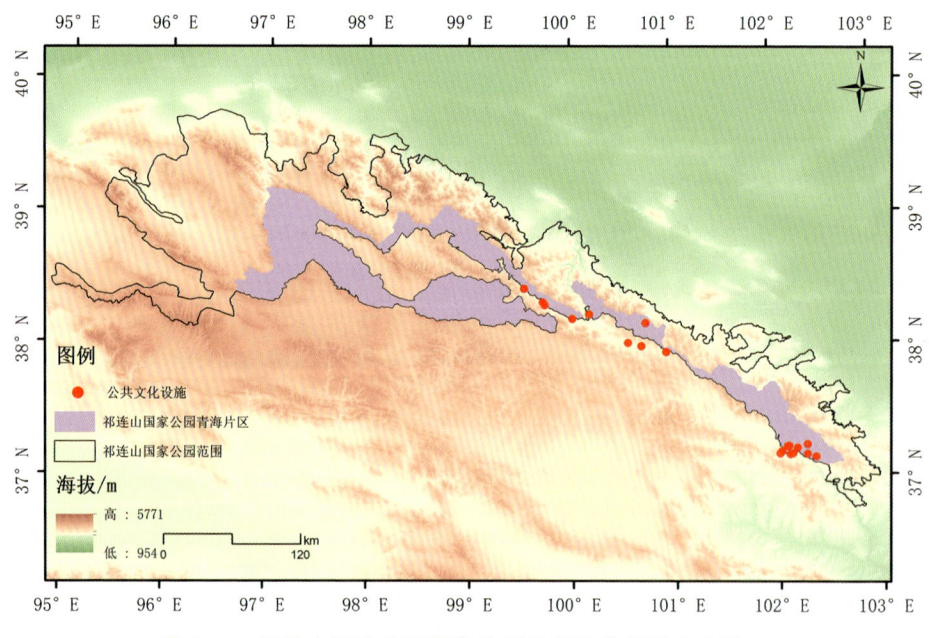

图6-1　祁连山国家公园青海片区公共文化设施分布状况

　　在海拔分布上，公共文化设施海拔分布范围较集中，介于 2 498.0～
3 391.3 m，平均海拔相对较低，为 2 800 m。显然，公共文化设施的海拔
分布范围也是现代人类活动的主要范围，在该海拔范围内多处于地势较和
缓的河谷及河流交汇处，体现出人类活动与自然环境状况密切相关。同时
受祁连山自然环境条件所限，高海拔地区地势陡峭，气候更为寒冷，限制
了人类活动往更高海拔发展。

　　在行政区域分布上，由于天峻县与德令哈市境内只有极少数村庄的夏
季放牧点分布在祁连山国家公园青海片区核心区和一般控制区，而这些放
牧地点通常不固定且较为分散，故在祁连山国家公园青海片区核心区及边
缘区的天峻县、德令哈市区域未发现公共文化设施。最终，对祁连山国家
公园青海片区核心区与边缘区的公共文化设施调查表明，其主要集中在门
源县和祁连县的 6 个乡镇 19 个村落中（图 6-2）。其中，门源县的公共
文化设施主要分布在仙米乡、珠固乡 2 个乡镇 10 个村落中；祁连县主要
分布在八宝镇、峨堡镇、野牛沟乡、扎麻什乡 4 个乡镇 9 个村落中。

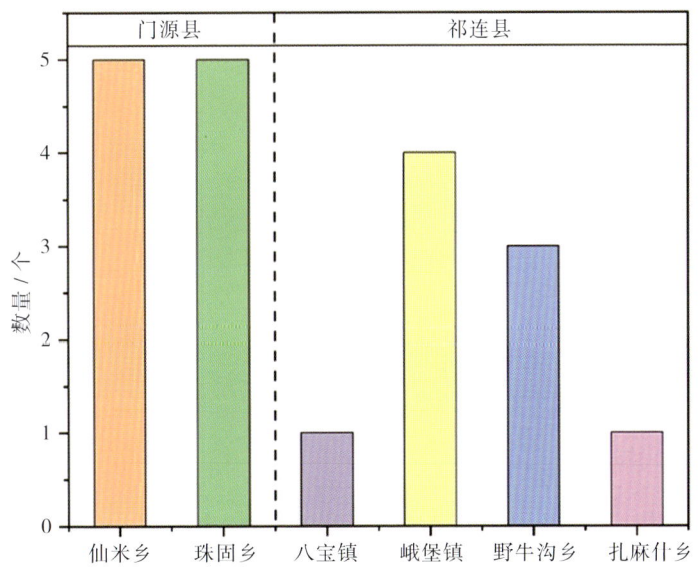

图 6-2　祁连山国家公园青海片区村级综合性文化服务中心行政区域分布状况

　　具体来说，祁连山国家公园青海片区公共文化设施主要分布在门源县
仙米乡下属的达龙村、德欠村、龙浪村、梅花村和塔里华村 5 个村，以及

珠固乡下属的初麻院村、德宗村、雪龙滩村、元树村和珠固寺村 5 个村（表 1）。祁连县则主要分布在八宝镇的夹木村；峨堡镇的白石崖村、峨堡村、黄草沟村、芒扎村 4 个村；野牛沟乡的边麻村、大浪村、大泉村 3 个村，以及扎麻什乡的郭米村（表 6-1）。从进一步的统计对比分析来看，门源县与祁连县公共文化设施的分布数量相差不大，门源县分布有 10 处，而祁连县分布有 9 处。

表 6-1　祁连山国家公园青海片区公共文化设施分布情况

县	乡	数量	村
门源县	仙米乡	5	达龙村、德欠村、龙浪村、梅花村、塔里华村
	珠固乡	5	初麻院村、德宗村、雪龙滩村、元树村、珠固寺村
祁连县	八宝镇	1	夹木村
	峨堡镇	4	白石崖村、峨堡村、黄草沟村、芒扎村
	野牛沟乡	3	边麻村、大浪村、大泉村
	扎麻什乡	1	郭米村

二、公共文化设施详细介绍

（一）门源县公共文化设施分布概况

如前所述，祁连山国家公园青海片区及边缘区域的村级基层综合性公共文化设施，在门源县主要分布在 2 个乡镇 10 个村落，所有权归国家所有，主要用途是以村委会办公场所以及进行教育的场所为主。门源县内的公共文化设施均位于祁连山国家公园青海片区内部（表 6-2）。下面将介绍祁连山国家公园内门源县的各村落公共文化设施，并进行详尽说明。

1.达龙村综合性文化服务中心

达龙村综合性文化服务中心位于海北藏族自治州门源县仙米乡，达龙村坐落在浩门河南北两岸，距门源县城 70 km、乡政府 22 km 处，平均海拔 2 760 m，地处仙米国家森林公园境内，属峡谷地带，森林覆盖率达 82%。达龙，藏语为"有老虎的地方"，境内有古松苍柏、碧水峭壁、动植物资源较为丰富。

表 6-2　祁连山国家公园青海片区门源县境内公共文化设施详细状况

村名/类别	健身器材	图书室	室外小广场	篮球场	广播设施	公共文化宣传栏	村级综合活动室	党员活动室
龙浪村	√	1	4	3	√	√	√	√
达龙村	√	2	5	1	√	√	√	√
梅花村	√	1	2	2	√	√	√	√
塔里华村	√	1	1	1	√	√	√	√
德欠村	√	1	1	1	√	√	√	√
雪龙滩村	√	1	3	3	√	√	√	√
德宗村	√	1	1	1	√	√	√	√
元树村	√	1	2	1	√	√	√	√
初麻院村	√	1	1	1	√	√	√	√
珠固寺村	√	1	1	1	√	√	√	√

达龙村主要居住着汉族、藏族、蒙古族和土族 4 个民族的居民。达龙村综合性文化服务中心建于 2012 年，该村基层综合性文化服务中心建筑面积 340.5 m²，由于自然原因出现了轻微的腐蚀状况，服务中心包括 2 个图书室（共享工程活动室）、文体活动室、室外文体小广场、科普文化宣传栏、电子屏、篮球场和广播室。这些公共文化设施的主要作用是集宣传文化、党员教育、科学普及、普法教育、体育健身等功能于一体，资源充足、设备齐全、服务规范、供需相适、保障有力，是受人民群众欢迎的基层综合性公共文化设施和场所。

2.德欠村综合性文化服务中心

德欠村综合性文化服务中心位于青海省海北藏族自治州门源县仙米乡。德欠村距门源县城以东 87 km，地处仙米国家森林公园境内。平均海拔 2 850 m，草场资源丰富，畜牧业发展有一定的优势。

德欠村是一个牧业村，主要以畜牧业为主，居住着汉族、藏族、蒙族、土族、回族 5 个民族的居民。综合性文化服务中心建于 2016 年，文化服务中心建筑面积 150 m²，因自然因素有轻微的腐蚀情况，服务中心包括图书室、文体活动室、室外文体小广场、科普文化宣传栏和篮球场（图6-3）。

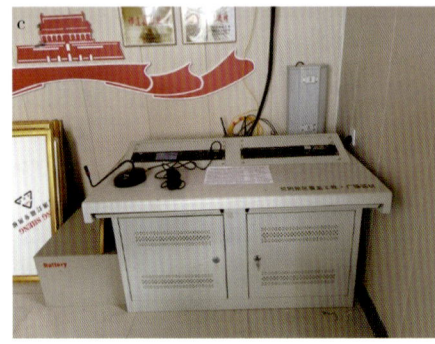

图6-3 祁连山国家公园青海片区公共文化设施部分实物照片
a.图书室；b.健身器材；c.广播站；d.篮球场；e.党员活动室；f.宣传栏

3.龙浪村综合性文化服务中心

龙浪村综合性文化服务中心位于青海省海北藏族自治州门源县仙米乡。龙浪村位于门源县东部55 km的浩门河北岸，地处仙米国家森林公园境内，是一个以农业为主、牧业为辅的行政村，有4个生产合作社。

龙浪村综合性文化服务中心建于2012年，该村基层综合性文化服务中心建筑面积340.5 m²，由于自然原因出现轻微的腐蚀现象，但是房屋整体的保存状况较好，服务中心包括图书室、文体活动室、室外文体小广场、科普文化宣传栏、篮球场和广播室。

4.梅花村综合性文化服务中心

梅花村综合性文化服务中心位于青海省海北藏族自治州门源县仙米乡，地处仙米乡东南部峡谷地带，距县城浩门镇以东 69 km 处，东与珠固乡尕德村接壤，西与达龙村相连，北接本乡塔里华村和德欠村，全村共有 5 个生产合作社，居住着汉族、藏族、土族 3 个民族的居民。

梅花村综合性文化服务中心建于 2012 年，该村基层综合性文化服务中心建筑面积 170 m^2，由于自然原因存在着轻微腐蚀的现象，但总体依然保存良好。梅花村的文化服务中心包括图书室、文体活动室、室外文体小广场、科普文化宣传栏、电子屏、篮球场和广播室。

5.塔里华村综合性文化服务中心

塔里华村综合性文化服务中心位于青海省海北藏族自治州门源县仙米乡。塔里华村是一个牧业村，位于门源县城东侧约 90 km，属仙米乡东南部峡谷地带，东与德欠村相连，西与讨拉村相连，南连梅花村，平均海拔 2600 m。全村共 4 个生产合作社，居住着汉族、蒙古族、土族、藏族、回族 5 个民族的居民。

塔里华村综合性文化服务中心建于 2016 年，该村基层综合性文化服务中心建筑面积 150 m^2，由于自然原因有轻微的腐蚀现象，但总体保存情况较好。服务中心包括图书室、文体活动室、室外文体小广场、科普文化宣传栏、篮球场、电子屏和广播室等公共文化设施。

6.初麻院村综合性文化服务中心

初麻院村综合性文化服务中心位于青海省海北藏族自治州门源县珠固乡。初麻院村地处门源县东部，仙米国家森林公园境内，距县城 87 km，是一个纯牧业村，全村共 3 个社，以藏族、汉族居民为主，其中少数民族居民占比 98%。该村为非贫困村，于 2017 年底实现脱贫。

初麻院村综合性文化服务中心建于 2015 年，该村基层综合性文化服务中心建筑面积 135 m^2，保存状况较好，但由于自然原因有轻微腐蚀的情况。该村综合性服务中心包括图书室、文体活动室、室外文体小广场、科普文化宣传栏、篮球场和广播室。

7.德宗村综合性文化服务中心

德宗村综合性文化服务中心位于青海省海北藏族自治州门源县珠固乡。中心虽因自然原因房屋有轻微的腐蚀状况，但总体保存状况较好。中心建于2016年，位于门源县东部。德宗村基层综合性文化服务中心建筑面积200 m²，包括图书室、文体活动室、室外文体小广场、科普文化宣传栏、篮球场和广播室。

8.雪龙滩村综合性文化服务中心

雪龙滩村综合性文化服务中心位于青海省海北藏族自治州门源县珠固乡。中心虽因自然风化原因房屋有轻微的腐蚀状况，但总体保存状况较好。中心建于2016年，基层综合性文化服务中心建筑面积260 m²，包括图书室、文体活动室、室外文体小广场、科普文化宣传栏、篮球场和广播室。

9.元树村综合性文化服务中心

元树村综合性文化服务中心位于青海省海北藏族自治州门源县珠固乡，房屋总体保存状况良好，有轻微的自然腐蚀现象。元树村综合性文化服务中心建于2014年，建筑面积150 m²，包括图书室、文体活动室、室外文体小广场、科普文化宣传栏、篮球场和广播室。

10.珠固寺村综合性文化服务中心

珠固寺村综合性文化服务中心位于青海省海北藏族自治州门源县珠固乡。珠固寺村地处门源县东部，仙米国家森林公园境内，东南与互助县接壤，西接珠固乡东旭村，北邻甘肃省天祝县，距县城98 km，距乡政府26 km。全村共有3个社，主要有汉族、藏族2个民族的居民，其中藏族居民占99%。该村于2017年底实现脱贫。

珠固寺村综合性文化服务中心建于2015年，该村基层综合性文化服务中心建筑面积280 m²，由于自然原因房屋存在着轻微腐蚀的状况，但是总体保存良好。综合性文化服务中心包括图书室、文体活动室、室外文体小广场、科普文化宣传栏、篮球场和广播室。

（二）祁连县公共文化设施分布概况

祁连山国家公园青海片区内祁连县的公共文化设施主要在4个乡镇9个村落，这些村落的公共文化设施主要是村级基层综合性公共文化设施，所有权归国家所有，主要的工作用途是作为办公场所以及进行文化教育的场所。在祁连县内的公共文化设施有 6 个村落位于祁连山国家公园青海片区的核心区域内部，夹木村、白石崖村、黄草沟村这 3 个村落位于祁连山国家公园的周围边缘地带（表 6-3）。下面对祁连山国家公园青海片区内核心区域村落的公共文化设施进行详细介绍，并描述周围边缘地区的村落。

表 6-3　祁连山国家公园（青海片区）祁连县境内公共文化设施详细状况

村名/类别	健身器材	图书室	室外小广场	篮球场	广播设施	公共文化宣传栏	村级综合活动室	党员活动室
峨堡村	√	1	1	1	×	√	√	√
黄草沟村	√	1	1	1	√	√	√	√
白石崖村	√	1	1	1	√	√	√	√
芒扎村	√	1	1	1	√	√	√	√
大泉村	√	1	1	1	×	√	√	√
大浪村	无	√	无	无	√	无	无	√
边麻村	无	1	1	无	√	√	√	√
郭米村	√	1	2	2	√	√	√	√
夹木村	无	1	1	1	无	√	√	√

1. 峨堡村综合性文化服务中心

峨堡村综合性文化服务中心位于青海省海北藏族自治州祁连县峨堡镇。峨堡村地处祁连县东南部峨堡镇境内峨祁公路东段、八宝河上游地区，东与门源县的皇城乡相连，南与默勒镇扎沙村毗连，西与白石崖村为邻，北与甘肃省民乐县、山丹军马场连接。下辖 4 个社，有藏族、汉族、回族、蒙古族、裕固族等 8 个少数民族。

峨堡村综合性文化服务中心建于 2019 年，中心建筑面积 420 m²，因自然原因房屋有轻微的腐蚀状况，但总体保存情况良好，包括图书室、文体活动室、室外文体小广场和篮球场。其主要作用同前。

2. 芒扎村综合性文化服务中心

芒扎村综合性文化服务中心位于青海省海北藏族自治州祁连县峨堡

镇。芒扎村距离峨堡镇约 70 km，平均海拔 3 500 m。芒扎村下辖 2 个社，有藏族、回族、蒙古族、土族、撒拉族 5 个少数民族。

芒扎村综合性文化服务中心由于自然原因房屋有轻微的腐蚀现象，但总体状况良好。中心建筑面积 100 m²，包括图书室、文体活动室、室外文体小广场、科普文化宣传栏、篮球场和广播室。

3. 边麻村综合性文化服务中心

边麻村综合性文化服务中心位于青海省海北藏族自治州祁连县野牛沟乡。边麻村地处野牛沟乡东北部，黑河沿岸，面积 1 456 km²，距县城 80 km，东与扎麻什乡郭米村交界，南与大泉村、大浪村友邻，北与甘肃省肃南县接壤，村委会驻本村三社，边麻村平均海拔 3 400 m。全村共有 4 个牧业生产社，有汉族、藏族、回族、蒙古族、撒拉族、土族、裕固族 7 个民族。

边麻村综合性文化服务中心建于 2014 年，边麻村位于野牛沟乡东北部，黑河沿岸。中心建筑面积 400 m²，由于自然原因房屋有轻微的腐蚀现象，但总体保存状况良好，包括图书室、文体活动室、科普文化宣传栏和广播室。

4. 大浪村综合性文化服务中心

大浪村综合性文化服务中心位于青海省海北藏族自治州祁连县野牛沟乡。大浪村地处野牛沟乡南部，黑河沿岸，面积 100 km²，距县城 50 km，东邻扎麻什乡郭米村、西与大泉村交界，北与边麻村为邻。大浪村平均海拔 3 930 m，共有可利用草场 84.2 万亩。村域内玉石沟朱龙等地区分布有石棉、玉石、铜等矿产资源。全村共有 4 个牧业生产社，有汉族、藏族、回族、蒙古族、撒拉族、土族、裕固族 7 个民族，其中藏族、蒙古族居民占绝大多数。

大浪村综合性文化服务中心建于 2014 年，中心建筑面积 400 m²，由于自然原因房屋有轻微的腐蚀现象，但总体保存状况良好，包括图书室、文体活动室、科普文化宣传栏和广播室。

5. 大泉村综合性文化服务中心

大泉村综合性文化服务中心位于青海省海北藏族自治州祁连县野牛沟乡。大泉村在野牛沟乡西部，黑河沿岸，距县城 98 km，东邻大浪村、西北与边麻村为邻。大泉村平均海拔 3 933 m，草场资源丰富。村域内小水沟、红土沟、辽班台、泉刺沟等地区分布有蛇纹岩、铁、煤、铅锌、岩金等矿产资源。全村共有 4 个牧业生产社，有回族、藏族、蒙古族、撒拉族、土族、裕固族、汉族 7 个民族，其中回族、藏族、蒙古族 3 个民族居民数位列前三。

大泉村综合性文化服务中心建于 2018 年，中心建筑面积 500 m²，由于自然原因房屋有轻微的腐蚀现象，但总体状况良好，包括图书室、文体活动室、科普文化宣传栏和广播室。

6. 郭米村综合性文化服务中心

郭米村综合性文化服务中心位于青海省海北藏族自治州祁连县扎麻什乡。郭米村位于祁连县西部，东部与河北村接壤，西部与河东村为邻，北部与甘肃省毗连，南部与夏塘村相连。距县城 18 km，距乡政府 4 km，交通十分便利。地势呈西北高，东南低，属半浅山半脑山地区。郭米村主要为陆上交通，对外交通十分便利，二尕线从村南部穿过，西至野牛沟乡，东至祁连县城，具有良好的道路交通条件。海拔在 2 723~2 781 m 之间，平均海拔 2 750 m，东西跨度约 3 718 m，南北跨度约 560 m。全村居住着汉族、藏族、回族 3 个民族的居民。

郭米村综合性文化服务中心建于 2018 年，中心建筑面积 190 m²，由于自然原因房屋有轻微的腐蚀现象，但总体保存状况良好，包括图书室、文体活动室、科普文化宣传栏、篮球场和广播室。

7. 夹木村综合性文化服务中心

夹木村综合性文化服务中心位于青海省海北藏族自治州祁连县八宝镇，中心建于 2015 年，建筑面积 150 m²，由于自然原因房屋有轻微的腐蚀现象，但总体状况良好，包括图书室、文体活动室、室外文体小广场、科普文化宣传栏和篮球场。

8. 白石崖村综合性文化服务中心

白石崖村综合性文化服务中心位于青海省海北藏族自治州祁连县峨堡镇，有藏族、汉族、回族、蒙古族、撒拉族、土族等 7 个民族的居民。

白石崖村综合性文化服务中心建于 2015 年，中心建筑面积 300 m²，隶属于峨堡镇，由于自然原因房屋有轻微的腐蚀现象，但总体状况良好，包括图书室、文体活动室、室外文体小广场、科普文化宣传栏、篮球场和广播室。

9.黄草沟村综合性文化服务中心

黄草沟村综合性文化服务中心位于青海省海北藏族自治州祁连县峨堡镇，全村有藏族、汉族、回族、蒙族、土族、撒拉族6个民族。

黄草沟村综合性文化服务中心建于2005年，位于峨祁公路25 km处。中心建筑面积420 m^2，隶属于峨堡镇，由于自然原因房屋有轻微的腐蚀现象，但总体状况良好，包括图书室、文体活动室、室外文体小广场、科普文化宣传栏、篮球场和广播室。

第三节　公共文化设施的现状、存在问题及保护措施

一、祁连山国家公园公共文化设施保护现状

1.公共文化设施资金投入相对不足

祁连山国家公园青海片区内存在公共文化设施的建设资金投入不足的问题。在公共文化设施的建设中，长期依赖于政府有关部门对于公共文化设施的资金投入。虽然由政府牵头修建公共文化设施，但受地方财政等因素影响，部分地区有关文化设施的财政投入较低，难以满足基层人民对文化活动的需求。同时，由于长期依赖于政府资金，缺少企业或社会组织的参与，资金的来源单一并且资金的使用效率低下，造成片区内公共文化设施建设缓慢，形式和活动内容相对单一。

2.公共文化设施建设利用率低

在祁连山国家公园青海片区，政府积极建设公共文化设施以满足基层群众的基本文化需求，在调查的19个村落中，基本上每个村的村级基层综合性公共文化设施都有图书室、文化宣传栏、文化活动室等活动设施，

但是此类公共文化设施在村民日常活动中的使用率并不高，对于一些村民来说也不重要，没有达到设立这些设施的初始目的。比如图书室的书籍多为政府进行建设时统一采购，这种做法的好处是保证了资金的规范使用，但弊端在于村民们没有办法选择自己本身所需要的、满足自身精神文明发展的文化书籍，造成了图书室访问率低，图书搁置现象严重等情况。

同时，由于图书、文化宣传栏等内容的时效性较强，但基层政府对于文化设施的更新速度比较缓慢，使得设施的时效性变差，难以把握新时代、新阶段文化发展的新趋势，难以满足祁连山国家公园青海片区内农牧民日益增长的精神文明发展的新需求。运动健身器材设立的目的在于让村民进行体育锻炼，保护身体健康，但在片区内的村民多数以放牧业为主，部分村民的居住点距离各村的综合服务中心较远，所以进行体育健身活动常有不便，导致体育器材利用效率比较低下，造成了资源浪费。

此外，祁连山国家公园青海片区及边缘区的单个村落农牧民居住较为分散，而片区内的村级基层综合性公共文化设施往往集中在一个或者两个点，这就使得居民至设施的距离加大，不利于公共文化设施发挥应有的作用。

3. 公共文化设施管理水平不高

在祁连山国家公园青海片区内进行走访调查时发现，片区内的公共文化设施的管理人员多为村长代理，没有专职的分管人员对文化设施进行服务与管理。一般情况下，村长的任务较多，无法保证公共文化设施按时开放、开展相关的文化活动等。在片区内，没有专职人员进行管理，或水平较低，没有办法组织更高层次的文化活动，在一定程度上造成了基层公共文化设施资源的浪费，为村民进行文化活动的场所却发挥不了原本的作用，造成了公共文化资源的利用效率低下。

4. 公共文化设施内容活动形式单一

在祁连山国家公园青海片区内，对 4 个县（市）19 个村落进行的走访调查发现，除天峻县、德令哈市没有公共文化设施外，多数村子里面的公共文化设施主要是以综合性文化中心的形式存在，具体以村委会、篮球场、健身运动器材、文化宣传栏、综合办公室、图书馆、广播站、广场等形式呈现，相对来说进行的文化活动也比较单一。比如村民进行的文化活动多为阅读书籍、体育健身、听广播等活动，但结合片区内村落的实际情况来说，村民进行上述活动的机会较少。由于活动内容较为单一，无法体现出青海地区的地方特色，村民的参与度也相对较弱，缺乏参与文化活动的积极性，导致了文化设施在一定程度上大打折扣，达不到建设、丰富基层村民公共文化活动的初始目的。

二、公共文化设施存在问题的解决措施

1. 加大政府财政资金支持

资金投入对于基层的公共文化设施建设非常重要，所以加大政府财政资金支持，对祁连山国家公园青海片区的公共文化设施建设有着重要的作用。在片区内进行公共文化设施的建设时，政府资金支持是最重要的途径，加强各级人民政府的财政支持是促进公共文化设施发展的重要基础，政府相关单位应发动一切可利用的资源，主动协调相关问题，积极与社会组织、企业等进行合作，促进非政府组织进入到公共文化建设领域，发挥政府组织之外的力量，为青海片区提供充足的资金支持，发展片区内部的公共文化设施，促进公共文化设施的发展。由政府牵头主导、社会各方面积极参与的文化设施建设，有利于促进片区内部各村落的文化设施的更新与及时维护，对于基层公共文化设施的可持续利用有着重要的作用。

2. 提高公共文化设施的利用率

现阶段祁连山国家公园青海片区内的公共文化设施主要形式较为单一，各种设施的利用效率比较低下，出现了闲置的现象。为解决这种问题，要加强公共文化设施在村民中的使用效率以及图书、报纸等的时效性。比如图书要及时更新换代，用新版的图书进行文化宣传，还需要选取群众喜

闻乐见、对日常生产生活有帮助的图书，激发村民们产生借阅图书的热情，提高利用效率。及时更新文化宣传栏的内容，及时积极地传播新政策、新思想、新文化，促进片区内的村民及时了解国家政策的新动向，达到进行文化宣传、思想教育的目的。公共文化设施的利用效率提高也有利于基层文化设施的保存，通过时时翻阅图书、利用体育器材进行锻炼，提高公共文化设施的利用率，可以达到长时间保护的目的，同时使公共文化设施保持长久的生命力。

3.提升公共文化设施管理水平

祁连山国家公园青海片区的公共文化设施要不断进步，势必要加强管理水平。完善设施建设，只有不断强化公共文化设施，提升管理水平，才能充分发挥国家公园内部文化设施的服务功能，更好地服务村民。首先，要培养专门的文化设施管理和服务人员进行公共文化设施的维护；同时也要开展相关的公共文化活动，如富有青海本地特色的歌唱、舞蹈比赛等，加强群众的参与度，在各种活动之中焕发公共文化设施的活力与生机。其次，要加强文化队伍的建设，建立相关的文化补贴和激励制度，提高青海片区内工作人员的工作活力，促进片区内文化活动的开展。要定期维护已经建成的文化设施，及时检修，延长体育健身器材等设施的使用寿命，对于出现安全隐患的设施应及时进行维修，以防产生不必要的安全隐患，共同促进公共文化设施建设在国家公园的进一步发展完善。

4.开展形式多样的文化活动

在祁连山国家公园青海片区内，辖下的各个乡镇、各个村落进行公共文化设施建设后，要组织开展多种多样的公共文化活动，通过开展形式多样的文化活动来进行文化宣传，促进文化之间的相互交流。在各村的综合服务中心可以开展具有青海省独特文化的文艺演出，例如青海花儿、锅庄等活动，还可以开展一些地方性比赛，调动片区内部村民的积极性；还可以开展一些知识科普活动，结合祁连山国家公园青海片区内部独特的人文历史风貌，结合祁连山国家公园独特的地理位置和生态作用，对村民进行宣讲，进行科普宣传，使国家公园内部的村民更加了解其重要的生态作用。通过举行形式多样的活动，促进公共文化设施的使用效率。在公共文化设施的使用之中，促进文化的交流与发展，共同促进祁连山国家公园青海片区的公共文化建设。

第 七 章

人文资源的评价与可持续开发利用

第一节　人文资源的评价

一、评价方法

模糊数学最早于 1965 年由美国控制论学者扎德（L.A.Zadeh）创立，它是一门运用数学方法研究和处理具有"模糊性"现象的数学（佟玉权，1998）。模糊综合评价是模糊数学方法体系的重要内容之一，其一般可分为构建评价指标、单因子的满意度打分、因子重要性排序以及计算模糊评价向量等步骤（张纯和柴彦威，2013）。该方法主要依据的是模糊数学的"模糊集合"概念，利用模糊变换原理和最大隶属度原则（陈慧琳，2001），考虑与被评价事物相关的各个因素或主要因素所做的综合评价。一般而言，利用模糊评价法既可以对评价矩阵进行综合评分，也能消除主观随意性，有助于对资源状况进行横向与纵向比较。因此，采用这种方法可以使安全评价的准确性、合理性得到提高。近年来，该方法已广泛应用于土地资源（李希灿等，2009）、企业销售（伍威，2022）、社会调查（杨斌，2010）、地质灾害（田宇鹏等，2021）以及人文资源（戴离言和杨国胜，2015）等多个领域的分析与评价。

模糊综合评价方法的基本步骤如下（汪清蓉和李凡，2006）：首先设因素集合 $U=\{u_1, u_2, \cdots, u_n\}$，根据专家经验或个人的主观经验判断，确定评价指标的权重系数，即 U 上的模糊子集 A。一般记作 $A=(a_1, a_2, \cdots, a_n)$，其中 a_i 为第 i 个因素 u_i 所对应的权重系数。评语集合 $V=\{v_1, v_2, \cdots, v_m\}$，按照评价决策的实际需要，通常将评价等级标准分为"好""较好""一般""较差"和"差"五个等级。其次，由不同专家成员依据已确定的评价等级标准依次对各个指标进行评价，计算出每一个评价等级在五个等级中的隶属度（百分比），这样即可得出各指标要素的评价决策矩阵 R。如下所示：

$$R=\begin{bmatrix} B_1 & B_2 & B_3 & B_4 & B_5 \\ N_1 & N_2 & N_3 & N_4 & N_5 \\ M_1 & M_2 & M_3 & M_4 & M_5 \\ S_1 & S_2 & S_3 & S_4 & S_5 \\ P_1 & P_2 & P_3 & P_4 & P_5 \end{bmatrix}$$

式中：B，N，M，S，P 分别代表不同的评价指标。

再次，利用合成运算法则将各评价指标的权重系数（A）和评价决策矩阵（R），进行合成运算，即可得到：

$$B=A \times R$$

$$\begin{bmatrix} a_1 & a_2 & a_3 & a_4 & a_5 \end{bmatrix} \times \begin{bmatrix} B_1 & B_2 & B_3 & B_4 & B_5 \\ N_1 & N_2 & N_3 & N_4 & N_5 \\ M_1 & M_2 & M_3 & M_4 & M_5 \\ S_1 & S_2 & S_3 & S_4 & S_5 \\ P_1 & P_2 & P_3 & P_4 & P_5 \end{bmatrix} = \begin{bmatrix} b_1 & b_2 & b_3 & b_4 & b_5 \end{bmatrix}$$

最后，需将主观评价的语义学标度（好、较好、一般、较差、差）进行量化，依次赋值 5 分、4 分、3 分、2 分、1 分，分别记作 c_1、c_2、c_3、c_4、c_5。通过加权求和，则可得到人文资源的综合评价得分。

$$V=(b_1 \times c_1)+(b_2 \times c_2)+(b_3 \times c_3)+(b_4 \times c_4)+(b_5 \times c_5)$$

二、评价指标的选取原则

1. 科学性原则

科学性是指在指标选取时必须遵循科学性。既要符合科学的标准，又应具有一定的现实性，不能依据个人想法随意编造指标，要综合考虑人文资源开发、保护等多个方面。例如对非物质文化资源价值进行评价时，要充分考虑到所在地的地域组合状况、开发状况等，对其指标选取时还要考虑到传承、延续的重要性。

2. 可行性原则

评价指标的构建是衡量人文资源价值的基本准则，故在指标因子选择或数据获取时应遵循可行性原则，既不能太过于繁杂、缺乏实用性，也不能只顾便捷而忽视人文资源的核心价值和因子。

3. 全面性原则

评价指标体系是一个综合性很强的整体，需尽可能全面地反映人文资源的总体特点和实际情况，故而要求在评价指标的选择时要以整体、全面的角度加以考虑，要准确反映出人文资源各方面的价值功能，以避免所存在的文化环境遭到破坏，导致人文资源舞台化、商品化和庸俗化。

三、评价过程

为了客观、科学地判断祁连山国家公园青海片区人文资源的优劣程度，以便为高质量人文资源开发提供参考，以模糊数学为理论基础，构建了评价指标体系。评价指标体系的建立是对人文资源进行综合评价的前提和基础。指标体系建立得是否合理得当，直接影响到评价结果的科学性、可靠性与准确性（徐建华，1994；徐进，2000）。因此，人文资源评价的首要任务就是根据评价对象的性质、评价目标等，建立能够准确反映评价问题全貌的综合评价要素指标。依据上述指标选取原则，参照前人相关研究成果和祁连山国家公园青海片区人文资源的基本特征分别构建了非物质、物质、红色文化、公共文化资源的指标体系层次。为保证权重系数的客观性、公正性与科学性，在具体评价时均采用了主观经验判断法和专家征询法相结合的方法，确定各级评价要素指标的权重。

1. 非物质文化资源的评价

参照前人有关非物质文化资源的评价指标（顾金孚和王显成，2008），结合非物质文化资源的特点，选取祁连山国家公园青海片区适合非物质文化资源的评价指标，构建了适合非物质文化资源评价的指标体系。非物质文化资源由目标层、准则层、指标层构成。目标层是评价获得非物质文化资源的最终结果；准则层由资源开发价值、资源影响力、资源开发潜力、生态敏感度、开发条件五大子系统指标组成（图7-1）。其中，从准则层的资源开发价值中选取了历史文化价值、艺术欣赏价值、科学考察价值作为评价指标；资源影响力中选取了知名度、认可度、美誉度作为评价指标；资源开发潜力中选取了稀缺度、规模和分布集中度、完整度作为评价指标；生态敏感度中选取了普及状况、传承状况、稳定状况作为评价指标；资源开发条件中选取了区位交通条件、地域组合状况作为评价指标。

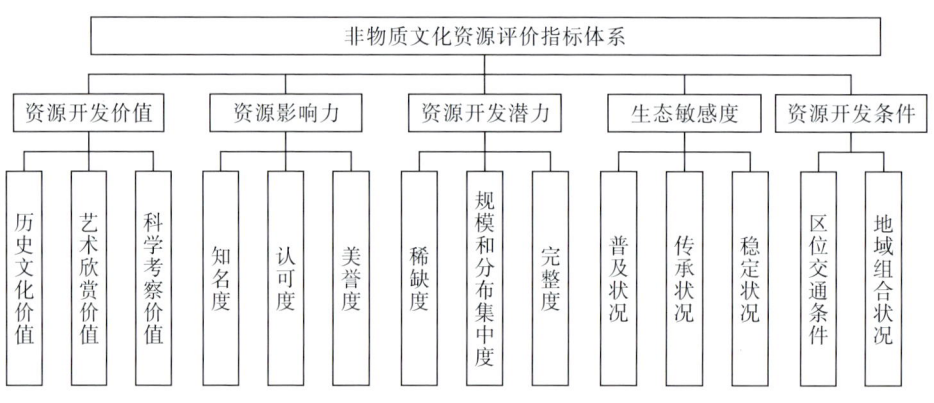

图 7-1　非物质文化资源评价体系

构建评价指标体系之后，邀请十位相关领域专家确定14个要素指标的权重系数，历史文化价值（0.18）、艺术欣赏价值（0.13）、科学考察价值（0.07）、知名度（0.04）、认可度（0.02）、美誉度（0.03）、稀缺度（0.05）、规模和分布集中度（0.11）、完整度（0.03）、普及状况（0.04）、传承状况（0.13）、稳定状况（0.01）、区位交通条件（0.04）、地域组合状况（0.12）。同时，专家需按照"好""较好""一般""较差""差"五个等级进行评语评价，以确定各指标等级的隶属度（表7-1）。

表 7-1　非物质文化资源评价指标隶属度

评价指标	评语级别				
	好	较好	一般	较差	差
历史文化价值	0.3	0.6	0.1	0	0
艺术欣赏价值	0.5	0.3	0.2	0	0
科学考察价值	0.2	0.2	0.5	0.1	0
知名度	0	0.3	0.7	0	0
认可度	0	0.3	0.6	0.1	0
美誉度	0	0.5	0.4	0.1	0
稀缺度	0.3	0.4	0	0.2	0.1
规模和分布集中度	0.3	0.3	0.4	0	0
完整度	0.2	0.3	0.2	0.2	0.1
普及状况	0	0	0.6	0.3	0.1
传承状况	0.1	0.4	0.3	0.2	0
稳定状况	0	0.3	0.7	0	0
区位交通条件	0.1	0.4	0.4	0	0.1
地域组合状况	0.3	0.3	0.4	0	0

由各子集中二级因子权重和隶属度，根据内积法计算公式 $B_1 = A_1 \times R_1$，进行矩阵计算。计算过程和结果如下：

$$[0.18 \quad 0.13 \quad 0.07 \quad 0.04 \quad 0.02 \quad 0.03 \quad 0.05 \quad 0.11 \quad 0.03 \quad 0.04 \quad 0.13 \quad 0.01 \quad 0.04 \quad 0.12] \times \begin{bmatrix} 0.3 & 0.6 & 0.1 & 0 & 0 \\ 0.5 & 0.3 & 0.2 & 0 & 0 \\ 0.2 & 0.2 & 0.5 & 0.1 & 0 \\ 0 & 0.3 & 0.7 & 0 & 0 \\ 0 & 0.3 & 0.6 & 0.1 & 0 \\ 0 & 0.5 & 0.4 & 0.1 & 0 \\ 0.3 & 0.4 & 0 & 0.2 & 0.1 \\ 0.3 & 0.3 & 0.4 & 0 & 0 \\ 0.2 & 0.3 & 0.2 & 0.2 & 0.1 \\ 0 & 0 & 0.6 & 0.3 & 0.1 \\ 0.1 & 0.4 & 0.3 & 0.2 & 0 \\ 0 & 0.3 & 0.7 & 0 & 0 \\ 0.1 & 0.4 & 0.4 & 0 & 0.1 \\ 0.3 & 0.3 & 0.4 & 0 & 0 \end{bmatrix}$$

$= [0.18*0.3 \quad 0.13*0.5 \quad 0.07*0.2 \quad 0.04*0 \quad 0.02*0 \quad 0.03*0 \quad 0.05*0.3 \quad 0.11*0.3 \quad 0.03*0.2 \quad 0.04*0 \quad 0.13*0.1 \quad 0.01*0 \quad 0.04*0.1 \quad 0.12*0.3]$

$= [0.054 \quad 0.065 \quad 0.014 \quad 0 \quad 0 \quad 0 \quad 0.015 \quad 0.033 \quad 0.006 \quad 0 \quad 0.013 \quad 0 \quad 0.004 \quad 0.036] = 0.065$

$$= [0.18*0.6 \quad 0.13*0.3 \quad 0.07*0.2 \quad 0.04*0.3 \quad 0.02*0.3 \quad 0.03*0.5 \quad 0.05*0.4 \quad 0.11*0.3 \quad 0.03*0.3 \quad 0.04*0 \quad 0.13*0.4$$
$$0.01*0.3 \quad 0.04*0.4 \quad 0.12*0.3]$$
$$= [0.108 \quad 0.039 \quad 0.014 \quad 0.012 \quad 0.006 \quad 0.015 \quad 0.02 \quad 0.033 \quad 0.009 \quad 0 \quad 0.052 \quad 0.003 \quad 0.016 \quad 0.036] = 0.108$$

$$= [0.18*0.1 \quad 0.13*0.2 \quad 0.07*0.5 \quad 0.04*0.7 \quad 0.02*0.6 \quad 0.03*0.4 \quad 0.05*0 \quad 0.11*0.4 \quad 0.03*0.2 \quad 0.04*0.6 \quad 0.13*0.3$$
$$0.01*0.7 \quad 0.04*0.4 \quad 0.12*0.4]$$
$$= [0.018 \quad 0.026 \quad 0.035 \quad 0.028 \quad 0.012 \quad 0.012 \quad 0.044 \quad 0.006 \quad 0.024 \quad 0.039 \quad 0.007 \quad 0.016 \quad 0.048] = 0.048$$

$$= [0.18*0 \quad 0.13*0 \quad 0.07*0.1 \quad 0.04*0 \quad 0.02*0.1 \quad 0.03*0.1 \quad 0.05*0.2 \quad 0.11*0 \quad 0.03*0.2 \quad 0.04*0.3 \quad 0.13*0.2 \quad 0.01*0$$
$$0.04*0 \quad 0.12*0]$$
$$= [0 \quad 0 \quad 0.007 \quad 0 \quad 0.002 \quad 0.003 \quad 0.01 \quad 0 \quad 0.006 \quad 0.012 \quad 0.026 \quad 0 \quad 0 \quad 0] = 0.026$$

$$= [0.18*0 \quad 0.13*0 \quad 0.07*0 \quad 0.04*0 \quad 0.02*0 \quad 0.03*0 \quad 0.05*0.1 \quad 0.11*0 \quad 0.03*0.1 \quad 0.04*0.1 \quad 0.13*0 \quad 0.01*0$$
$$0.04*0.1 \quad 0.12*0]$$
$$= [0 \quad 0 \quad 0 \quad 0 \quad 0.005 \quad 0 \quad 0.003 \quad 0.004 \quad 0 \quad 0 \quad 0.004 \quad 0] = 0.005$$

根据指标层权重系数（A_1）和综合评价矩阵的值（R_1）进行模糊变换的合成运算，得出祁连山国家公园青海片区非物质文化资源的综合评价结果（B_1）为：[0.065　0.108　0.048　0.026　0.005]。为了便于计算，将主观评价的语义学标度（好、较好、一般、较差、差）进行量化，依次将这五个评价等级赋值为5分、4分、3分、2分、1分。最后，运用综合评价的结果（B_1）乘以相对应的评语等级分值，求出祁连山国家公园（青海片区）非物质文化资源的综合分值为0.958。计算如下：（0.065×5）+（0.108×4）+（0.048×3）+（0.026×2）+（0.005×1）= 0.325+0.432+0.144+0.052+0.005=0.958。

2.物质文化资源的评价

参照前人相关物质文化资源的评价指标（沈俊翔等，2014），结合物质文化资源的特点，选取祁连山国家公园青海片区适合物质文化资源的评价指标，构建了适合物质文化资源评价的指标体系。物质文化资源由目标层、准则层、指标层构成。目标层是评价获得物质文化资源的最终结果；准则层由历史价值、艺术价值、科学价值、现状条件四大子系统指标组成（图7-2）。其中，从准则层的历史价值中选取悠久性、稀缺性、影响度作为评价指标；艺术价值中选取了典型性、观赏性、原真性作为评价指标；科学价值中选取了完整性、规模丰富度、文化与教育意义作为评价指标；现状条件中选取了区位条件、保护修复状况、开发利用状况作为评价指标。

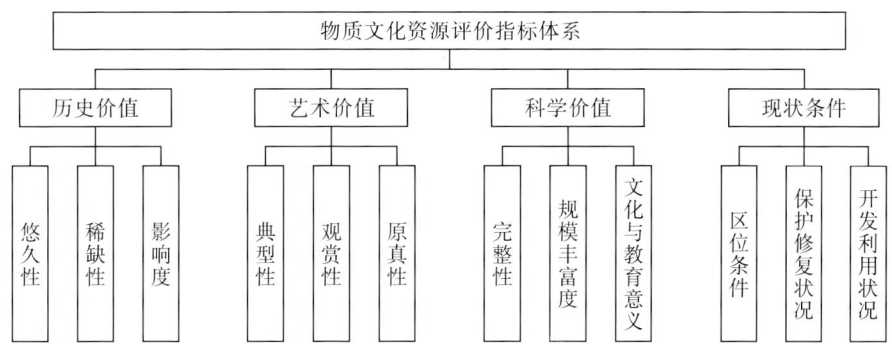

图7-2　物质文化资源评价体系

建立评价指标体系之后，邀请十位相关领域专家确定12个要素指标的权重系数，物质文化资源悠久性（0.2）、稀缺性（0.1）、影响度（0.15）、典型性（0.05）、观赏性（0.05）、原真性（0.15）、完整性（0.03）、规模丰富度（0.04）、文化与教育意义（0.01）、区位条件（0.02）、保护修复状况（0.15）、开发利用状况（0.05）。同时，专家需按照"好""较好""一般""较差""差"五个等级进行评语评价，以确定各指标等级的隶属度（表7-2）。

表7-2　物质文化资源评价指标隶属度

评价指标	评语级别				
	好	较好	一般	较差	差
悠久性	0.3	0.2	0.1	0.1	0.3
稀缺性	0.1	0.5	0.4	0	0
影响度	0	0.3	0.5	0.2	0
典型性	0.2	0.3	0.5	0	0
观赏性	0	0.2	0.6	0.2	0
原真性	0.3	0.4	0.1	0.1	0.1
完整性	0.1	0.5	0.3	0.1	0
规模丰富度	0	0.2	0.6	0.1	0.1
文化与教育意义	0.1	0.6	0.2	0	0.1
区位条件	0	0.1	0.6	0.3	0
保护修复状况	0	0.3	0.6	0.1	0
开发利用状况	0	0	0.4	0.5	0.1

由各子集中二级因子权重和隶属度，根据内积法计算公式 $B_2 = A_2 \times R_2$，进行矩阵计算。计算过程和结果如下：

$$[0.2 \quad 0.1 \quad 0.15 \quad 0.05 \quad 0.05 \quad 0.15 \quad 0.03 \quad 0.04 \quad 0.01 \quad 0.02 \quad 0.15 \quad 0.05] \times \begin{bmatrix} 0.3 & 0.2 & 0.1 & 0.1 & 0.3 \\ 0.1 & 0.5 & 0.4 & 0 & 0 \\ 0 & 0.3 & 0.5 & 0.2 & 0 \\ 0.2 & 0.3 & 0.5 & 0 & 0 \\ 0.3 & 0.4 & 0.1 & 0.1 & 0.1 \\ 0.1 & 0.5 & 0.3 & 0.1 & 0 \\ 0 & 0.2 & 0.6 & 0.1 & 0.1 \\ 0.1 & 0.6 & 0.2 & 0 & 0.1 \\ 0 & 0.1 & 0.6 & 0.3 & 0 \\ 0 & 0.3 & 0.6 & 0.1 & 0 \\ 0 & 0 & 0.4 & 0.5 & 0.1 \end{bmatrix}$$

$= [0.2*0.3 \quad 0.1*0.1 \quad 0.15*0 \quad 0.05*0.2 \quad 0.05*0 \quad 0.15*0.3 \quad 0.03*0.1 \quad 0.04*0 \quad 0.01*0.1 \quad 0.02*0 \quad 0.15*0 \quad 0.05*0]$

$= [0.06 \quad 0.02 \quad 0 \quad 0.01 \quad 0 \quad 0.045 \quad 0.003 \quad 0 \quad 0.001 \quad 0 \quad 0 \quad 0] = 0.045$

$= [0.2*0.2 \quad 0.1*0.5 \quad 0.15*0.3 \quad 0.05*0.3 \quad 0.05*0.2 \quad 0.15*0.4 \quad 0.03*0.5 \quad 0.04*0.2 \quad 0.01*0.6 \quad 0.02*0.1 \quad 0.15*0.3 \quad 0.05*0]$

$= [0.04 \quad 0.05 \quad 0.045 \quad 0.015 \quad 0.01 \quad 0.06 \quad 0.015 \quad 0.008 \quad 0.006 \quad 0.002 \quad 0.045 \quad 0] = 0.045$

$= [0.2*0.3 \quad 0.1*0.4 \quad 0.15*0.5 \quad 0.05*0.5 \quad 0.05*0.6 \quad 0.15*0.1 \quad 0.03*0.3 \quad 0.04*0.6 \quad 0.01*0.2 \quad 0.02*0.6 \quad 0.15*0.6 \quad 0.05*0.4]$

$= [0.06 \quad 0.04 \quad 0.075 \quad 0.025 \quad 0.03 \quad 0.015 \quad 0.009 \quad 0.0240 \quad 0.002 \quad 0.012 \quad 0.09 \quad 0.02] = 0.09$

$= [0.2*0.1 \quad 0.1*0 \quad 0.15*0.2 \quad 0.05*0 \quad 0.05*0.2 \quad 0.15*0.1 \quad 0.03*0.1 \quad 0.04*0.1 \quad 0.01*0 \quad 0.02*0.3 \quad 0.15*0.1 \quad 0.05*0.5]$

$= [0.02 \quad 0 \quad 0.03 \quad 0 \quad 0.01 \quad 0.015 \quad 0.003 \quad 0.004 \quad 0 \quad 0.006 \quad 0.015 \quad 0.025] = 0.03$

$= [0.2*0.3 \quad 0.1*0 \quad 0.15*0 \quad 0.05*0 \quad 0.05*0 \quad 0.15*0.1 \quad 0.03*0 \quad 0.04*0.1 \quad 0.01*0.1 \quad 0.02*0 \quad 0.15*0 \quad 0.05*0.1]$

$= [0.06 \quad 0 \quad 0 \quad 0 \quad 0 \quad 0.015 \quad 0 \quad 0.004 \quad 0.001 \quad 0 \quad 0 \quad 0.005] = 0.06$

根据指标层权重系数（A_2）和综合评价矩阵的值（R_2）进行模糊变换的合成运算，得出祁连山国家公园青海片区物质文化资源的综合评价结果（B_2）为：[0.045　0.045　0.09　0.03　0.06]。为了便于计算，将主观评价的语义学标度（好、较好、一般、较差、差）进行量化，依次将这五个评价等级赋值为5分、4分、3分、2分、1分。最后，运用综合评价的结果（B_2）乘以相对应的评语等级分值，求出祁连山国家公园（青海片区）物质文化资源的综合分值为0.71。计算如下：（0.045×5）+（0.045×4）+（0.09×3）+（0.03×2）+（0.06×1）= 0.225+0.18+0.27+0.06+0.02= 0.795。

3. 红色文化资源的评价

基于代表性、全面性、科学性的原则，依据现有国内文献资料（黄莉等，2022）和红色文化资源特点，选取了祁连山国家公园青海片区适合红色文化资源的评价指标，构建了适于红色文化资源评价的指标体系。具体而言，红色文化资源评价指标体系由目标层、准则层、指标层构成。目标层是评价获得红色文化资源的最终结果；准则层由资源要素价值、资源影响力、地域性特色附加值三大子系统指标组成（图7-3）。其中，从准则层的资源要素价值中选取了历史文化价值、社会情感价值、资源经济价值、资源的完整度和丰富度作为评价指标；资源影响力中选取了知名度和影响力、美誉度和影响力、适游期和适用范围作为评价指标；地域性特色附加值中选取资源独特程度、资源开发条件、生态保护与环境安全作为评价指标。

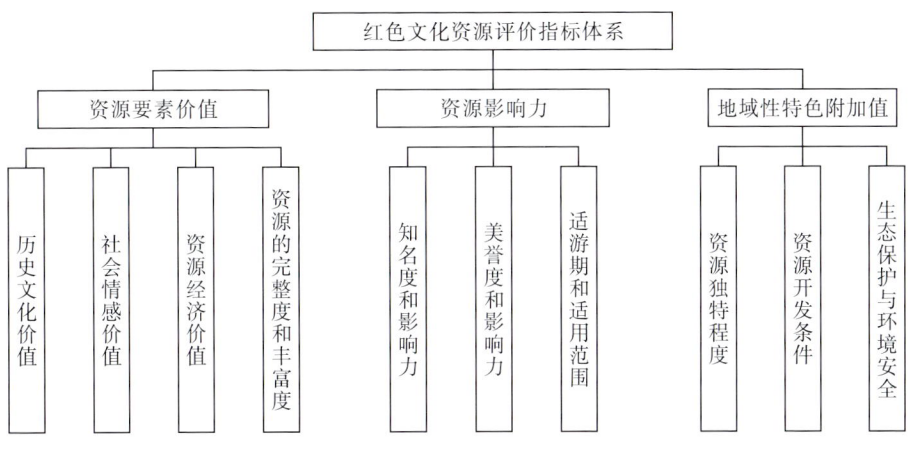

图7-3 红色文化资源评价体系

建立评价指标体系之后，邀请十位相关领域专家确定10个要素指标的权重系数，历史文化价值（0.12）、社会情感价值（0.13）、资源经济价值（0.10）、资源的完整度和丰富度（0.10）、知名度和影响力（0.09）、美誉度和影响力（0.09）、适游期和适用范围（0.09）、资源独特程度（0.09）、资源开发条件（0.08）、生态保护与环境安全（0.11）。同时，专家按照"好""较好""一般""较差""差"五个等级进行评语评价，以确定各指标等级的隶属度（表7-3）。

表 7-3　红色文化资源评价指标隶属度

评价指标	评语级别				
	好	较好	一般	较差	差
历史文化价值	0.7	0.3	0	0	0
社会情感价值	0.6	0.2	0.2	0	0
资源经济价值	0.3	0.4	0.2	0.1	0
资源的完整度和丰富度	0	0.6	0.2	0.2	0
知名度和影响力	0.2	0.3	0.5	0	0
美誉度和影响力	0.1	0.4	0.5	0	0
适游期和适用范围	0.1	0.5	0.2	0.2	0
资源独特程度	0.1	0.5	0.4	0	0
资源开发条件	0.1	0.5	0.2	0.2	0
生态保护与环境安全	0.3	0.5	0.2	0	0

由各子集中二级因子权重和隶属度，根据内积法计算公式 $B_3 = A_3 \times R_3$，进行矩阵计算。计算过程和结果如下：

$$[0.12 \ 0.13 \ 0.10 \ 0.10 \ 0.09 \ 0.09 \ 0.09 \ 0.09 \ 0.08 \ 0.11] \times \begin{bmatrix} 0.7 & 0.3 & 0 & 0 & 0 \\ 0.6 & 0.2 & 0.2 & 0 & 0 \\ 0.3 & 0.4 & 0.2 & 0.1 & 0 \\ 0 & 0.6 & 0.2 & 0.2 & 0 \\ 0.2 & 0.3 & 0.5 & 0 & 0 \\ 0.1 & 0.4 & 0.5 & 0 & 0 \\ 0.1 & 0.5 & 0.2 & 0.2 & 0 \\ 0.1 & 0.5 & 0.4 & 0 & 0 \\ 0.1 & 0.5 & 0.2 & 0.2 & 0 \\ 0.3 & 0.5 & 0.2 & 0 & 0 \end{bmatrix}$$

$= [0.12*0.7 \ 0.13*0.6 \ 0.1*0.3 \ 0.1*0 \ 0.09*0.2 \ 0.09*0.1 \ 0.09*0.1 \ 0.09*0.1 \ 0.08*0.1 \ 0.11*0.3]$
$= [0.084 \ 0.078 \ 0.03 \ 0 \ 0.018 \ 0.009 \ 0.009 \ 0.009 \ 0.008 \ 0.033] = 0.084$

$= [0.12*0.3 \ 0.13*0.2 \ 0.1*0.4 \ 0.1*0.6 \ 0.09*0.3 \ 0.09*0.4 \ 0.09*0.5 \ 0.09*0.5 \ 0.08*0.5 \ 0.11*0.5]$
$= [0.036 \ 0.026 \ 0.04 \ 0.06 \ 0.027 \ 0.036 \ 0.045 \ 0.045 \ 0.04 \ 0.055] = 0.06$

$= [0.12*0 \ 0.13*0.2 \ 0.1*0.2 \ 0.1*0.2 \ 0.09*0.5 \ 0.09*0.5 \ 0.09*0.2 \ 0.09*0.4 \ 0.08*0.2 \ 0.11*0.2]$
$= [0 \ 0.026 \ 0.02 \ 0.02 \ 0.045 \ 0.045 \ 0.018 \ 0.036 \ 0.016 \ 0.022] = 0.045$

$= [0.12*0 \ 0.13*0 \ 0.1*0.1 \ 0.1*0.2 \ 0.09*0 \ 0.09*0 \ 0.09*0.2 \ 0.09*0 \ 0.08*0.2 \ 0.11*0]$
$= [0 \ 0 \ 0.01 \ 0.02 \ 0 \ 0 \ 0.018 \ 0 \ 0.016 \ 0] = 0.02$

根据指标层权重系数（A_3）和综合评价矩阵的值（R_3）进行模糊变换的合成运算，得出祁连山国家公园青海片区红色文化资源的综合评价结果（B_3）为：[0.084　0.06　0.045　0.02　0]。为了便于计算，将主观评价的语义学标度（好、较好、一般、较差、差）进行量化，依次将这五个评价等级赋值为 5 分、4 分、3 分、2 分、1 分。最后，运用综合评价的结果（B_3）乘以相对应的评语等级分值，求出祁连山国家公园青海片区红色文化资源的综合分值为 0.835。计算如下：（0.084×5）+（0.06×4）+（0.045×3）+（0.02×2）+0 = 0.42+0.24+0.135+0.04+0=0.835。

4. 公共文化资源的评价

参照前人有关公共文化设施资源的评价指标（吴雄韬和周伟，2014），结合公共文化资源的特点，选取祁连山国家公园青海片区适合公共文化设施资源的评价指标，构建了适合公共文化资源评价的指标体系。公共文化资源由目标层、准则层、指标层构成。目标层是评价获得公共文化资源的最终结果；准则层由公共文化资源供给、公共文化资源保障、公共文化资源总体效应三大子系统指标组成（图 7-4）。其中，从准则层的公共文化资源供给中选取了配套设施、服务水平、利用状况作为评价指标；公共文化资源保障中选取了资金和技术、组织管理、社会参与作为评价指标；公共文化资源总体效应中选取了社会效果、政府投入作为评价指标。

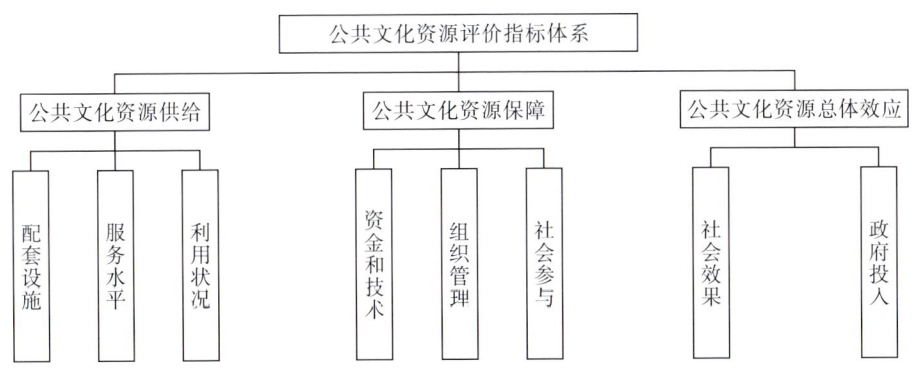

图 7-4　公共文化资源评价体系

建立评价指标体系后，邀请十位相关领域专家确定 8 个要素指标的权重系数，公共文化资源配套设施（0.2）、服务水平（0.15）、利用状况（0.15）、资金和技术（0.05）、组织管理（0.15）、社会参与（0.2）、社会效果（0.05）、政府投入（0.05）。同时，专家需按照"好""较好""一般""较差""差"五个等级进行评语评价，以确定各指标等级的隶属度（表 7-4）。

表7-4　公共文化资源评价指标隶属度

评价指标	评语级别				
	好	较好	一般	较差	差
配套设施	0.2	0.3	0.2	0.2	0.1
服务水平	0.3	0.3	0.3	0.1	0
利用状况	0.1	0.3	0.3	0.2	0.1
资金和技术	0.2	0.3	0.5	0	0
组织管理	0.1	0.4	0.3	0.1	0.1
社会参与	0.1	0.2	0.3	0.2	0.2
社会效果	0.1	0.5	0.2	0.1	0.1
政府投入	0.4	0.5	0.1	0	0

由各子集中二级因子权重和隶属度，根据内积法计算公式 $B_4 = A_4 \times R_4$，进行矩阵计算。计算过程和结果如下：

$$[0.2 \quad 0.15 \quad 0.15 \quad 0.05 \quad 0.15 \quad 0.2 \quad 0.05 \quad 0.05] \times \begin{bmatrix} 0.2 & 0.3 & 0.2 & 0.2 & 0.1 \\ 0.3 & 0.3 & 0.3 & 0.1 & 0 \\ 0.1 & 0.3 & 0.3 & 0.2 & 0.1 \\ 0.2 & 0.3 & 0.5 & 0 & 0 \\ 0.1 & 0.4 & 0.3 & 0.1 & 0.1 \\ 0.1 & 0.2 & 0.3 & 0.2 & 0.2 \\ 0.1 & 0.5 & 0.2 & 0.1 & 0.1 \\ 0.4 & 0.5 & 0.1 & 0 & 0 \end{bmatrix}$$

$= [0.2*0.2 \quad 0.15*0.3 \quad 0.15*0.1 \quad 0.05*0.2 \quad 0.15*0.1 \quad 0.2*0.1 \quad 0.05*0.1 \quad 0.05*0.4]$
$= [0.04 \quad 0.045 \quad 0.015 \quad 0.01 \quad 0.015 \quad 0.02 \quad 0.005 \quad 0.02] = 0.045$

$= [0.2*0.3 \quad 0.15*0.3 \quad 0.15*0.3 \quad 0.05*0.3 \quad 0.15*0.4 \quad 0.2*0.2 \quad 0.05*0.5 \quad 0.05*0.5]$
$= [0.06 \quad 0.045 \quad 0.045 \quad 0.015 \quad 0.06 \quad 0.04 \quad 0.025 \quad 0.025] = 0.06$

$= [0.2*0.2 \quad 0.15*0.3 \quad 0.15*0.3 \quad 0.05*0.5 \quad 0.15*0.3 \quad 0.2*0.3 \quad 0.05*0.2 \quad 0.05*0.1]$
$= [0.04 \quad 0.045 \quad 0.045 \quad 0.025 \quad 0.045 \quad 0.06 \quad 0.01 \quad 0.005] = 0.045$

$= [0.2*0.2 \quad 0.15*0.1 \quad 0.15*0.2 \quad 0.05*0 \quad 0.15*0.1 \quad 0.2*0.2 \quad 0.05*0.1 \quad 0.05*0]$
$= [0.04 \quad 0.015 \quad 0.03 \quad 0 \quad 0.015 \quad 0.04 \quad 0.005 \quad 0] = 0.04$

$= [0.2*0.1 \quad 0.15*0 \quad 0.15*0.1 \quad 0.05*0 \quad 0.15*0.1 \quad 0.2*0.2 \quad 0.05*0.1 \quad 0.05*0]$
$= [0.02 \quad 0 \quad 0.015 \quad 0 \quad 0.015 \quad 0.04 \quad 0.005 \quad 0] = 0.02$

根据指标层权重系数（A_4）和综合评价矩阵的值（R_4）进行模糊变换的合成运算，得出祁连山国家公园青海片区公共文化资源的综合评价结果（B_4）为：[0.045　0.06　0.045　0.04　0.02]。为了便于计算，将主观评价的语义学标度（好、较好、一般、较差、差）进行量化，依次将这五个评价等级赋值为5分、4分、3分、2分、1分。最后，运用综合评价的结果（B_4）乘以相对应的评语等级分值，求出祁连山国家公园青海片区公共文化资源的综合分值为 0.7。计算如下：（ 0.045 × 5 ）+（ 0.06 × 4 ）+（ 0.045 × 3 ）+（ 0.04 × 2 ）+（ 0.02 × 1 ）=0.225+0.24+0.135+0.08+0.02=0.7。

四、评价结果

根据专家打分法的综合利用，运用模糊综合评价模型的计算原理对祁连山国家公园青海片区人文资源进行综合评价，并制订了人文资源的测评等级表（表 7-5）。

表 7-5　祁连山国家公园青海片区人文资源测评等级

等级	好	较好	一般	较差	差
分值范围	1.0~0.8	0.8~0.6	0.6~0.4	0.4~0.2	0.2~0

非物质文化资源的模糊评价结果 B_1=[0.065　0.108　0.048　0.026　0.005]，综合得分为 0.958，对应测评等级中的结果是"好"。从专家打分的各评价因子权重前五排序结果看，历史文化价值 > 艺术欣赏价值 = 传承状况 > 地域组合状况 > 规模和分布集中度。数据表明祁连山国家公园青海片区内的民俗、传统技艺等资源价值是园内开发中最关键的内容。因此，在保护资源的前提下，经过合理有效地规划与开发后，将会充分发挥其资源价值的优势。

物质文化资源的模糊评价结果 B_2=[0.045　0.045　0.09　0.03　0.06]，综合得分为 0.795，对应测评等级中的结果是"较好"。评价指标体系中权重前五排序为：悠久性 > 影响度 = 原真性 = 保护修复状况 > 稀缺性。数据表明，片区内的物质文化资源历史悠久，底蕴深厚，故需今后进一步的挖掘。

红色文化资源的模糊评价结果 B_3=[0.084　0.06　0.045　0.02　0]，综合得分为 0.835，对应测评等级中的结果是"好"。评价指标体系中权重前五排序为：社会情感价值 > 历史文化价值 > 生态保护与环境安全 > 资源经济价值 = 资源的完整度和丰富度。数据表明，社会情感价值是未来红色文化资源开发中的重要内容之一，有助于为实现中华民族伟大复兴提供价值引领和情感依托。

公共文化资源的模糊评价结果 B_4=[0.045　0.06　0.045　0.04　0.02]，综合得分为 0.7，对应测评等级中的结果是"较好"。评价指标体系中权重前五排序为：配套设施 = 社会参与 > 服务水平 = 利用状况 = 组织管理。

数据表明，加大公共文化设施的建设力度和居民社会参与度是较为迫切的问题，直接关系到人民群众基本文化权益的实现和文化发展成果的共享程度，因此应得到相关部门的高度关注。

结合祁连山国家公园青海片区人文资源综合得分来看，非物质文化资源（0.958）＞红色文化资源（0.835）＞物质文化资源（0.795）＞公共文化资源（0.7）。上述结果为今后祁连山国家公园青海片区有步骤、有重点地开发和保护人文资源提供了参考依据，从而有助于促进和推动地区人文资源的健康发展。

第二节　人文资源的开发与利用

一、非物质文化资源的开发利用

1.科学开发，合理利用

非物质文化资源的主要特点是它的产生、发展从未脱离过人民的日常生产和生活。相反，它是伴随着人民群众的生产和生活而传承和创新的（王海鋆，2010）。祁连山国家公园青海片区内非物质文化资源丰富多样，需多措并举地保护和利用好这些文化资源。因此，在具体地实施开发前，必须做好总体规划与设计，遵循在优先保护的基础条件下进行合理适度地开发。第一，注重系统性保护。要深入挖掘各类非物质文化资源内部间的联系，进行系统整合，促使保护与开发良性互动、协调发展。第二，重视多样性保护。文化在不同的时空尺度下所呈现的表现形式不同，这就促使形成了某种人类群体文化的独特性和多样性，故在祁连山国家公园青海片区内开展非物质文化资源的开发利用过程中，应当以多样化的形式加强保护。第三，循序渐进地进行开发。祁连山国家公园青海片区非物质文化资源涉及的开发领域面广，内容庞杂，故在开展资源开发利用时，应当做好长期规划开发的准备，按照科学规划、逐步实施、分步推进、长期坚持的原则，有关部门可根据现阶段政策支持力度、技术水平、人力、物力、财力的保障水平，制定出开发的总体目标和阶段性目标，做到二者一致，更有效地保护非物质文化资源。

2. 全民参与，全面动员

按照《中华人民共和国非物质文化遗产法》规定："国家鼓励和支持公民、法人和其他组织参与非物质文化遗产保护工作"（吴磊，2012）。上述规定的提出，要求我们在对非物质文化资源进行开发利用时，需要全民发挥自己的智慧，参与到保护和开发的过程中来，这样能够更好地将人民群众的利益和合理诉求通过合理的渠道传递给政府，使政府能够制定出更为科学合理、符合民意的各项政策，也能更好地推动政策的有效执行，提高执行力度，同时也能够更好地展现中华传统文化的多样性。

3. 建立健全的保障制度

建立科学合理的相关制度和规范体系，能有效地激励人们的行为和实现资源的合理配置及社会的健康持续发展（张新友，2018）。对祁连山国家公园青海片区非物质文化资源进行开发时，要以矛盾的观点来看待原先的开发模式路径，要做到一分为二、具体问题具体分析，要创设适合当地实际情况的制度，实现合理的制度创新。在对祁连山国家公园青海片区非物质文化资源保护时，要科学有序地开发利用，采用适合当地发展实际的保护开发模式，激发当地民众的保护热情，以此提升其文化自信和文化自觉，同时调动民众的积极性，最终达到经济效益和社会效益双赢的目标。

二、物质文化资源的开发利用

1. 因地制宜地加强保护，保护与开发相结合

祁连山国家公园青海片区内物质文化资源丰富，最早可追溯至旧石器时代晚期，因此在开发利用时要在保持原有风貌的情况下进行科学保护，防止文物受到其他自然或人为因素的干扰。如片区内有众多年代久远的石刻、墓葬等物质文化资源，应尽量避免过度开发，同时需注意防范物质文化资源在不利气候环境下的风化和侵蚀。与此同时，还要加强古墓葬保护技术的研究。

2. 尊重和发展少数民族文化

祁连山国家公园青海片区是少数民族聚居区，因此深入挖掘少数民族文化是物质文化资源开发利用过程中必不可少的途径。我们需在尊重和保

护少数民族文化的前提下，重视少数民族地区的文物挖掘和少数民族文化的弘扬与发展。在对于少数民族有深刻影响的历史人物遗迹、历史事件遗迹要加以挖掘和保护，对于现今即将倒塌或消失的少数民族文化遗存、民居建筑应列为重点保护的对象。今后应加强片区内文物古迹资源的排查和挖掘保护，树立打造祁连山国家公园青海片区的文化资源品牌。

3. 发挥资源优势，促进经济发展

当地有关部门在注意挖掘和保护文物古迹的同时，应充分利用物质文化资源的优势，发展文化旅游。考虑与文化旅游发展相结合，开辟文化旅游专线，让文物古迹"活起来"，将资源优势变为经济优势，振兴地方经济。

三、红色文化资源的开发利用

1. 深挖红色文化资源的价值，促进开发利用

在深入挖掘祁连山国家公园青海片区红色文化资源价值的过程中，要遵循保护优先的原则，按照相关法律法规要求，将市场作为导向，评估各地的文化开发项目，开发红色资源，形成生态性的良性循环利用。同时要遵循社会效益原则，拓展红色文化资源功能的途径（如建设红色文化场馆、爱国主义教育基地等），加强体验式、多样化和开放性的管理制度，以此提升红色文化的感染力与震撼力。

2. 提升区域红色文化特色品牌

祁连山国家公园青海片区红色文化资源历史沉淀悠久，商业化开发程度低，保留了较为浓厚的文化氛围。构建以"红色文旅＋"为设计理念的地域性红色文化品牌。进一步提升片区内的基础设施和其他相关配套设施的建设力度，加强交通、通讯、水电、游憩、卫生服务设施等方面的投入与建设，以此推动红色文化特色品牌的创建。

3. 推动红色文化资源整合

祁连山国家公园青海片区内含有较丰富的红色文化资源，地理位置优越，区位优势突出。未来要积极打破区域或地区间的限制，要开发设计大区域内的系列红色文化旅游资源。与此同时，要加快推进红色文化资源与其他类资源间的有效整合，建立适合祁连山国家公园青海片区特色的红色

文化资源开发路径。

4.构建红色文化数据库，开发拓展市场

通过田野实地调查，摸清祁连山国家公园青海片区内的红色文化资源现状，进一步建立健全保护机制，将区域内红色文化资源分布现状、类型、保存现状等进行详细记录，建立红色文化资源数据库。未来可试图建立红色文化资源微博账号、微信公众号等，及时更新共享红色文化资源的图片、视频等，利用新媒体平台加大宣传力度，开发拓展红色文化市场。

四、公共文化资源的开发利用

1.充分发挥现有文化设施作用

政府部门投资建设的村级综合性文化服务中心、图书馆、博物馆、文化馆和纪念馆等公共文化设施资源均要以坚持遵循公益性事业的性质，要明确不同类别的公共文化设施资源的服务标准，制定符合公共文化设施的基本制度，创造良好的公共文化服务环境，进而提升公共文化设施的吸引力。

2.持续增强公共文化设施的供给总量

开展形式灵活多样、内容丰富多彩的公共文化活动，是最贴近社会群众的形式。政府部门在充分发挥图书馆、博物馆、文化馆和村级综合性文化服务中心等基层文化设施作用的同时，还应该加大力度发展社区文化、村镇文化等，可开展农民文化节、职工文艺汇演等形式多样的群众性基层文化活动。

3.扩大公共文化设施服务的受众范围

村级综合性文化服务中心等基层设施应为广大群众提供形式多样的公共文化服务。如在文化设施项目设置过程中，秉持"弱势群体"优先的原则，要充分考虑到公众的文化需求，及不同年龄层次群体在文化需求方面存在的差异性。

4.创新公共文化设施服务载体

通过充分利用现代先进科技产品，打破传统图书馆的局限性，通过免费开放电子阅览室、提供网络资源共享等，来提升群众的公共文化服务意识，进而深化公共文化资源的服务理念。

参考文献

[1] Fang X M, Yan M D, Voo R V D. Late Cenozoic deformation and uplift of the NE Tibetan Plateau: Evidence from high-resolution magnetostratigraphy of the Guide Basin, Qinghai Province, China. Geol Soc Am Bull, 2005, 11: 1208-1225.

[2] Hadjimitsis D., Agapiou A.,et al. Exploring natural and anthropogenic risk for cultural heritage in Cyprus using remotesensing and GIS[J]. International Journal of Digital Earth ,2013, 6(2): 115-142.

[3] 卜静, 姜英, 龚文婷. 浅谈祁连山国家公园青海片区少数民族生活领域的生态文化 [J]. 陕西林业科技 , 2020, 48(6): 98-102.

[4] 蔡毅科. 解池周边历史遗迹的调查与研究 [D]. 山西大学 , 2019.

[5] 曾江, 张春海. 西王母文化考察记 [N]. 中国社会科学报 , 2011-08-23(005).

[6] 陈淳, 顾伊. 文化遗产保护的国际视野 [J]. 复旦学报 (社会科学版), 2003, (04): 122-129.

[7] 陈慧琳. 人文地理 [M]. 北京 : 科学出版社, 2001.

[8] 陈治荣. 基于 GIS 的祁连山南坡流域水生态功能分区研究 [D]. 青海师范大学 , 2019.

[9] 褚永彬 . 祁连山地貌特征及对青藏高原隆升的响应 [D]. 成都理工大学，
2015.

[10] 崔航 . 祁连山地区古冰川演化序列及其古气候重建研究 [D]. 兰州大学，
2017.

[11] 崔之久，伍永秋，刘耕年，等 . 关于"昆仑 – 黄河运动" [J]. 中国科学 (D
辑：地球科学)，1998, (01): 53–59.

[12] 戴离言，杨国胜 . 基于模糊评价法的非物质文化遗产开发潜力分析及
策略——以洪安古镇为例 [J]. 重庆第二师范学院学报，2015, 28(03):
22–25.

[13] 邓伟海 . 人文资源的利用与旅游业的发展 [J]. 沿海企业与科技，2007,
(04): 118–120.

[14] 董汉河 . 中国工农红军西路军七十周年祭——西路军的形成、失败及
其价值和意义 [J]. 甘肃社会科学，2007, (01): 121–128.

[15] 费孝通，方李莉 . 西部人文资源的保护和利用 . 见中国：西北人文资源
环境基础数据库 .

[16] 龚彦俊，王立新 . 国外文化遗产保护公众参与对我国的启示 [J]. 四川
建材，2020, (02): 44–45.

[17] 顾金孚，王显成 . 非物质文化遗产旅游资源价值评价体系初探 [J]. 资
源开发与市场，2008, (09): 793–795.

[18] 国家文物局 . 文物保护工程管理办法 [J]. 中华人民共和国国务院公报，
2003, (26).

[19] 何秀雯 . 传统戏剧交流在中国文化外交中的作用 [D]. 复旦大学，2010.

[20] 胡小飞 . 祁连山北部侵蚀速率的时空分布与构造抬升变形研究 [D]. 兰
州大学，2010.

[21] 怀保娟，李忠勤，孙美平，等 . 近 50 年黑河流域的冰川变化遥感分析
[J]. 地理学报，2014, 69(03): 365–377.

[22] 黄莉，袁莹，周芷秀 . 长汀红色文化旅游资源评价及应用研究 [J]. 武夷
学院学报，2022, 41(01): 63–70.

[23] 黄瑞华 . 祁连山地区大地构造演化及其性质特征 [J]. 大地构造与成矿

学，1996, (02): 95-104.

[24] 黄永林. 数字化背景下非物质文化遗产的保护与利用 [J]. 文化遗产，2015, (01): 1-10.

[25] 姜子夏，李才文，闫睿，等. 祁连山少数民族文学作品中的生态文化研究——以祁连山国家公园青海片区为例 [J]. 辽宁林业科技，2022, (01): 62-65.

[26] 喇秉德，马文慧，马小琴. 青海回族史 [M]. 北京：民族出版社，2009.

[27] 李芳菲. 基于雪豹生境保护的青海祁连山土地利用景观格局优化研究 [D]. 云南财经大学，2021.

[28] 李文强. 宝鸡市省级以上文物保护单位保护现状调研报告 [D]. 西安建筑科技大学，2017.

[29] 李希灿，王静，邵晓梅. 模糊数学方法在中国土地资源评价中的应用进展 [J]. 地理科学进展，2009, 28(03): 409-416.

[30] 李晓丽. 从藏族民间文学看藏族民俗——以民歌、谚语、谜语为例 [J]. 西藏艺术研究，2002, (03): 57-60.

[31] 刘涤瑕，李卫忠，曹定贵等. 寺大隆林区土壤发生类型和合理利用当议 [J]. 甘肃林业科技，1987, (2): 1-11.

[32] 刘少峰，张国伟，P.L.Heller. 循化 - 贵德地区新生代盆地发育及其对高原增生的指示 [J]. 中国科学 (D 辑：地球科学)，2007, (S1): 235-248.

[33] 刘音琦. 简析伊斯兰教音乐与回族宗教音乐 [J]. 北方音乐，2017, 37(09): 19.

[34] 马立婧. 培养高校非物质文化遗产传承人的探究——山东省非遗民间音乐例析 [J]. 大舞台，2013, (03): 259-260.

[35] 马文慧. 从民俗文化视角看伊斯兰文化的本土化——以青海为例 [J]. 青海社会科学，2013, (05): 134-138.

[36] 马学智. 浅议华热藏族的婚礼习俗及其根源 [J]. 文化月刊，2018, (09): 154-156.

[37] 马玉琴. 民族地区非物质文化遗产旅游开发的价值及其策略——以中国西北之魂"花儿"为例 [J]. 旅游与摄影，2022, (02): 86-88.

[38] 门源县县志编纂委员会. 门源县志 [M]. 兰州：甘肃人民出版社，1993，665–684.

[39] 门源县文化馆. 华热藏族服饰 [M]. 西宁：青海人民出版社，2018.

[40] 孟晓雪. 我国公共文化设施运营机制研究 [J]. 图书馆学刊，2021，43(07): 46–49.

[41] 苗丽静. 人文资源对经济发展的作用 [J]. 经济师，2000，(01): 83.

[42] 尼玛江才. 玉树民俗 [M]. 西宁：青海人民出版社，2019. 10.

[43] 聂文虎. 阿柔婚俗：盛开在祁连草原的阿尼玛卿雪莲 [J]. 中国土族，2013，(04): 61–62.

[44] 潘保田，高红山，李炳元，等. 青藏高原层状地貌与高原隆升 [J]. 第四纪研究，2004，(01): 50–57.

[45] 戚帮申. 祁连山新生代构造地貌演化特征 [D]. 中国地质大学（北京），2014.

[46] 祁连山国家公园管理局. 祁连山国家公园（青海片区）简介 [EB/OL.]. (2019–01–02)[2021–12–29].www.forestry.gov.cn/qls/3/20190102/111134776220205

[47] 祁连县志编纂委员会. 祁连县志 [M]. 兰州：甘肃人民出版社，1993.

[48] 祁郁春. 门源地方志暨民间文化丛书 岁月的踪影 [M]. 北京：中国文联出版社，2008，73–85.

[49] 钦媛. 新时代非物质文化遗产保护与传承探索 [J]. 文化创新比较研究，2022，6(03): 88–91.

[50]《青海省非物质文化遗产名录图典》编辑委员会. 青海省非物质文化遗产名录图典 [M]. 西宁：青海人民出版社，2012.

[51] 森姚. 门源奶皮 大地飘香 [J]. 消费指南，2017，(12): 22–23.

[52] 沈俊翔，甘永洪，魏林超. 漳州市芗城区古街文化景观评价与保护 [J]. 闽台文化研究，2014，(03): 86–97.

[53] 盛鑫. 我国政府对公共文化设施管理的问题及对策研究 [D]. 长春工业大学，2012.

[54] 施雅风，李吉均，李炳元. 青藏高原晚新生代隆升与环境变化 [M]. 广

州：广东科技出版社，1998，17–81.

[55] 司马宪光，司光庆峰. 制作牛羊头工艺标本能致富 [J]. 农村百事通，
2003，(21)：31.

[56] 宋春晖. 青藏高原北缘新生代沉积演化与高原构造隆升过程 [D]. 兰州
大学，2006.

[57] 宋俊华，王明月. 我国非物质文化遗产数字化保护的现状与问题分析
[J]. 文化遗产，2015，(06)：1–9.

[58] 宋连春，张存杰. 20 世纪西北地区降雨量变化特征 [J]. 冰川冻土，
2003，25：43–48.

[59] 宋宣霈. 大连市普兰店区历史遗址保护问题研究 [D]. 大连理工大学，
2019.

[60] 孙冠花. 祁连山国家公园（青海片区）中国特有植物多样性及其保护
利用 [D]. 西北农林科技大学，2021.

[61] 田生宁，边耀三. 不朽的丰碑——记"高原模范民兵连"门源县旱台
民兵连 [J]. 党的生活，2004，(3)：1–4.

[62] 田宇鹏，李玉荣，范辉. 模糊数学和权的最小平方方法在西藏波密县
白龙沟泥石流易发性评价中的应用 [J]. 地质找矿论丛，2021，36(04)：
546–552.

[63] 佟玉权. 旅游资源的模糊性及其评价 [J]. 桂林旅游高等专科学校学报，
1998，(02)：15–16.

[64] 万兆彬. 基于协同创新的少数民族非物质文化遗产传承人培养模式研
究 [J]. 青海民族研究，2017，28(02)：71–75.

[65] 汪平. 西北地区回族宴席曲传播的历史文化背景 [J]. 西夏研究，2012，
(04)：109–115.

[66] 汪清蓉，李凡. 古村落综合价值的定量评价方法及实证研究 [J]. 旅游
学刊 2006，(01)：19–24.

[67] 王海蓥. 山东半岛非物质文化遗产旅游价值及开发研究 [D]. 青岛大学，
2010，50.

[68] 王金华，霍晓彤. 石窟寺保护关键科学问题及关键技术探讨 [J]. 东南

文化，2021, (01): 6-13.

[69] 王可丽，江灏，赵红岩. 西风带与季风对中国西北地区的水汽输送 [J].
水科学进展，2005, 16(3): 432-438.

[70] 王其亨，吴葱，白成军. 古建筑测绘 [M]. 北京：中国建筑工业出版社，
2006: 2-3.

[71] 王晓珍，刘芳岐. 文化"涵化"与非遗传统美术的传承保护 [J]. 兰州
文理学院学报 (社会科学版)，2021, 37(02): 14-20.

[72] 王新平. 藏族煨桑仪式的宗教文化内涵 [J]. 中国宗教，2015, (06): 70-
71.

[73] 王毅，王菲凤，王学福. 祁连山国家公园体制试点建设路径探析 [J]. 甘
肃科技，2018, 34(22): 94-99.

[74] 王云. 青海藏族阿柔部落婚姻研究 [J]. 西北师大学报 (社会科学版)，
2010, 47(03): 101-105.

[75] 王子平，徐静珍. 论人文资源及其在社会经济发展中的作用 [J]. 河北
学刊，1999, (06): 33-36.

[76] 王宗太. 中国冰川目录　祁连山区 [M]. 兰州：中国科学院兰州冰川冻
土研究所，1981, 78-79.

[77] 王宗太，刘潮海. 祁连山区现代冰川发育条件、分布特征及区划——
据最新冰川编目资料分析 [J]. 地理学报，1983, (02): 141-153.

[78] 吴磊. 我国少数民族非物质文化遗产政策研究 [D]. 中央民族大学，
2012, 124.

[79] 吴珊. 论西北回族音乐文化的艺术特征 [J]. 北方音乐，2014, (08):
9-11.

[80] 吴雄韬，周伟. 衡阳市公共文化服务能力的综合评价 [J]. 衡阳师范学
院学报，2014, 35(06): 13-17.

[81] 伍威. 基于模糊数学的企业销售信息系统风险评估方法 [J]. 山东商业
职业技术学院学报，2022, 22(02): 8-13.

[82] 夏林圻，李向民，余吉远，等. 祁连山新元古代中—晚期至早古生代火
山作用与构造演化 [J]. 中国地质，2016, 43(04): 1087-1138.

[83] 肖勤福 . 人文资源简论 [J]. 生产力研究 , 1988, (01): 2–5.

[84] 谢建丽 , 张德栋 , 刘圆圆 . 祁连山区主要河流径流演变及趋势预测分析 [J]. 水文 , 2011, 31(05): 88–91.

[85] 徐建华 . 现代地理学中的数学方法 [M]. 北京 : 高等教育出版社 , 1994.

[86] 徐进 . 旅游开发规划及景点景区管理实务全书 [M]. 北京 : 北京燕山出版社 , 2000.

[87] 杨斌 . 高校教师职称评定的一种简单模糊数学模型 [J]. 科技信息 , 2010, (01): 246.

[88] 杨多生加 . 祁连刺绣 (英文)[J]. Women of China, 2002, (06): 48–49.

[89] 岳乐平 , Heller F, 邱占祥 , 等 . 兰州盆地第三系磁性地层年代与古环境记录 [J]. 科学通报 , 2000, (45): 1998–2003.

[90] 张博 , 程圩 . 文化旅游视野下的非物质文化遗产保护 [J]. 人文地理 , 2008, (01): 74–79.

[91] 张纯 , 柴彦威 . 北京城市老年人社区满意度研究——基于模糊评价法的分析 [J]. 人文地理 , 2013, 28(4): 47–52.

[92] 张大巍 . 西路军左支队浴血突围祁连山 [J]. 党史纵横 , 2010, (06): 43–46.

[93] 张克信 , 王国灿 , 季军良 , 等 . 青藏高原古近纪——新近纪地层分区与序列及其对隆升的响应 [J]. 中国科学 : 地球科学 , 2010, 40(12): 1632–1654.

[94] 张鹏 . 传统美术类非物质文化遗产濒危影响因素及生产性保护研究 [D]. 福建师范大学 , 2016.

[95] 张晓君 . 回族宴席曲的传承与流变 [J]. 青海师范大学学报 (哲学社会科学版), 2015, 37(05): 74–78.

[96] 张新友 . 新疆多民族地区非物质文化遗产旅游资源评价 [J]. 贵州民族研究 , 2018, 39(10): 152–157.

[97] 张扬 . 藏毯是青海生态产业的一张亮丽名片 [N]. 海东时报 , 2019-08-09(A02).

[98] 赵建军 . 李先念 : 从祁连山到星星峡——西路军左支队浴血奋战记 [J].

党史博采, 2004, (09): 4-8.

[99] 赵作珍. 古遗址保护与利用研究 [J]. 遗产与保护研究, 2017, 2(04): 180-182.

[100] 中国地理百科丛书编委会编著；刘建泉，汪杰，蒋志成撰. 中国地理百科 祁连山. 广州：世界图书出版广东有限公司, 2016.

[101] 国务院. 中华人民共和国文物保护法实施条例. 2013-12-07.

[102] 周裕兰. 关于贵南县藏绣产业发展状况的调查与思考 [J]. 非物质文化遗产研究集刊, 2014, (00): 122-129.

[103] 朱世奎. 话说西王母石室 [J]. 中国土族, 2006, (02): 38.

附　录

附录一　非物质文化资源调查表

调查人员：_____　调查时间：_____　联系电话：_____

联络人		联系方式	
名　称		代　码	
申报地区/单位		传承人	
保护单位			
典型分布区			

GPS坐标	北纬	东经	海拔高程

类　别	○民间文学 (01)	○神话 (01)　○民间传说 (02)　○民间故事 (03)　○史诗 (04)　○民间叙事诗 (05)　○民间歌谣 (06)　○其他 (07)
	○传统音乐 (02)	○器乐音乐 (01)　○戏曲音乐 (02)　○民歌 (03)　○舞蹈音乐 (04)　○其他 (05)
	○传统舞蹈 (03)	○宫廷舞蹈 (01)　○民间舞蹈 (娱人型舞蹈和娱神型舞蹈) (02)　○其他 (03)
	○传统戏剧 (04)	○民间小戏 (木偶戏、皮影戏、面具戏等) (01)　○大型传统戏剧 (02)　○其他 (03)
	○曲艺 (05)	○说故事 (01)　○唱故事 (02)　○其他 (03)
	○传统体育、游艺与杂技 (06)	○摔跤 (01)　○骑马 (02)　○射箭 (03)　○赛牦牛 (04)　○武术 (05)　○轮子秋 (06)　○"骆驼舞" (07)　○拔腰 (08)　○打 "蚂蚱" (09)　○打缸 (10)　○赛骆驼 (11)　○登高 (12)　○踩青 (13)　○下棋 (14)　○狩猎 (15)　○锅庄 (16)　○其他 (17)
	○传统美术 (07)	○剪纸 (01)　○唐卡 (02)　○刺绣图案 (03)　○藏族书法 (04)　○藏族绘画 (05)　○其他 (06)
	○传统技艺 (08)	○藏族黑牛毛帐篷制作技艺 (01)　○刺绣 (02)　○雕塑 (03)　○编织 (04)　○其他 (05)
	○传统医药 (09)	○藏族医学 (01)　○蒙古族医学 (02)　○中医 (03)　○其他 (04)
	○民俗 (10)	○物质生产民俗 (01)　○社会组织民俗 (02)　○岁时节日民俗 (03)　○人生礼仪 (04)　○民间信仰 (05)　○其他 (05)

起源年代	○旧石器时代　○新石器时代　○夏　○商　○西周　○东周　○秦　○汉 ○三国　○晋　○南北朝　○隋　○唐　○五代　○宋辽金　○元　○明 ○清　○中华民国　○中华人民共和国　○待定	
等　级	○国家　○省级　○州级　○县级	
传承群体		
价值	历史价值	
	文化价值	
	艺术价值	
	科学价值	
	社会价值	
简　介		
传承现状	现状评估	○好　　○较好　　○一般　　○较差　　○差
	现状描述	
孕育环境		

附录二　物质文化资源调查表

调查人员：_____　调查时间：_____　联系电话：_____

联络人		联系方式		
名　称		代　码		
申报 地区 / 单位		传承人		
保护单位				
典型分布区				
GPS 坐标	北纬	东经	海拔高程	
类　别	○古遗址（01）	○洞穴址　○聚落址　○城址　○窑址　○窖藏址 ○矿冶遗址　○古战场　○驿站古道遗址　○军事设施遗址　○桥梁码头遗址　○祭祀遗址　○水下遗址　○水利设施遗址　○寺庙遗址　○宫殿衙署遗址 ○其他古遗址		
	○古墓葬（02）	○帝王陵寝　○名人或贵族墓　○普通墓葬 ○其他古墓葬		
	○古建筑（03）	○城垣城楼　○宫殿府邸　○宅第民居　○坛庙祠堂 ○衙署官邸　○学堂书院　○驿站会馆　○店铺作坊 ○牌坊影壁　○亭台楼阙　○寺观塔幢　○苑囿园林 ○桥涵码头　○堤坝渠堰　○池塘井泉　○其他古建筑		
	○石窟寺及石刻（04）	○石窟寺　○摩崖石刻　○碑刻　○石雕　○岩画 ○其他石刻		
	○近现代重要史迹及代表性建筑（05）	○重要历史事件和重要机构旧址　○重要历史事件纪念地或纪念设施　○名人故、旧居　○传统民居○宗教建筑　○名人墓　○烈士墓及纪念设施　○工业建筑及附属物　○金融商贸建筑　○中华老字号　○水利设施及附属物　○文化教育建筑及附属物　○医疗卫生建筑　○军事建筑及设施　○交通道路设施　○典型风格建筑或构筑物　○其他近现代重要史迹及代表性建筑		
	○其他（06）			

年代		
统计年代	○旧石器时代　○新石器时代　○夏　○商　○西周　○东周　○秦 ○汉　○三国　○晋　○南北朝　○隋　○唐　○五代　○宋辽金　○元 ○明　○清　○中华民国　○中华人民共和国　○待定	
面积（m²）		
所有权	○国家　○集体　○个人　○不明	
使用情况	使用单位（或人）		隶属	
	用途	○办公场所　○开放参观　○宗教活动　○军事设施 ○工农业生产　○商业用途　○居住场所　○教育场 所　○无人使用　○其他用途
复查对象	级别	○全国重点文物保护单位　○省级文物保护单位 ○市、县级文物保护单位　○尚未核定为保护单位
单体文物	数量（个）	
	说明	
简介		
保存现状	现状评估	○好　○较好　○一般　○较差　○差
	现状描述	
损毁原因	自然因素	○地震　○水灾　○火灾　○生物破坏　○污染　○ 雷电　○风灾　○泥石流　○冰雹　○腐蚀　○沙漠 化　○其他自然因素
	人为因素	○战争动乱　○生产生活活动　○盗掘盗窃　○不合 理利用　○违规发掘修缮　○年久失修　○其他人为 因素
	损毁原因描述	
环境状况	自然环境	
	人文环境	
备注		

附录三　红色文化资源调查表

调查人员：_____　　调查时间：_____　　联系电话：_____

名　称		代　码		
联络人		联系方式		
地　址				
GPS 坐标	北纬	东经		海拔高程
	测点说明			
类　别	○红色旧址 (01)	○民居宅地 (01)　　○学校书院 (02)　　○道路桥梁 (03)　○祠堂寺庙 (04)　　○旅店客栈 (05)　　○军事建筑及设施 (06)　○工业建筑及设施 (07)　　○农田设施 (08)		
	○红色人物 (02)	○具有较高的知名度和社会声望 (01)　　○担任重要职务且在历史事件中有重要作用 (02)		
	○红色事件 (03)	○党的建设 (01)　　○政权政务 (02)　　○经济财贸 (03)　○群众运动 (04)　　○文化 (05)　　○教育 (06)　　○体育 (07)　○卫生 (08)　　○统战工作 (09)　　○理论创新 (10)　○军事斗争 (11)　　○国际共运 (12)		
	○红色建筑 (04)	○　博物馆 (01)　　○纪念堂馆 (02)　　○烈士陵园 (03)　○碑亭台柱 (04)　　○纪念广场 (05)　　○纪念雕塑 (06)　○园林景观 (07)　　○牌坊塔祠 (08)		
	○红色器物 (05)	○学习用品 (01)　　○办公用具 (02)　　○印信图章 (03)　○旗帜牌匾 (04)　　○证件徽章 (05)　　○货币票证 (06)　○邮票邮品 (07)　　○服装被褥 (08)　　○家用器具 (09)　○耕作农具 (10)　　○器材工具 (11)　　○通讯器材 (12)　○武器装备 (13)		
	○红色精神 (06)	○思想理论 (01)　　○精神信仰 (02)　　○理想信念 (03)　○观念观点 (04)　　○伦理道德 (05)　　○意志品格 (06)　○情感情操 (07)　　○价值观 (08)		
年份				
所有权	○国家　○集体　○个人　○不明			
使用情况	使用单位（或人）		隶属	

	用途	○办公场所　○开放参观　○宗教活动　○军事设施 ○工农业生产　○商业用途　○居住场所　○教育 ○无人使用　○其他用途		
级别与 重要性	○全国重点文物保护单位　○省级文物保护单位　○市、县级文物保护 单位　○尚未核定为保护单位　○其他_____			
简介				
现状	现状评估 （实体类）	○好　　　○较好　　　○一般		
	发掘程度 （人或事）	○高　　　○较高　　　○一般		
损毁原因 （如有必 要，则填写）	自然因素	○地震　○水灾　○火灾　○生物破坏　○污染　○雷 电　○风灾　○泥石流　○冰雹　○腐蚀　○沙漠化 ○其他自然因素		
	人为因素	○战争动乱　○生产生活活动　○盗掘盗窃　○不合 理利用　○违规发掘修缮　○年久失修　○其他人为 因素		
	损毁原因描述			
产生背景	自然环境			
	人文环境			
调查意见				
备注				

附录四　公共文化设施资源调查表

调查人员：_____　　调查时间：_____　　联系电话：_____

设施名称		代　码	
联络人		联系方式	
地　址			
GPS 坐标	北纬	东经	海拔高程
	测点说明		
类别	○图书馆 (01)　○博物馆 (02)　○科技馆 (03)　○纪念馆 (04)　○剧院 (05) ○体育场馆 (06)　○青少年宫 (07)　○美术馆 (08)　○文化活动中心 (09) ○电影院 (10)　○文化馆 (11)　○科技馆 (12)　○老年人活动中心 (13) ○妇女儿童活动中心 (14)　○乡镇（街道）和村（社区）基层综合性文 化服务中心 (15)		
年份			
所有权	○国家　○社会力量　○不明		
使用情况	使用单位 （或人）		隶属
	用途	○办公场所　○开放参观　○宗教活动　○军事设施　○ 工农业生产　○商业用途　○居住场所　○教育　○无人 使用　○其他用途	
级别	○省级　○州（市）级　○县级　○其他_____		
简介			
现状评估	○好　　○较好　　○一般　　○较差　　○差		
损毁原因 （如有必 要，则填写）	自然因素	○地震　○水灾　○火灾　○生物破坏　○污染　○雷电 ○风灾　○泥石流　○冰雹　○腐蚀　○沙漠化　○其他 自然因素	
	人为因素	○生产生活活动　○盗掘盗窃　○不合理利用　○违规 发掘修缮　○年久失修　○其他人为因素	
	损毁原因描述		
环境状况	自然环境		
	人文环境		
调查意见			
备注			

附录五　红色代表人物及革命烈士名录

1. 熊厚发（1914—1937）

红三十军八十八师师长。熊厚发的经典形象是宽皮带盒子枪，手持一柄雁翎刀，冲锋陷阵时，常用一把刀和敌人拼杀，极其威武。西路军二进倪家营子陷入绝境，惨烈突围后来到祁连山下的三道沟地区，在南柳沟再次被十数倍于己的敌军包围。熊厚发率领八十八师剩余将士向梨园口突围杀开了通道，战斗中左臂动脉中弹。经过梨园口突围、石窝战斗等昼夜不息连续浴血苦战，在左支队暂时摆脱追兵后，决定向祁连深处进发时，熊厚发师长的伤势严重，难以随部队行动，于是挥泪和李先念等诀别，留下了那句撼人心魄的铮铮誓言："活着一定回延安，死了算我革命成功！"随后在绿布顶草原与追剿敌军战至最后一刻，长眠于祁连山。

经过祁连、肃南、张掖党史工作者的协同探究，多方印证，最终确认：绿布顶草原当年属肃南县。1960 年，国务院将这里与门源县皇城乡对调，分别划归青海和甘肃。熊厚发师长牺牲的地方绿布顶草原和黄番寺战斗发生地，现均属祁连县八宝镇。

2. 翟鸿儒（1923—1949）

河北省完县人，汉族。1940 年在晋察冀边区参加革命，同年加入八路军，为第一二〇师三五八旅八团战士。不久选派到晋东南抗大一分校学习，期间加入中国共产党。1941 年，他毕业后相继担任连副指导员、指导员、营副政治教导员、教导员等职。在战争年代里他随军转战于晋察冀边区、晋西北、离石、绥远、大同、陕西、甘肃、宁夏、青海等地。1949 年 9 月，门源解放后任中共门源县委副书记兼副县长。同年 11 月，他奉命率 30 余名干部战士前往祁连进行人民政权建设工作。完成任务后，于 12 月初返回门源。12 月 7 日，他主持召开军事会议，做出保卫县城的战略部署。下午 4 时，匪徒 4 000 余众啸聚于县城周围，发起了轮番猛攻。翟鸿儒指挥仅有三个排的兵力与数倍的敌人展开了激烈鏖战，先后击退敌人十余次进攻。战斗进行至晚 7 时许，在夜幕掩护下，潜伏城内的匪徒向城头守军猝然发动进攻，使部队腹背受敌。在此情况下守城部队分兵突围。翟鸿儒等同志突围后向西进军，在寺湾、大梁、盘坡一带，遭匪徒伏兵袭击，牺牲1人，其余同志在翟鸿儒带领下冲出重围，继续向西前进，在夏日莫德又遭遇匪徒，展开了激烈的战斗，最后除1人突围外，翟鸿儒等19名同志全部壮烈牺牲。

3. 张发亮（？—1949）

山西离石县六区碾坞村人，汉族。1947年参加中国人民解放军。历任班长、侦察排长。门源解放后，任二区副区长。1949年12月6日下午，匪徒包围二区政府。张发亮带领同志们沉着迎战，狙击匪徒发起的一次次进攻。8日，匪徒又增加兵力武器，更加疯狂地发起进攻，但都被打退。下午，混进区政府的匪徒将所剩子弹掷出墙外，并给匪徒报了信，匪徒们认为时机已到，用汽油点燃大门。张发亮率战友掘开后墙向黑刺滩突围，又遭埋伏，1人负伤，6人牺牲。子弹打完后，泗水向北岸突围，不幸中弹牺牲。

4. 宋信忠（？—1949）

贵州省贵定县人，汉族。1933年参加中国工农红军，后加入中国共产党，历任班长、排长、连长、团司令部作战训练参谋、团轮训队副队长、副营长。1949年9月到门源任武装科长。同年12月7日从二区返回县城时在旱台遭遇大股匪徒，在激战中被匪徒袭击。战马中弹倒地，他敏捷地藏在马后，用手枪连毙数敌。子弹打完后，他奋身扑入敌群与敌人展开肉搏，最终英勇就义。

5. 张二小（？—1949）

山西省朔县人，汉族。1946年参加中国人民解放军，同年加入中国共产党，历任班长、排长、副政治指导员。1949年门源解放后，任二区区长，12月5日，武装匪徒在卡子沟首先叛乱。12月7日，张二小率18名战士押解4名匪徒向县城进发。途经旱台磨尔沟时，遭到数百名匪徒的伏击。在敌众我寡、地形不利的情况下进行了英勇反击。子弹打完后，为了掩护其他同志，他放弃突围的机会，将匪徒引向自己一边。当匪徒们蜂拥而上时，张二小毅然拉响了仅留的两颗手榴弹，与6名匪徒同归于尽。

6. 符开珍（？—1950）

湖南省陵源县乐平乡人，汉族。1945 年参加八路军，后加入中国共产党，历任班长、排长、通信连副连长。1950 年 1 月任门源县第四区武装工作队队长。6 月 14 日被 400 余名匪徒团团包围在四区政府，他指挥仅有的 3 名战士沉着迎战，并手持轻机枪，跳到西房顶掩墙下利用有利地形，向逼近的匪徒猛烈射击，击毙匪徒十数人，有效狙击了敌人的 6 次反扑。当子弹打完后，被匪徒射中，符开珍同志壮烈牺牲。

7. 翟理才（？—1950）

河北省无极县人，汉族。门源解放后，他主要从事地方工作，任第四区（皇城）副区长。1950 年 6 月 22 日，700 余名匪徒包围了皇城区政府，翟理才带领 4 名战士进行反击。弹药打完后，拿起马刀冲进敌群进行肉搏，不幸被擒。匪徒用酷刑逼问他情报时，换来的只有他的厉声斥责，最后壮烈牺牲。

8. 李承兰（1928—1950）

青海省门源县旱台乡旱台村人，汉族。少年务农，1946 年被官府抽丁为兵，解放后回乡务农。1950 年参加民兵自卫队，担任机枪手，吃苦耐劳，作战英勇。1950 年 12 月 19 日，刚结婚两天的李承兰毅然辞别新婚燕尔的妻子，参加剿匪战斗，当天中午在阴田乡大沟脑东岔发现 20 余匪徒。当时匪徒已占领制高点，自卫队进攻时遭到匪徒的火力压制。李承兰端起机枪，边打边冲，压住了敌人的火力，第一个冲上山顶毙敌数名。最后被匪徒击中，光荣牺牲。

9. 魏有林（1923—1951）

青海省门源县仙米乡达龙村人，出生于一个家境贫寒的汉族农民家庭。父母早丧，15 岁便成了孤儿，靠做长工为生。1946 年，他在泉沟台乡窑洞庄村落户。1950 年，积极报名参加民兵自卫队。在剿匪中勇敢顽强，表现出色，门源县人民政府曾授予魏有林"剿匪模范"的称号。1951 年 9 月 19 日晚，从皇城滩一带流窜过来的匪徒 10 余人，偷袭工作组驻地。当他发现这一情况后，立即奔赴现场解围，利用一小房作掩护，开枪打死匪徒 1 人，击伤 2 人，最后不幸中弹，英勇牺牲。

10. 朵含章（1909—1951）

青海省门源县浩门镇疙地村人，蒙古族，字明正。出身于封建家庭，由于父亲早逝，家中由母亲撑持门户。朵含章自小敏而好学，后以优异成绩考入西宁师范大学，毕业后在陆军新编第九师当兵。1933年保送到南京中央陆军学校学习炮科专业，著有《卜斯福山炮操作规范》一书，张治中将军亲题"学有心得"四字。毕业后任八十二军上校书记处处长，不久升任少将高参。1939年后又考入重庆陆军大学，除军事知识外，还掌握了德语、英语、俄语三门外语，尤以俄语见长。1949年门源解放后向人民政府投诚，交出吉普车及枪支弹药，参加了第一期解放军军官训练班。不久会同马录文等人前往祁连招降、马占清、冶生华等匪众，共争取100余散匪投降。他还先后奉命往大通和上五庄争取马英、马松林归降。1950年出席了省第一届各族各界人民代表大会，多次在《青海日报》上撰文宣传党的政策，做了一些有益的事。

11. 马录文（1903—1960）

青海省门源县麻莲乡中麻莲村人，后移居浩门镇南关，回族。幼学阿文，少年进学校读书。1928年随父赴麦加朝觐回来后，回族群众称"尕罕智"，因热心公益，公正廉洁，在群众中享有较高威望。1949年门源解放时参加支前等工作，同年12月门源发生匪乱时，他冒险掩护了一名解放军战士。平息匪乱中配合剿匪部队，劝说被裹胁群众，回乡参加生产。在吊沟、大滩等地区劝降匪徒时，冒着生命危险与持枪相向的匪徒谈判，当少数死硬分子举枪欲加害他时，他巍然挺身，以正拒邪。1950年受人民政府派遣，会同朵含章等人深入匪徒盘踞的祁连地区，劝降冶生华、马占清为首的匪徒100余人。1950年，他担任门源县代副县长，1951年任门源县县长。抗美援朝时，他积极进行宣传，主动带头并发动各界人士踊跃捐献。在1951年的"减租反霸"和1952年的"土改"中，他主动减租减息，并将在麻莲的房产、土地、车辆、马匹等全部缴公。他还身体力行，随同傅鼎等县委领导一起跋山涉水，在克图尖沟等地宣传政策，对发动民族地区群众起了很大作用。1953年门源县人民政府成立，当选为主席。1954年1月起兼任海北州人民政府副州长。同年成立门源县榨油厂，支援地方工业。1958 年初全县兴起牧业合作化运动，他将皇城的全部牲畜作为西水滩公私合营牧场的投资。"大跃进"中，积极为国排忧解难，拿出家中价值几千元的财物投资国家建设事业。

12. 赵文昌（1947—1969）

青海省门源县浩门镇西关村人，汉族，出身贫农家庭。1968 年入伍，在玉树军区骑兵一支队二连任军马卫生员，1968 年 11 月加入中国共产党。1969 年玉树发生叛乱，他主动要求参战。12 月 22 日在围歼"澜沧江护教军"匪徒的战斗中一直冲锋在前，身中四弹，但他忍受剧痛顽强战斗，最终不幸壮烈牺牲。青海省军区党委追记赵文昌一等功，玉树军区党委做出关于向赵文昌学习的决定。

13. 索诺木达细（1880—约 1953）

蒙古族，和硕特部北前旗（俗称布哈公旗）世袭第九任王公，亦称贡王爷，开明人士。国民政府国大代表，国民党党员。1939 年 9 月，任默勒区区长，倡导勤劳节俭，发展牲畜。1949 年 9 月，前往西宁迎接人民解放军，受到一军军长贺炳炎接见，后又会同阿力克千户南木卡才巷，百户阿多（索诺日）专程到俄博欢迎一兵团王震司令员。同时组织地方自卫队与国民党残部展开殊死斗争，保护了群众生命财产。1951 年 10 月当选为祁连行政区委员会副主任，1952 年 9 月首次民主协商委员会代表大会上当选为主席，后任祁连自治区人民政府副主席、省民委委员等职。1953 年 12 月病逝于默勒，终年 73 岁。

14. 南木卡才巷（1900—1966）

藏族，阿力克（现阿柔）部落人。25 岁时，继任千户。性温和，善听言，喜交友。为部落办实事，通过夏洛活佛免除向郭莽（广惠）寺纳税惯例，与默勒王协定，获阿力克草原使用权。1937 年，中国工农红军西路军在河西走廊惨遭国民党残部围追堵截，刘思贵、陈洪江等 8 人流落祁连牧区和农村，得到当地群众营救，且安家落户。他出于正义，承担风险给予保护。1939 年 9 月，任阿力克区区长，深得部落民众敬重。1949 年 9 月配合三军骑兵团剿灭二寺滩、扎麻什、野牛沟一带残敌，维护地方安定。后又专程到西宁向人民解放军表示致敬，受到一军贺炳炎、廖汉生等部队首长接见。动员本部落牧民卖给三军部队牛 300 头，羊千余只。1950 年 1 月，在三军骑兵团政委苏醒陪同下到张掖受到三军军长黄新廷接见。此后应西北军政委员会特邀到西安参加第一次西北民族工作会议，受到彭德怀副总司令、王震司令员亲切接见。1952 年 9 月 30 日，当选为祁连自治区人民政府主席。1953 年 11 月，首任祁连县人民政府县长。海北藏族自治州成立后他当选为副州长。抗美援朝中，捐银元 200 块，鼓励牧民捐献羊皮 1 200 张。

15. 韩世明（1889—1974）

回族，青海省化隆县拉什干村人。6 岁始在家乡学经，后到循化、甘肃河州临夏求经。18 岁在化隆当阿訇。后在八宝上庄清真大寺任教长，且主持新建卡力岗清真大寺。他为人厚道，诚恳，平易近人，严于律己，深得穆斯林及兄弟民族敬重。1949 年 9 月，随着门源县解放和人民解放军挺进新疆，马步芳骑八旅副旅长马振中率 140 余人潜入祁连地区，谣言四起，人心惶惶，群众四处逃难。在群众不明真相情况下，他以讲经方式教育穆斯林民众认清形势，不要听信谣言，对人民解放军要以诚相待，敢于揭发残敌强盗的胡作非为，多次险被残敌暗杀。1951 年建政后，积极参与党的民族统战工作，为维护地方治安、民族团结出力献策。在互助合作化时期，鼓励大家坚持走共同富裕的社会主义道路。1953 年 11 月，在祁连县第二次民主协商委员会上选为副主席。1955 年 6 月—1958 年 6 月任政协祁连县委员会副主席，政协海北州委员会委员。

16. 赵秀英（1914—1983）

赵秀英，女，原汉族，后随回族。1933 年在四川省苍溪县龙山金斗乡代毛坪参加红军，在家乡妇救会工作。结婚 3 月，丈夫加入红军，此后杳无音信。她先后任红三十军医院洗衣二排排长、文艺队队长等职。1935 年加入中国共产主义青年团。1937 年 3 月在甘肃省张掖梨园口被国民党军队包围，突围时与部队失散。她和 10 余名女战士在敌人搜山时被俘。她们坚持未出卖同志和暴露党的秘密。此后，押至西宁，当被敌人推到"万人坑"前时，她带头唱《国际歌》，高呼"中国共产党万岁""红军万岁""红军不怕死，怕死不当红军"。1949 年流落到黄藏寺，与当地回族农民马成兴结为夫妻，生活始得安宁。解放后，积极投身生产第一线，长期担任村、大队妇联主任。1962年评为县劳动模范，受到中共祁连县委、县人大表彰。1972年出席全州妇代会。于1983年10月30日病故，终年69岁。

17. 革命烈士名录

附表 5-1　红西路军革命烈士（将领）名录

人物姓名	出生年	籍贯	事迹
梁旷才	不详	湖南	时任红五军保卫局局长。1937年1月在高台战斗中牺牲
刘培基（刘基）	1911	陕西	历任红五军团长、第十三师参谋长等职
年鸿才	不详	湖南	历任红五军第十五师参谋长、第四十三团参谋长等职。1937年1月在高台战斗中被俘，后被敌人杀害
潘友清	不详	湖北麻城	历任红九军第二十七师副师长兼第八十一团团长、第二十五师七十三团团长等职。1936年12月在永昌作战中牺牲
彭德轩（彭莹）	不详	湖南醴陵	历任红五军第十三师参谋长、西路军骑兵师参谋长等职。1937年1月在增援高台的小海子滩战斗中牺牲
任炳煌	1906	湖南湘乡	历任川陕省工农民主政府秘书长、红西路军剧团导演等职。1936年12月在永昌战斗中牺牲
王海清	1911	湖北红安	时任红九军第二十五师师长，1936年11月在古浪战斗中牺牲
叶崇本	不详	湖北红安	时任红五军第四十五团团长，李连祥牺牲后接任第十三师师长兼四十五团团长，1937年1月在高台战斗中牺牲
易汉文	1908	湖北大悟	曾任红九军教导师政委，李德明牺牲后接任第二十七师政委，1936年11月在古浪战斗中牺牲
吴永康（宠大恩）	1900	广西兴业	历任中共中央《红旗报》编辑、川康省委书记、甘肃工委北路工委书记、红西路军政治部地方工作部部长等职。1937年4月在祁连山白泉门战斗中牺牲
熊厚发（熊发）	1914	湖北大悟	历任红三十军第八十八师师长、红三十军副军长兼第八十八师师长等职。1937年7月在祁连山绿布顶草原因重伤后英勇就义

续表

人物姓名	出生年	籍贯	事迹
杨焕章	不详	不详	时任红五军第十三师第三十七团参谋长，李屏仁负重伤后继任红五军参谋长。1937年3月在临泽牺牲
杨克（陶树臣）	1905	四川涪陵	历任川东梁达中心县委书记、红三十三军政委、红五军政治部主任等职。1937年1月在高台战斗中牺牲
郑义斋（邓少之）	1901	河南许昌	历任鄂豫皖省和川陕省工农民主政府财政委员会主席兼工农银行行长、西路军供给部部长等职。1937年7月在祁连山康龙寺以南遭敌人围攻牺牲
黄绍余	1908	四川苍溪	历任中共川陕省委秘书长、西路军政治部科长等职。1936年12月在永昌作战中牺牲
姜焕绚	不详	不详	时任红九军政治部敌工部部长。1936年11月在永昌东十里铺作战中牺牲
李德明	1915	河南光山	历任红九军第二十七师政治部主任、红二十七师政治委员等职。1936年11月在古浪战斗中牺牲
李连祥	不详	河南洛阳	时任红五军第十三师师长兼三十七团团长，1936年12月在山丹隘门滩战斗中牺牲
董振堂	1895	河北新河	1931年与赵博生、季振同等率部举行宁都起义，历任红五军军团长、红五军军长等职。1937年1月在高台战斗中牺牲
李特（徐克勋）	1902	安徽霍邱	列宁格勒军政学院毕业，历任红四方面军参谋长、西路军参谋长等职。1938年3月在新疆迪化牺牲
曾日三	1904	湖南宜章	历任红三十军政治部主任、西路军政治部敌军工作部部长等职。1937年4月在祁连山白泉门中战斗中牺牲
陈伯稚	1909	湖北红安	历任红四军十一师二十三团政治委员、红九军参谋长等职。1936年11月在古浪战斗中牺牲
陈海松	1914	湖北大悟	历任红四方面军九军二十五师政治委员、红九军政治委员、西路军军政委员会委员等职。1937年3月在临泽梨园口战斗中牺牲
黄超	1906	贵州	历任红四方面军第七十三师政治部主任、红五军政治委员、西路军工作委员会委员等职。1938年3月在新疆迪化牺牲

人物姓名	出生年	籍贯	事迹
李彩云	1908	甘肃临洮	历任甘肃抗日救国军第二路司令兼甘肃独立师师长、西路军骑兵师参谋长等职。1937年6月在祁连山战斗中牺牲
李春霖	1910	广东汕头	历任红四方面军政治部秘书长、西路军政治部秘书长等职。1937年3月在临泽倪家营子作战中牺牲
俞荣华	1909	河南平江	曾任红五军团政治部宣传科科长、红三十军政治部宣传部部长等职。1937年7月在祁连山石窝山战斗中牺牲
黄思彦	1911	河南洛阳	曾任红五军第十三师政治部宣传科科长、红九军政治部宣传部部长等职。1937年3月在临泽梨园口战斗中牺牲
姜启化	1913	陕西华县	曾任红四方面军第九军团三师九团政委、红西路军政治部部长。红九军第二十五师政委等职。1936年11月在古浪战斗中牺牲
姜振海	1900	湖北黄冈	曾任红九军司令部科长、第二十七师参谋长等职。1937年1月在甘溪突围中牺牲
李有庆	1907	湖北红安	曾任红九军第二十七师八十一团政治处主任、政治部主任等职。1937年3月在临泽梨园口战斗中牺牲
刘理元	1906	湖北红安	历任红九军第二十五师副师长、第二十六师师长等职。1936年12月在永昌战斗中牺牲
刘培荣	不详	甘肃	曾任红五军第十三师第三十六团团长、红九军司令部一科科长、第二十七师参谋长等职。1936年11月底在古浪战斗中牺牲
秦道贤	1912	湖北红安	曾任红西路军骑兵师政委，1937年1月在高台小海子滩战斗中牺牲
邵烈坤	1910	安徽六安	曾任红三十军第八十九师师长。1937年3月在梨园口战斗中被俘，后被敌人杀害
武茂吾（盛梦）	不详	湖南	曾任第十五军四十四师一五一团政委、红五军工作部部长等职。1937年1月在高台战斗中牺牲
李庆维	1913	湖北麻城	历任红三十军第九十师政治部主任、西路军骑兵师政治部主任等职。1937年1月在增援高台的小海子滩战斗中牺牲

续表

人物姓名	出生年	籍贯	事迹
李屏仁	1908	甘肃武都	历任红五军第十三师三十七团团长、红五军参谋长等职。1937年3月牺牲于祁连山中
刘静生	不详	不详	时任西路军总部第四局（侦察局）局长，1937年3月被俘，后被敌人杀害于西宁
刘雄武	1906	云南宣威	时任红五军司令部作战科科长、红三十军第八十九师参谋长、二六七团团长等职。1937年4月在安西红柳园战斗中牺牲
孙玉清	1910	湖北红安	时任红三十一军军长、红九军军长等职。1937年3月在祁连山口被俘，押送西宁后被敌人杀害
陈春甫（陈吉甫）	1895	湖北大冶	历任红三军团第五军医院院长、红五军团卫生部部长、红五军卫生部部长等职。1937年1月在高台战斗中牺牲
陈启华	1919	四川万源	曾在张文德牺牲后接任红三十军第八十九师政委。1937年3月在祁连山康龙寺以南作战中牺牲
陈佟矩	1908	河南商城	曾在易汉文牺牲后接任红九军第二十七师政委。1937年3月在临泽倪家营子作战中牺牲
陈增连	1908	河南光山	历任红四方面军红三十军团长、参谋主任等职。1937年1月在张掖西南部作战中牺牲
陈智才	不详	湖南	历任红三十军第八十九师二六七团政委、第八十九师政治部主任等职。1937年4月在安西红柳园战斗中牺牲
袁光炎	1899	湖北红安	历任红四方面军师政治部组织科科长、红四军第十师三十一团政治部主任、第十一师政治部主任等职。1937年2月在临泽境内作战时牺牲
朱全畅	1913	湖北大悟	时任红五军第十三师政委兼第三十九团政委。1937年1月在高台战斗中牺牲
蔡仁年	1909	湖北红安	历任红三十军政治部组织部副部长、红三十军政治部党务委员会书记等职。1936年11月在武威西口十里堡战斗中牺牲
陈家柱	1911	湖北大悟	历任红九军第二十七师七十六团团长、红三十军第九十师二六二团团长，刘理运牺牲后接任二十七师师长。1937年3月在临泽南流沟战斗中牺牲

人物姓名	出生年	籍贯	事迹
董俊彦	不详	河南	历任红五军第十三师三十九团团长、西路军骑兵师师长等职。1937年1月在增援高台的小海子滩战斗中牺牲
方理明	1905	湖南平江	曾任红六军团第十八师政治部主任、红二军团第四师政委等职。1936年8月因受伤在红四方面军医院治疗，随医院渡黄河。1937年1月在临泽牺牲
傅兰荪（傅长寿）	1905	湖南平煤	时任红五军供给部部长。1937年1月在高台作战中牺牲
高德才	1912	河南新县	曾任红九军供给部部长。1936年12月在永昌县境内作战牺牲
何志余	不详	安徽六安	历任川西大金省独立师政委、红五军第三十七团政委等职。1937年1月在高台作战中牺牲
盛修锋	不详	不详	时任红九军第二十五师政委。1936年西渡黄河后牺牲
王迈	不详	云南大理	时任红九军团政治部宣传部部长。1937年2月牺牲
徐任贵	不详	不详	时任红九军第七十三团政委。1936年11月在古浪战斗中牺牲
杨朝礼	不详	河南商城	不详

附表 5-2　红西路军革命烈士补充名录（排名不分先后）

边沿钻	陈桂	张如山	张玉涛	刘士清	王治强
陈茂生	陈立义	阮正明	张全雄	杨喜明	赵子恒
查泉林	冯伦奎	乔国军	李开英（女）	鲁嘉焱	朱锦堂
伏得凤	冯有灿	汪迺荣	张静波	钟行忠	刘国英（女）
陈保青（女）	何延振	周国华	凌玉成	吕杰	何玉兰（女）
黄建中	黄高宝	汪如意	钟正义	候韶中	杨桂芳（女）
董光益	李三金	陈富贵	李求	任天青	张文秀（女）
罗明勋	李天锐	汪禹宗	周畅昌	马克国	李小兰（女）
方忠加	梁镰生	陈桂平（女）	李国忠	阮成怀	孙桂英（女）
孙汉言	罗福祥	萧德新	胡文秀（女）	浚乐国	易云均
方忠舜	罗文进	陈世道	吕志朋	余登钱	刘万
孙英武	苏光明	肖永继	肖树之	刘建伦	李明（女）
古得可	杨业华	程金荣	张怀德	詹焰清	赵素贞（女）
王少清	叶永松	熊发庆	熊昌良	马有明	周洪坤
郭醉北	张迪	葛海仙	李肇基	张明伦	吴富莲（女）
王之刚	张福山	徐志贞	胡秀山	潘传品	周明松
何存志	张全朝	葛忠仁	拜开端	张荣福	吴有卿
吴岱朝	赵承忠	许世明	黄方奴	万汉江	周汝功
江求浩	钟立彬	黄述生	赵小钢	张易元	徐其坤
徐广梓	朱显桃	杨荣华	张玉明	汪光恩	姜菊昆（女）
朱德仕	邹丰明	黄英祥	党文秀（女）	杨少忠	徐其新
徐全树	邹功凯	余信会	郭友仁	汪贤臣	袁福成
李生春	汪冯志	廖赤见（女）	黄青仙（女）	徐梦书	

附表 5-3　门源籍革命烈士英名录（排列以卒年为序）

人物姓名	出生年	籍贯	事迹
魏有林	1923	仙米乡达龙村人	1951 年 9 月 19 日晚，从皇城滩一带流窜过来的匪徒 10 余人，偷袭工作组驻地。在魏有林子弹打完后，匪徒掀开房顶将其杀害
李承兰	1928	旱台乡旱台村人	1950 年 12 月 19 日，刚结婚两天的李承兰毅然辞别新婚燕尔的妻子，参加剿匪战斗后牺牲
孔宪礼	1928	泉沟台乡沈家湾村人	1950 年参加民兵自卫队。1952 年 2 月 28 日在阴田乡大沟脑剿匪中，因枪走火牺牲
张占荣	1930	克图乡巴哈村人	1950 年参加民兵自卫队。1952 年 5 月 17 日押送匪徒涉渡浩门河时牺牲
张占武	1928	克图乡巴哈村人	1950 年参加民兵自卫队。1952 年 5 月 17 日押送匪徒涉渡浩门河时牺牲
杨进财	1924	北山乡大泉村人	1949 年参加中国人民解放军，1951 年加入中国人民志愿军，东卫二十六院三分院任运输员。在朝鲜作战中负伤，1953 年 9 月转国内治疗无效牺牲于吉林
马增禄	1934	东川孕牧农中村人	1953 年参军。1955 年 4 月 20 日在玉树州囊欠县战斗中牺牲
孔吉祥	1930	东川乡孕牧农下村人	1949 年参加中国人民解放军、1951 年加入中国人民志愿军，一野二十团三营七连任副排长。1955 年 6 月 22 日在朝鲜作战中牺牲
李万魁	1930	西滩乡簸箕湾村人	1952 年参加民警，门源县公安大队战士。1957 年 2 月在达坂山青哑豁因汽车肇事牺牲
刘生恭	1934	浩门镇一街人	1951 年参军，果洛州班玛县民警队战士。1957 年 7 月 20 日在班玛县战斗中牺牲
冯天良	1938	东川乡孕牧农下村人	1957 年参加海北州民警大队。1957 年 8 月在祁连县执勤中因公牺牲
刘钧年	1938	北山乡大泉村人	1957 年参加革命，兰字七四四部队战士。1958 年 9 月在果洛州达日县战斗中牺牲
雷良全	1937	泉沟台乡黄树湾村人	1951 年参军，玉树骑兵团任排长。1959 年 5 月在玉树州战斗中牺牲

续表

人物姓名	出生年	籍贯	事迹
陈日昌	1938	浩门镇圪垯村人	1957 年参军，果洛军分区五连战士。1959 年 5 月在果洛战斗中牺牲
龚兴邦	1938	浩门镇二街人	1957 年 11 月参加革命，兰字七四四部队战士。1959 年 5 月 18 日在果洛州玛多县战斗中牺牲
陈长安	1937	西滩乡上西滩村人	1958 年参军，兰州军区骑兵二团五连战士。1959 年 9 月在果洛州达日县战斗中牺牲

附表 5-4　1949—1951 年在平息匪乱战斗中牺牲的烈士名录

人物姓名	出生日期	籍贯	事迹
翟鸿儒	1923	河北省完县人	12 月 7 日，在夏日莫德与匪徒遭遇，展开了激烈的战斗，除 1 人突围外，翟鸿儒等 19 名同志全部壮烈牺牲
符开珍	不详	湖南省陵源县乐平乡人	1950 年 1 月任门源县第四区武装工作队队长。同年 6 月 14 日被 400 多名匪徒团团包围在四区政府，他指挥仅有的 3 名战士沉着迎战，顽强抗敌，最后壮烈牺牲
宋信忠	不详	贵州省贵定县人	1949 年 9 月到门源任武装科长。同年 12 月 7 日从二区返回县城时在旱台与大股匪徒发生遭遇战，在激战中遭匪徒袭击，英勇就义
张二小	不详	山西省朔县人	1949 年 12 月 7 日，张二小率 18 名战士押解 4 名匪徒向县城进发，途经旱台磨尔沟时，遭到数百名匪徒的伏击，张二小毅然拉响了仅留的两颗手榴弹与 6 名匪徒同归于尽
张发亮	不详	山西离石县六区碾坞村人	1949 年 12 月 6 日下午，匪徒包围二区政府。张发亮带领同志们沉着迎战，阻击敌人发起的一次次进攻。张发亮子弹打完后，泅水向北岸突围，不幸中弹牺牲
翟理才	不详	河北省无极县人	1950 年 6 月 22 日，700 余匪徒包围了皇城区政府，翟理才带领 4 名战士进行反击，后壮烈牺牲

人物姓名	出生日期	籍贯	事迹
司尚义	不详	不详	1949 年 12 月与匪徒作战中牺牲，安葬在门源县烈士陵园
王德山	不详	绥远省来镇县三区瓦窑村人	为门源县公安大队排长。1949 年 12 月 7 日在旱台乡旱台村磨尔沟与匪徒作战中牺牲，安葬在门源县烈士陵园
高登武	不详	不详	1949 年 12 月与匪徒作战中牺牲，安葬在门源县烈士陵园
吴振声	不详	河北省人	原门源牧场指导员。1949 年 12 月与匪徒作战中牺牲，安葬在门源县烈士陵园
谢子仪	不详	河南省光山县泼波河后大湾村人	原门源二区助理员。1949 年 12 月 7 日在阴田乡前河滩与匪徒作战中牺牲，安葬在门源县烈士陵园
裴计年	不详	不详	原门源县公安大队排长。1949 年 12 月 7 日在旱台乡旱台村磨尔沟与匪徒作战中牺牲，安葬在门源县烈士陵园
韩世龙	不详	河北省清苑县二区贾店村人	原门源县二区助理员。1949 年 12 月 7 日在阴田乡前河滩与匪徒作战中牺牲，安葬在门源县烈士陵园
周德云	不详	吉林省靠山屯人	原门源县公安大队战士。1949 年 12 月 7 日在旱台乡旱台村磨尔沟与匪徒作战中牺牲，安葬在门源县烈士陵园
刘文锁	不详	不详	原门源县公安大队战士。1949 年 12 月 7 日在旱台乡旱台村磨尔沟与匪徒作战中牺牲，安葬在门源县烈士陵园
祝文卿	不详	安徽省涡阳县三三集区集乡人	原门源县公安大队战士。1949 年 12 月 7 日在旱台乡旱台村磨尔沟与匪徒作战中牺牲，安葬在门源县烈士陵园
韦盛廉	不详	不详	原门源县公安大队战士。1949 年 12 月 8 日在苏吉滩乡夏日莫德与匪徒作战中牺牲，安葬在门源县烈士陵园
唐振山	不详	甘肃省徽县山家村人	原门源县公安大队战士。1949 年 12 月 7 日在旱台乡旱台村磨尔沟与匪徒作战中牺牲，安葬在门源县烈士陵园

续表

人物姓名	出生日期	籍贯	事迹
李树林	不详	陕西省葭县车令区李家湾人	原门源县公安大队战士。1949 年 12 月 7 日在旱台乡旱台村磨尔沟与匪徒作战中牺牲，安葬在门源县烈士陵园
傅保才	不详	吉林省德惠县靠山屯人	原门源县公安大队战士。1949 年 12 月 7 日在旱台乡旱台村磨尔沟与匪徒作战中牺牲，安葬在门源县烈士陵园
严长清	不详	不详	原门源县公安大队战士。1949 年 12 月 7 日在与匪徒作战中牺牲，安葬在门源县烈士陵园
王文卿	不详	河南省驻马店人	原门源县公安大队战士。1949 年 12 月 7 日在旱台乡旱台村磨尔沟与匪徒作战中牺牲，安葬在门源县烈士陵园
周贵	不详	山西省大同县清村人	原中国人民解放军一军三师九团通讯连战士。1950 年 3 月 20 日在剿匪战斗中牺牲，安葬在门源县烈士陵园
丁世清	不详	青海省大通县古楼乡人	原门源县公安大队战士。1949 年 12 月 7 日在旱台乡旱台村磨尔沟与匪徒作战中牺牲，安葬在门源县烈士陵园
郝德成	不详	吉林省德惠县靠山屯人	原门源县公安大队战士。1949 年 12 月 7 日在旱台乡旱台村磨尔沟与匪徒作战中牺牲，安葬在门源县烈士陵园
李仁山	不详	不详	原门源县公安大队战士。1949 年 12 月 7 日在旱台乡旱台村磨尔沟与匪徒作战中牺牲，安葬在门源县烈士陵园
冯世全	不详	不详	原门源县公安大队战士。1949 年 12 月 7 日在旱台乡旱台村磨尔沟与匪徒作战中牺牲，安葬在门源县烈士陵园
温秉瑞	不详	河北省献县一区周家庄人	原门源县公安大队班长。1949 年 12 月 7 日在旱台乡旱台村磨尔沟与匪徒作战中牺牲，安葬在门源县烈士园
魏生莲	不详	宁夏回族自治区金积县三区李家桥尚家村人	原门源县公安大队班长。1949 年 12 月 7 日在旱台乡旱台村磨尔沟与匪徒作战中牺牲，安葬在门源县烈士陵园

人物姓名	出生日期	籍贯	事迹
丁文成	不详	四川省宣汉县赤溪乡东平村人	原门源县二区助理员。1949年12月7日在阴田乡前河滩与匪徒作战中牺牲，安葬在门源县烈士陵园
杨金城	不详	甘肃省武威县人	原门源县四区武工队炊事员。1950年6月19日在青石嘴镇吊沟村与匪徒作战中牺牲，安葬在门源县烈士陵园
陈珑	不详	甘肃省秦安县人	原门源县一区干部。1950年6月19日在青石嘴镇吊沟村与匪徒作战中牺牲，安葬在门源县烈士陵园
张文康	不详	山西省临县七区杜家沟人	原门源县皇城区助理员。1950年6月22日与匪徒作战中牺牲，安葬在门源县烈士陵园
李铁厚	不详	绥远省紫成县石店井村人	中国人民解放军某部战士。1951年3月12日在与匪徒战斗中牺牲，安葬在门源县烈士陵园
甘乾芳	不详	四川省隆昌县人	中国人民解放军一军司令部测绘队副班长。1951年8月1日在与匪徒战斗中牺牲，安葬在门源县烈士陵园
林年富	不详	广东省人	原中国人民解放军一军三师九大队九中队战士。1951年8月1日在与匪徒战斗中牺牲，安葬在门源县烈士陵园
张茂森	不详	四川省成都市人	中国人民解放军三军八师侦察骑兵一连班长。1951年8月1日在与匪徒战斗中牺牲，安葬在门源县烈士陵园
杜俊峰	不详	河南省怀阳县河口镇人	原中国人民解放军一军三师骑兵营二连班长。1950年6月8日在与匪徒战斗中牺牲，安葬在门源县烈士陵园
李子兴	不详	山东省济南市人	原中国人民解放军一军三师侦察连事务长。1950年6月9日在与匪徒战斗中牺牲，安葬在门源县烈士陵园
刘发满	不详	陕西省南郑县莫乡	1967年8月9日牺牲，安葬在门源县烈士陵园

续表

人物姓名	出生日期	籍贯	事迹
马道元	不详	山西省汾阳县二爱子村人	1950 年 6 月 8 日牺牲，安葬在门源县烈士陵园
陈绍华	不详	贵州省大方县人	1949 年 12 月 7 日牺牲，安葬在门源县烈士陵园
王凤鸣	不详	不详	绥远省曾仓县门源第二区助理员。1949 年 12 月 7 日牺牲，安葬在门源县烈士陵园
郭福全	不详	不详	原门源县公安大队副班长。1949 年 2 月 6 日牺牲，安葬在门源县烈士陵园
侯四	不详	不详	原门源县人民政府税务员。1950 年 6 月 12 日在皇城区与匪徒作战中牺牲，安葬在门源县烈士陵园
谷选吉	不详	不详	安葬在门源县烈士陵园
马会民	不详	陕西省神武县一区黄赤塔村人	1949 年 12 月 8 日牺牲，安葬在门源县烈士陵园
马继元	不详	山西省翼城县人	1950 年 6 月 19 日牺牲，安葬在门源县烈士陵园
刘兴合	不详	陕西省葭县贾楼区三排豪村人	1949 年 12 月 9 日牺牲，安葬在门源县烈士陵园
伟盛廉	不详	不详	原门源县公安队战士。1949 年 2 月 8 日牺牲，安葬在门源县烈士陵园
李子俊	不详	不详	中国人民解放军五二八七部队战士。1970 年 4 月 11 日牺牲，安葬在门源县烈士陵园
郭维青	不详	不详	安葬在门源县烈士陵园
宁胜德	不详	陕西省宝鸡县渭滨区二乡人	1949 年 12 月 8 日牺牲，安葬在门源县烈士陵园
叶凤山	不详	吉林省德惠县靠山屯人	1949 年 12 月牺牲，安葬在门源县烈士陵园
陆凯文	不详	四川省重庆市路口街人	1949 年 12 月 8 日牺牲，安葬在门源县烈士陵园
赵虎龙	不详	山西省开县二区南湖村人	1949 年 12 月 8 日牺牲，安葬在门源县烈士陵园

人物姓名	出生日期	籍贯	事迹
王贵英	不详	山西省孟县二区人	1949年牺牲，安葬在门源县烈士陵园
陈茂森	不详	四川省成都市人	1951年8月7日牺牲，安葬在门源县烈士陵园
杨道兴	不详	河南省许昌县人	安葬在门源县烈士陵园
赵忠魁	不详	不详	原门源县公安队战士。1949年12月7日牺牲，安葬在门源县烈士陵园
翟立财	不详	河北省无极县五区大户村人	1950年6月牺牲，安葬在门源县烈士陵园
林清	不详	广东省遂区平岗人	1956年8月6日牺牲，安葬在门源县烈士陵园
张全苗	不详	安徽省富源县人	1950年11月牺牲，安葬在门源县烈士陵园
季佩厚	不详	山西省太谷县四区吴家堡人	1949年12月7日牺牲，安葬在门源县烈士陵园
张银成	不详	不详	原门源县公安队班长。1949年12月牺牲，安葬在门源县烈士陵园
杨玉怀	不详	甘肃省庆阳县骑马区人	1957年8月牺牲，安葬在门源县烈士陵园
王玉才	不详	青海省西宁市人	1958年8月12日牺牲，安葬在门源县烈士陵园
张生儒	不详	不详	安葬在门源县烈士陵园
无名烈士五名	不详	不详	安葬在门源县烈士陵园

附表 5-5　在社会主义建设中因公牺牲的革命烈士名录

人物姓名	出生日期	籍贯	事迹
杨廷海	不详	青海省贵南县尕让乡千户村人	原海北军分区战士。1966 年 6 月 11 日因公牺牲，安葬在门源县烈士陵园
戴启顺	不详	青海省海晏县银滩乡三联村人	原海北州军分区独立二连战士。1978 年 10 月 19 日因公牺牲，安葬在门源县烈士陵园
陈怀信	不详	宁夏中卫县常乐乡跃进村人	原海北州军分区独立二连战士。1973 年 11 月 10 日因公牺牲，安葬在门源县烈士陵园
韩有仁	不详	不详	门源县仙米邮电所职工。1959 年 11 月 12 日因公牺牲
李玉书	不详	河南省孟县店上乡店上村人	原 835 部队战士，1959 年 10 月因公牺牲，安葬在门源县烈士陵园
邸云胜	不详	河北省易县人	原门源县尕牧农粮站会计。1959 年 11 月因公牺牲，安葬在门源县烈士陵园

后　记

本书的编写，目的在于挖掘祁连山国家公园青海片区内独特且丰富的人文资源。编写过程中，内容涉及地理学、民俗学、历史学、考古学等多学科。由于涉猎学科广泛，书中难免存在不妥、疏漏之处，加之编写人员知识水平所限，文稿较为粗浅，敬请广大读者见谅和批评指正。

本书是集体智慧的结晶，书稿编写分工如下：第一章，于瑶、张欣玥；第二章，陈鸿明、李金龙；第三章，侯光良、秦冲、张全；第四章，韩强、宋锡康、汪燕；第五章，王恩光、金孙梅；第六章，高靖易、刘佳欣；第七章，陈晓良、文德卓玛；附录，马旭康。

在编写过程中，祁连山国家公园青海省管理局、青海师范大学地理科学学院及青海民族大学旅游学院提供了大力协助与支持，门源县文化馆、祁连县文化馆、天峻县文化馆等单位以及吴瑞娜、孔宪平、马俊武老师提供了精美的图片，原青海师范大学地理科学学院硕士研究生戚宝正、黄梓宸同学整理了文本格式并制作了部分图件，最后由西北大学出版社付梓，在此一并表示衷心的感谢！

同时承蒙祁连山国家公园青海省管理局学术著作出版基金的资助，使得本书得以顺利完成。本书在编写过程中参考并引用了诸多文献资料，文中均已注明，谨向这些作者致以诚挚的谢意！

作者

2022 年 10 月